国家社会科学基金重大项目成果

主编　杜建录

西夏通志

职官志

高　仁　撰

人民出版社

教育部人文社会科学重点研究基地
宁夏大学西夏学研究院重大项目

目　录

序　一

在西夏陵入选世界文化遗产名录之际，以宁夏大学杜建录教授为首的西夏研究团队，凭借着对学术的执着追求与深厚积淀，又推出一部重磅成果——《西夏通志》。这部多年精心编纂的大型西夏史著作共 11 卷（12 册），包括《西夏史纲》（2 册）《西夏地理志》《西夏经济志》《西夏职官志》《西夏军事志》《西夏人物志》《西夏部族志》《西夏风俗志》《西夏语言志》《西夏文献志》《西夏文物志》，共 400 余万字。首卷《西夏史纲》以全景式的视角，为读者徐徐展开西夏王朝兴衰更迭的历史长卷，其余各卷则从不同维度分别展示西夏历史的一个重要侧面。

《西夏通志》为 2015 年国家社科基金重大项目成果，立项前我和建录教授多次交换意见，立项后我们的交流就更多了，我还参与《部族志》的撰写、《职官志》的审读，书稿付梓前又得以先睹，感到此书的编纂意义重大，功力深厚，贡献良多。

众所周知，宋辽夏金之后的元朝为前代修史时，只修了《宋史》《辽史》和《金史》，未修西夏史，仅在这三史的后面缀以简约的"夏国传""西夏纪""西夏传"，概略地介绍了西夏主体民族党项族和西夏建国后的大事简况，以及各自与西夏的交聘争战。历史资料的稀缺，使得人们对西夏历史和社会的认识模糊不清，感到西夏史在中国历史链条中似乎是个缺环。清代以来，有识之士拾遗补阙，先后编撰《西夏书事》《西夏事略》《西夏纪》等著作，均是对传统典籍中文献资料的编年辑录，不是一部完整的西夏史。20世纪80年代以来，学界推出多部重要的西夏史著作，尤以吴天墀《西夏史稿》影响最为深远。但一方面章节体很难容纳更多的内容，另一方面出土的文献资料特别是西夏社会文书尚未公布和释读，很难弥补元代没有编纂西夏史的缺憾。

为此，《西夏通志》在系统占有资料特别是近年公布考释的西夏社会文书的基础上，将我国古代史书中的纪传史志和近代以来的章节体专史结合起来完成的一部大型西夏史著作，如"西夏史纲"是西夏王朝兴衰更迭的历史长卷；"西夏史志"，相当于"正史"中的《志》，包括地理志、经济志、职官志、军事志、部族志、语文志、文献志、文物志等，但内容和"正史"中《志》不大相同，而是根据资料和当代学术的发展，赋予新的内容，显示出新的活力，如"经济志"中的经济关系、阶级结构和社会形态；"职官志"中蕃汉官名；"军事志"中的战略、战术与战役；"语文志"中的语音和文字；"文献志"已不是传统《艺文志》中的国家藏书，而是所有地下出土文献和传世典籍文献；"人物志"，相当于人物传记；"表"包括世袭、帝号、纪年、交聘、大事、战事、词汇以及名物制度异译对照等。由此可见，《西夏通志》在一定程度上弥补了元朝没有纂修一部西夏史的缺憾。

《西夏通志》的特点是内容丰富而平实。正如首卷《西夏史纲》在凡例中所提出的"本史纲在百年西夏学基础上，系统阐述西夏建国、发展和衰亡过程以及西夏政治、经济、军事和文化面貌，不是资料考辨和某种观点的阐述。"其他各卷也都在各自的凡例中规定，该卷是在前人研究的基础上，进行客观叙述，不是资料考辨和某种观点的阐述。这样明确的自我约定，表明了作者们的科学、客观的治学态度和大众化的表述理念，充分彰显了作者团队严谨的治学态度和致力于学术大众化传播的理念。他们十分注重吸收近些年来在西夏法律、经济、军事、文化诸多方面的最新研究成果，把认真搜罗的相关文献、文物资料展陈于前，将成熟的学术观点归纳于后，没有佶屈聱牙、艰涩难懂的争辩，只是客观地叙述历史，娓娓道来，毫无强加读者之意，却能收平易推介之功，让读者在轻松愉悦的阅读体验中，自然而然地接受西夏历史知识。这种独特的写作风格，真正实现了学术著作的传播，让高深的学术知识走出象牙塔，走进大众视野。

《西夏通志》的另一个特点是系统而全面。全卷不仅多方位地涵盖了西夏历史，即便是每一卷也都能做到在各领域中尽量搜罗各种资料，做到全面系统。如《西夏文献志》收入西夏世俗文献 167 种，出土西夏佛教文献 556 种，传统汉文典籍中的西夏文献 41 种，历代编撰的党项西夏文献 21 种，还有亡佚的西夏文献 25 种，共达 810 种之多，同时对每一种文献都有介绍，为读者提供了翔实的西夏文献盛宴，可谓西夏文献的集大成之作。

《西夏通志》还有一个亮点是多数卷的末尾附有《表》，如《史纲》卷的《世袭表》《帝号表》《纪年表》《交聘表》《大事年表》《西夏学年表》，《地理志》的《党项与西夏地名异译表》，《职官志》的《党项与西夏职官异名对照表》《西夏蕃名官号一览表》《夏汉官职异名对照表》《机构异名对照表》，《语言志》的《词汇表》等。这些《表》以简洁明了的形式，将复杂的历史信息清晰地呈现出来，如《西夏学年表》呈现出百年西夏学发展脉络，《词汇表》以 2000 条的篇幅分门别类地展示出西夏语的常用词，每条词有西夏文、国际音标和汉译文三项，非常方便读者检索使用。这些附录有的是对正文的补充，有的是对正文的提炼，有的则与正文相呼应，成为各卷不可或缺的有机组成部分，充分体现了作者对各研究领域的深入理解、长期积累以及对读者需求的贴心考量。我想，只有作者对该领域的全面了解和深耕细作才能做出这样既专业，又方便读者的附录，我们应该对作者们为读者的精细考量致以诚挚的感谢。

本书作者团队阵容强大，领衔的杜建录教授为长江学者，他一人担纲了《西夏史纲》《西夏经济志》及部分《西夏军事志》的重担。其他各卷作者均是这些年成长起来的学术带头人和学术骨干，据我所知，他们大多数主持完成两项以上国家社科基金项目，有的主持国家社科基金重大项目和国家社科基金冷门绝学团队项目。这个研究团队经过多年历练，有良好的研究基础与合作传统，十多年前也是由杜建录教授主持的 4 卷本《党项西夏文献研究——词目索引、注释、异名对照》(中华书局 2011 年出版)，这个团队的大部分成员就参加了这项基础资料建设工作，使他们在对党项西夏文献整理过程中打下了坚实的基础。他们中有的还参与《西夏文物》整理出版，看得出《西夏通志》是在坚实的基础上厚积薄发，他们的学术积累得到了充分的运用和表达。

他们还有一个特点，就是多熟悉西夏文。随着近代西夏文文献的大量发现，特别是近些年来黑水城出土文献的系统刊布，使西夏文文献成为解读西夏历史文化的重要资料基础。掌握西夏文成为解读西夏历史文化的关键。熟悉西夏文译释的本书作者们凭借这一优势，在研究中可以将汉文史料和西夏文资料以及文物资料充分同时利用，相互印证，有机地融汇在一起，做出特殊的深层次解读，从而取得新的符合史实的客观认识。他们如同穿越时空的使者，借助古老的文字，与历史对话，从而得出更符合史实的客观认识。揆诸各卷内容，都不乏利用新的西夏文资料展现该卷历史内容的实例，这种在中国史研究中大量利用民族文字资料的特殊手段彰显出本书的特点，展现出作者们经过艰苦学习、训练而能熟练应用西夏文的亮丽学术风采。

最后，我要说的是《西夏通志》作者无论研究环境优劣，都能正确把握国家对"冷门绝学"长远战略，以研究西夏历史文化为己任，以彰显其在中华文明中的价值为使命，坚守岗位，坚持学术，默默耕耘、潜心研究，努力发掘西夏文化在中华文明发展中的历史性贡献，用实际行动和优秀成果推动着西夏学的发展。对他们这种难能可贵的学术坚守点赞，对他们的学术品格表示尊敬！

随着西夏陵入选世界文化遗产名录，西夏研究将愈加受到有关部门、学术界和社会的关注和重视。此重要成果的推出无疑将会给方兴未艾的西夏学增添新的热度，对关心西夏的读者们有了认识西夏历史的新途径，为读者打开西夏历史知识的全新窗口，助力大众深刻理解西夏文化在中华文明中的重要地位，对铸牢中华民族共同体意识发挥积极的作用。

史金波

2025 年 7 月 15 日

（史金波　中国社会科学院学部委员　中国社会科学院学部委员工作室专家）

序 二

　　西夏史学史研究表明，西夏学一百多年的发展史，大体经历了两个阶段。第一阶段从20世纪20年代至80年代。从俄国探险家掠走黑水城西夏文献开始，苏联学者因资料上的优势，率先开始了西夏文献的整理研究，出版了一批论著。日本及欧美的学者也开始了西夏文献的研究。这个阶段，我国学者在西夏文文献资料有限的情况下，开始着手对西夏语言文献、社会历史及宗教文化等方面的研究。总体来讲，这一时期国外西夏学特别是俄罗斯西夏文献研究具有十分重要的地位。第二阶段从20世纪七八十年代开始，中国西夏学的研究开始出现了新的变化。70年代开始，西夏陵等一批西夏遗址的考古发掘，90年代以来的俄、中、英、法、日等国藏西夏文献的整理出版，西夏学的主战场逐渐由国外转移到国内，西夏学的内涵从早期的黑水城文献整理与西夏文字的释读，拓展成对党项民族及西夏王朝的政治、经济、军事、地理、宗教、考古、文物文献、语言文字、文化艺术、社会风俗等全方位的研究，完整意义上的西夏学逐渐形成，和敦煌学、简牍学一样，成为一门涵盖面非常广泛的综合性学科。西夏学取得的丰硕成果，表明已开始走出冷门绝学的境地，出现了初步的繁荣局面，学界给予了更多的关注和赞誉。2007年，在北京召开的《中国藏西夏文献》出版座谈会上，史学大师蔡美彪先生曾说，"我深切的感到30年来，我国西夏学、西夏史的研究取得的成绩非常大，甚至可以说，将这 30 年的中国历史学的各个领域比较起来的话，西夏的文献整理和西夏学研究的成绩，应该是最显著的领域之一"(《西夏学》第 3 辑，2008 年)。

西夏学在新的发展进程中，研究机构及学术团队的建立发展壮大，是必要的条件和基础工作。西夏故地在宁夏，宁夏大学一直把西夏学作为重点建设的学科，2001 年，宁夏大学西夏学研究中心被教育部批准为高校人文社会科学重点研究基地，2008 年教育部批准更名西夏学研究院。基地建设二十多年来，他们立足当地，着眼长远，培养队伍，积极开展具有学科发展意义的重点项目研究，已成长为国内外西夏学领域一支有科研实力、能够承担重大项目并起到领军作用的学术团队。在这个过程中，我作为亲历者和见证者，看到杜建录教授带领的基地和团队之所以能取得突出成效，缘于他们坚持正确的学术导向，具有长远的学术眼光，尊重学术发展规律，在推动西夏学学科体系建设方面采取了一系列必要的举措：

一是重视基础建设，组织文献整理、集成和出版。二十多年来，他们以教育部人文社会科学重点研究基地为平台，联合中国社会科学院西夏文化研究中心等单位，整理出版大型文献丛书《中国藏西夏文献》《中国藏黑水城汉文文献》《中国藏黑水城民族文字文献》《西夏文献丛刊》，建设大型西夏文献文物资料数据库；参与承担并完成国家社科基金特别委托项目《西夏文献文物研究》；将西夏文献研究由西夏文延伸到拓跋政权和西夏时期的汉文、西夏文、吐蕃文、回鹘文等多语种文献，拓展了西夏文献研究的深度和广度。

二是倡导"大西夏史"。跳出西夏看西夏，从唐五代辽宋夏金元大背景下研究西夏，推动多学科交叉综合研究，揭示中华民族"多元一体"格局形成的历史轨迹，揭示西夏多元杂糅的文化特点。将西夏学研究拓展到中华民族"三交"史的研究。

三是重视和推进民族史学理论建设。二十多年前建在宁夏大学西夏学研究院的中国少数民族史博士点就设立了中国民族史学理论专业方向。以"多元一体”为核心的史学理论建设推进和指导了西夏研究，专业人员的史学理论素养和分析概括能力明显提高，和近年来习近平总书记提出的铸牢中华民族共同体意识的理论创新思想紧密衔接。

四是重视学术团队建设和拓宽研究视域。宁夏大学西夏学研究已形成了有一定数量、结构配置合理的团队，研究方向涵盖了西夏历史、文化、语言、文献、文物等主要领域，近十多年迅速发展起来的西夏文化和西夏艺术研究，进一步丰富了西夏学的内涵，具有填补空白和创新的学术意义。运用中华民族史观和多学科综合研究方法，成为西夏学新的增长点。

五是重视国际合作研究，提升国际话语权。2010年成立中俄西夏学联合研究所，开展黑水城文献合作研究，形成中俄联合研究机制。连续举办八届国际学术论坛，促进国际西夏学的交流和学术资源共享；利用国家社科基金外译项目等各种途径，组织出版西夏研究外译著作十多种。

这些举措的坚持和落实，使宁夏大学西夏学研究基地积累了经验，扩大了视野，历练了队伍，完成了一系列重大项目，展示了“西夏在中国，西夏学也在中国”的厚实基础。这也正是他们能够承担并高质量完成国家社科基金重大攻关项目《西夏通志》的主要原因。

杜建录担任主编的《西夏通志》2015年获批国家社科基金重大项目，2022年完成结项，2025年正式出版，十年磨一剑，是迄今为止西夏学各个领域研究成果的集大成者。在学术指导思想上，贯穿了中华民族历史观和中华民族共同体意识；在历史资料运用上，充分吸收了迄今国内外发现刊布的各类文字资料及实物资料以及近年考古新发现；在叙述内容上，尽可能涵盖了西夏社会的各个方面和各个领域，力求全方位呈现一个真实、生动、立体的历史上的西夏；在编纂体例上，将我国传统的史志体和近代以来的章节体结合起来，作了有益的探索。从上述意义上看，《西夏通志》不仅是目前西夏学全面的创新性成果，而且是具有中国自主话语权和自主知识体系的学术成果。

在这里，特别要提到的是《西夏通志》所采用的编著体例。在中国悠久的治史传统中，不仅保留了各种记述历史的文献资料，也创造了编著史书的体例，形成了以纪传体（如《史记》为代表的二十四史）为主流以及编年体、纪事本末体等体例的史书编纂方式，与此同时形成的还有志书体例。志基本属于史的范畴，"郡之有志，犹国之有史"（宋·郑兴裔《广陵志·序》），"方志是地方之史"（白寿彝《史学概论》）。志更侧重于资料内容的分类编纂。以历史纵向为主线的"史"和以横向分类为主线的"志"，构成了中国传统史学的主要记述模式。传统史志体例作为中国历史庞大复杂内容的主要载体，数千年来不断改进完善，其功能和作用不可低估。但传统史著体例也有其历史局限性，如以王朝政治史为中心，忽视社会多元性；以儒家史观主导，难避片面性；以人物和事件描述为中心，缺乏历史发展内在联系及因果分析；史料的选择有局限，民间、地方、民族方面的史料缺失等等。上个世纪随着西方史学理论和方法的引入，史著的章节体体例渐成现代历史著作的主要形式，它以历史演进为基本线索，以科学分类和逻辑分章的形式，将传统史志的叙事方式赋予了现代学术规范，具有结构清晰、内容涵盖面广、可以跨学科综合、便于阅读和传授的特点。但史家在运用章节体书写历史中，与传统史著相比，也感到有不足之处，如对人物、典籍、制度、文化等专项内容的描述不够，一般的处理方法是简要地概括在章节的综合叙事中。白寿彝先生主编的12卷《中国通史》作了新的尝试，用传统与现代相融合的创新编纂体例，采用甲、乙、丙、丁四编结构，甲编"序说"整合文献与研究成果，乙编"综述"以时序勾勒朝代脉络，丙编"典志"解析政治经济文化制度变迁，丁编"传记"通过人物纪传体现史实。这种创新体例将专题考据与宏观叙事结合，史料评介、制度分析、人物纪传、考古发现、研究动态等在章节体中不易展开的内容都有了一定的位置呈现。

作为以断代史和王朝史为叙述对象的西夏历史，《西夏通志》大胆采用了传统史志体例与现代章节体例相融合的方式，将史、志、传、表作为基本结构，"史"为"西夏史纲"，以纵线时间脉络为主，集中阐述从党项到西夏政权的治乱兴衰和社会各方面的演进;"志"为"西夏史志",采用传统地理志、职官志、军事志、部族志、语文志、文献志、文物志等分类编纂叙述的方法,但充分运用了新资料,内容更充实,阐释更有新意;"传"即"人物志",对见于记载的西夏人物逐个立传;"表"包括世袭、帝号、纪年、交聘、大事、战事、词汇以及名物制度异译对照等。全书在中华民族史观的统领下,继承考证辨析的严谨治学方法,以现代学术规范为基本要求,充分吸收传统体例的元素,力求作到史论结合、史志结合、出土文献和实物与典籍文献结合、西夏文文献与汉文文献及其他民族文字文献结合、国内研究与国外研究结合,尽可能吸收国内外研究的新成果。这种编纂体例,虽然带有试验性,但体现了学术上守正创新的精神,体现了构建自主知识体系的积极探索。

经过 10 年的不懈努力,煌煌 12 卷 400 多万字的《西夏通志》终于呈现在读者面前,可以说,《西夏通志》的出版,在西夏学发展史上具有里程碑意义,对于西夏学的过往来讲,是一次全面的总结和收获;对于西夏学的未来来讲,是进一步研究的起点。正如编著者在"序"中所言,《西夏通志》的完成不是收官,而是起点!

陈育宁

2025 年 7 月 6 日

（陈育宁　宁夏大学教授　宁夏大学原党委书记　校长）

序　三

　　元朝修宋辽金三史，没有给西夏修一部纪传体专史，给后人留下很多缺憾。现存的资料无法编纂一部纪传体《西夏史》，当代章节体的《西夏史》又无法容纳更多内容。鉴于此，2008 年就开始策划编纂多卷本历史著作《西夏通志》，2015 年获批国家社会科学基金重大项目，2022 年完成结项，2025 年正式出版。该多卷本著作体裁介于"纪传体"断代史和"章节体"专史之间，将我国的史论和史志结合起来，在西夏史乃至中国古代史研究体例和方法上都是创新，这是本通志纂修的意义和价值所在。

　　自明、清以来，封建史家有感于西夏史的缺憾，筚路蓝缕，拾遗补阙，撰写出多种西夏专史，重要的有明代《宋西事案》、清代张鉴《西夏纪事本末》、吴广成《西夏书事》、周春《西夏书》、陈昆《西夏事略》，民国初年戴锡章《西夏纪》等等。这些著作梳理了西夏史资料，特别是参考了当时能见到、现已不存的文献资料，值得我们重视。不过从总体上来看，明、清两代学者对西夏史的研究有较大的局限性：一方面采取的是传统的封建史学观点、方法和体例；另一方面黑水城文献尚未发现，西夏陵等重要考古尚未开展，所使用的资料仅限于传世典籍，因此，这些著作都不能够全面阐释西夏社会面貌。

　　20 世纪 70 年代以来，西夏史的研究又得到学界的重视，先后出版林旅芝《西夏史》（1975）、钟侃等《西夏简史》（1980）、吴天墀《西夏史稿》（1981）、李蔚《简明西夏史》（1997）、李范文主编《西夏通史》（2005），这些成果各有所长，大大推动新时期西夏史的研究，如果从研究的全面性来看，仍有一定的局限，一是章节体例无法容纳更多历史事实，前四种都在四十万字以内，其中《西夏简史》不足10万字，即使由专家集体完成的《西夏通史》也是几十万字；二是地下出土文献尚未完全公布，特别是数千件俄藏西夏社会文书近年才公布，所利用的资料有限。因此，有必要运用新资料、新体例完成一部多卷本的西夏史。

国外西夏研究的重点集中在西夏文献，西夏历史方面的成果相对较少，主要有苏联克恰诺夫的《西夏史纲》（1968），日本冈崎精郎的《党项古代史研究》（1972），美国邓如萍的《白高大夏国：十一世纪夏国的佛教和政体》（1998），《西夏史纲》比较简略，且汉文资料使用上有较多错误；《党项古代史研究》侧重西夏建国前的历史；《白高大夏国：十一世纪夏国的佛教和政体》过分强调西夏佛教的地位，国外的西夏史代表作虽有较高的参考价值，但也不能反映西夏历史全貌。此外，《中国通史》《辽宋西夏金代通史》《剑桥辽夏金史》也都有西夏史的内容。该成果或作为中国通史的一部分，或是辽金西夏断代史的组成部分。

除通史外，文献资料和专史研究也取得了很大成绩，文献资料整理研究方面，相继出版《俄藏黑水城文献》《英藏黑水城文献》《法藏敦煌西夏文文献》《中国藏西夏文献》《中国藏黑水城汉文文献》《斯坦因第三次中亚考古所获汉文文献》《日本藏西夏文文献》《西夏文物》（多卷本）。韩荫晟《党项与西夏史料汇编》，陈炳应《西夏文物研究》，史金波《西夏经济文书研究》《西夏军事文书研究》，史金波等译《天盛改旧新定律令》，杜建录等《党项西夏文献研究——词目索引、注释与异名对照》《西夏社会文书研究》等。所有这些，将西夏历史文献整理研究推向了新阶段。

西夏专史方面，史金波《西夏文化》《西夏佛教史略》《西夏社会》，白滨

《元昊传》《党项史研究》，周伟洲《唐代党项》《早期党项史》，汤开建《党项西夏史探微》，杜建录《西夏经济史》《西夏与周边民族关系史》，李华瑞《宋夏关系史》，杨浣《宋辽关系史》，陈育宁、汤晓芳《西夏艺术史》，韩小忙《西夏美术史》，鲁人勇《西夏地理考》等。这只是百年西夏学论著的一部分，还有大量论著收录在《西夏学文库》《西夏学文萃》两套大型丛书中，不一一列举。这些研究成果，为多卷本《西夏通志》的撰写奠定坚实的基础。

《西夏通志》约四百万字，从内容上看，可分为四部分，一是"西夏史纲"，包括党项内迁与夏州拓跋政权建立、西夏建国与治乱兴衰、西夏人口与社会、西夏农牧业和手工业、西夏通货流通与商业交换、西夏赋役制度、西夏社会形态与阶级结构、西夏文化、西夏遗民等。

二是"西夏史志"，相当于"正史"中的《志》，包括地理志、经济志、职官志、军事志、部族志、语文志、文献志、文物志等，但内容和方法和"正史"中《志》大不相同，而是根据资料和当代学术的发展，赋予新的内容，显示出新的活力，如"地理志"中的地的西夏地图；"经济志"中的经济关系、阶级结构和社会形态；"职官志"中蕃汉官名；"军事志"中的战略、战术与战役；"语文志"中的语音和文字；"文献志"已不是传统《艺文志》中的国家藏书，而是所有地下出土文献和传世典籍文献(含典籍中记载而已佚失的文献)，既包括西夏文文献，又包括西夏时期产生汉文文献和其他民族文字文献。

三是"西夏人物志"，相当于人物传记，对目前见于记载的所有西夏人物立传，由于资料不一，每个传记多则近千字，少则数十字。

四是附表，包括《西夏世袭表》《西夏帝号表》《西夏纪年表》《西夏交聘表》《西夏大事年表》《党项与西夏地名异译表》《党项与西夏职官异名对照表》《西夏蕃名官号一览表》《夏汉官职译名对照表》《机构译名对照表》《西夏战事年表》《西夏人物异名对照表》《西夏部族名称异译表》《西夏沿边部族名称异译表》《西夏词汇表》《西夏学年表》等。

为了高质量完成书稿，课题组结合西夏文献资料特点，尽可能多重证据，将地下出土文献和传世典籍文献相结合，西夏文文献和汉文文献及其他民族文字文献相结合，《天盛律令》《亥年新法》《法则》《贞观玉镜将》等制度层面上的资料和买卖、借贷、租赁、军抄、户籍等操作层面上的资料相结合，国内研究和国外研究相结合。例如，《天盛律令》规定"全国中诸人放官私钱、粮食本者，一缗收利五钱以下，及一斛收利一斛以下等，依情愿使有利，不准比其增加。"过去对这条律令不好理解，通过和黑水城出土西夏天盛十五年贷钱文契结合研究，可知一缗收利五钱为日息，一斛收利一斛为年息。

郡为秦汉以来普遍设置的地方机构，相当于州一级，下辖县，有时是州县，有时是郡县。一般情况下县级名称不变，而州郡名称互换，如灵州与灵武郡，夏州与朔方郡，凉州与武威郡，甘州与张掖郡，肃州与酒泉郡。西夏立国后承袭前代，在地方上设州置郡，以肃州为蕃和郡，甘州为镇夷郡。这条资料出自清人吴广成《西夏书事》，由于该书没有注明史料来源，往往为史家所诟病，研究者不敢确认西夏设郡。黑水城出土西夏榷场文书明确记载镇夷郡，为西夏在地方设郡找到了确凿证据，其意义不言自明。

二是考证辨析，对异见异辞、相互矛盾的史料，加以辨正，以求其是；辨析不清者，两存其说、存疑待考。例如，《天盛律令》记载有石州、东院、西寿、韦州、卓啰、南院、西院、沙州、啰庞岭、官黑山、北院、年斜等十二个监军司，有的名称和《宋史》《续资治通鉴长编》记载相同，有的不相同，要逐一考辨清楚。还如，汉文文献中的党项西夏地名、人名、官名、族名，有的是意译，有的是用汉语音写下来，不同的译者往往用字不同，出现了大量的异译；有的在传抄、刊印过程出现讹、衍、误。以上种种现象，造成将一人误做两人，将一地误做两地，将一官误做两官，为此，在全面系统搜集资料的基础上，对汉译不同用字以及讹、衍、误逐一进行甄别和考辨，表列党项与西夏地名、人名、官名、族名异名对照。

三是分三步完成，第一步为按卷编纂"西夏通志资料长编"，将所有出土文献、传世典籍、文物考古资料，按照时间和门类编成资料长编；第二步对搜集到西夏文献资料辨析考证，完成西夏史考异，对当代专家不同的认识，也要加以辨析，有的问题两存其说；第三步在资料长编和文献考异的基础上，删繁就简、去误存真、存疑待考，完成资料详实、内容丰富、观点鲜明的多卷本《西夏通志》。

教育部西夏学重点研究基地建设伊始，确立了西夏文献整理出版、西夏文献专题研究以及西夏社会面貌阐释的"三步走"战略。《西夏通志》的纂修是该战略的重要环节，它的完成不是收官，而是起点！

杜建录

2025 年 6 月 1 日

（杜建录　教育部人文社科重点研究基地
宁夏大学西夏学研究院院长　民族与历史学院院长）

凡 例

一、本志包括概论、党项拓跋政权职官制度、西夏职官制度的发展演变、职官制度、中央官制、地方官制、选举与磨勘等类，每类之下分若干小类。

二、本志在前人研究的基础上，对西夏职官制度客观叙述，不是资料考辨和某种观点的阐述。

三、本志主要依据汉文文献、西夏文文献、其他民族文字文献以及文物考古资料。西夏文文献等民族文字文献采用成熟的译本或译文。

四、本志力求行文通畅，不大段引用原文，只在关键内容注明出处；对异见异辞、相互矛盾的史料，在注文中简要辨正；辨析不清者，两存其说、存疑待考；对当代学者不同的认识，也加以辨析，有的问题两存其说。

五、本志纪年一律采用年号纪年后注公元纪年，如西夏天授礼法延祚元年，即宋宝元元年（1038）。

六、本通志对西夏国主（皇帝）的姓氏采用学界通用的李姓。部族成员，则根据史料记载，或用拓跋氏，或用李氏，或用嵬名氏，不做统一要求。

七、本志中地名后注西夏文写法及现地名或方位。原则上一章中不重复注。

八、本志附西夏职官名称异名及夏汉名称对照表。

一、概论

西夏立国前夕，开国之君李元昊仿照唐宋建官立制，"其官分文武班，曰中书，曰枢密，曰三司，曰御史台，曰开封府，曰翊卫司，曰官计司，曰受纳司，曰农田司，曰群牧司，曰飞龙院，曰磨勘司，曰文思院，曰蕃学，曰汉学。自中书令、宰相、枢使、大夫、侍中、太尉已下，皆分命蕃汉人为之"；地方上"置十二监军司，委豪右分统其众"，^① 这应当就是西夏中央及地方职官制度之始。西夏立国后（1038），官制随社会发展虽有所变化并趋于成熟，但大体没有突破此构建的基本框架。

西夏国的前身夏州党项政权曾接受唐五代宋初中原王朝"节度使"的封号，并自辟官署，设置幕职，诸如节度副使、都知兵马使、兵马使、都虞候、虞候、都押衙、押衙等^②。虽然说，在党项政权走向成熟并最终成为西夏国的过程中，这套幕府官制曾发挥过重要的作用，但从诸多文献来看，它们对后来西夏职官的影响有限，只有刺史等个别职位的设置以及沿袭职位兼带等职官现象。从这个意义上说，李元昊在立国前的创建官制是对以往夏州政权幕府官制的一次革新，从一方藩镇到帝国，完成了一次历史性的飞跃。

西夏的官制是在不断变化和发展的，至少到了夏仁宗李仁孝时期，西夏

---

① 《宋史》卷四八五《夏国传上》。
② 翟丽萍：《西夏职官制度研究》，陕西师范大学 2013 年博士学位论文，第 146 页。

已经具备了一套较为成熟的官制体系。这一时期西夏的中央官制设置既包括各级机构（五等司及五等司外诸司）中所设的职位，亦包括不因司所设的职位。各级机构中，中书、枢密位列上等司，分掌文、武大政。中书、枢密之下，为三司、御史、殿前司、宣徽、皇城司、瓯匦司、内宿司、阁门司、功德司、农田司、群牧司、磨勘司等。这些分列于五等司的机构一般设"正"（或"大人"）、"承旨"及具有吏员性质的"都案""案头""司吏"等。不因司所设的职位分为两类：一类诸如国师、上师、忠师、统军、谏臣等，虽不隶属于具体的机构，但却独立承担着具体的职能，并且有着与机构相对应的上、次、中、下、末等地位；另一类则如节亲主、诸王、国相、太尉、三公、驸马、内宫走马、平章事、光禄大夫等等，没有具体的职事，却有着超越五等司以上的地位和权力，形成了一个主要由皇亲构成，凌驾于国家机构之上的权力群体。

西夏在地方上设府、州、军、郡、县以及各种功能性的城、堡，主官为州主、城主、寨主等。同时置12监军司，后又有所增置①，设监军、副监军、钤辖、都头。西夏中期以后，地方在监军司之上设经略司，地方重大军务、政务、财务一般都要上报经略司。②

"官"与"职"是西夏最基本的两种职级体系。其中，"官"系由西夏文"骸"字转译，其性质基本与古代的官阶等同，用以标识官僚的特权身份以及区别官僚集团内部身份的大小，并没有实际的职能作用。西夏的"官"位很多，共12品，350阶以上，每一个"官"皆有一个西夏语的官名，直译或音译之后诸如"正净""长艳""闻已""缘集"等等，并无实际的语意。

而"职"，则是由"㩁"字转译，有时也做"位（席）"，或"职位（㩁

---

① 《天盛改旧新定律令》卷一〇《司序行文门》载有 17 个监军司名。

② 《天盛改旧新定律令》规定，马、牛、羊、驼四种官畜患病时，"隶属于经略者，当速告经略处，不隶属于经略者，当速告群牧司"。（卷一九《畜患病门》）边中诸司所属种种官畜、谷物的供给、借领、交还等，当依各自地程远近，"自三个月至一年一番当告中书、枢密所管事处。附属于经略者，当经经略使处依次转告，不附属于经略使处，当各自来状"。（卷一七《库局分转派门》）。

席）”。从诸多文献所反映来看，西夏的“职”比较庞杂，并不仅局限于一般意义上的“职事官”。其不仅包含了五等司内所任职务以及诸多有职无司者，如“国师”“帝师”“谏臣”等，还包括诸多位高权重，但并无具体执掌的“虚职”，诸如“丞相（[illegible]）”“节亲主”“内宫走马”等，甚至于西夏还将诸王、后妃、公主等纳入了“职”的体系之中。西夏“官”有高下，“职”亦有大小之分，职的大小等次也就是文献中的“职阶”或“位阶”，总体来讲，“官”的大小与“职”的高低有着大体上相对应的关系。

西夏官吏的选任有世袭、恩荫、科举以及铨选四种，其中铨选涉及面最广、数量最多。中央各机构中官员到地方任监军、习判、城主、通判、城守时，如果是权且监临，保留原职位，如果正式任职，则免去现任职务，全职到地方任职。地方长官，亦可铨选到中央机构任职。宋代禁止他官转入中书门下两省及御史台，而由皇帝特别恩授。《天盛改旧新定律令》中没有他官通过铨选任中书令、枢密使的规定，中书令（[illegible]）、枢密使三年任期满后，也不进入迁转流程，而其他官员三年期满后，则根据不同情况确定是否留任或迁转。说明西夏的中书令、枢密使等特别重要的职位是皇帝特授的。

《宋史·夏国传》记载，西夏“设官之制，多与宋同”①。《天盛改旧新定律令·司序行文门》所列的五等司机构几乎绝大多数都可以在宋代，尤其是宋初的官制中找到原型，如中枢机构的中书、枢密，就是参照了宋代的东西两府，即中书门下与枢密院；而次于中书、枢密，位于次、中等司中央行政机构，也几乎都可以在宋朝找到原型，并且其职能也大体接近。值得注意的是北宋朝元丰改制后，官制发生了巨大的变化，而西夏仍然保留着诸多的宋初的建制，诸如群牧司、农田司等。

西夏对宋朝官制的借鉴是一个循序渐进的过程，夏崇宗新政之后废左右厢而置经略司，这一新置机构就明显是承自宋朝的经略安抚使而来。再如，

① 《宋史》卷四八五《夏国传上》。

敦煌莫高窟中的西夏皇帝供养像

西夏的基层建制"迁溜"，本系由游牧的部落而来，但中后期其将农业人口也编入迁溜中，形成"农迁溜"，而其"十户遣一小甲，五小甲遣一小监"，就明显借鉴宋熙丰变法时的"保甲法"。

党项进入西北数百年，特别是从李继迁到李元昊占据河套平原的灵州和河西走廊的甘、凉、瓜、沙、肃等州，"其间所生豪英，皆为其用。得中国土地，役中国人力，称中国位号，仿中国官属，任中国贤才，读中国书籍，用中国车服，行中国法令"。[①]景宗李元昊立国时改元"天授礼法延祚"，自称为"青天子"。所有这些，说明在汉族文明的浸润下，元昊是要建构一套和中国古代君主制度一脉相承的君权"天"授的政治制度。西夏也正是藉于此，得以进入国家体制。总之，从任何角度来看西夏的官制，都无法否认其对于中原汉制，尤其是宋代制度的借鉴。因而，说西夏的制度文明是中国传统政治文化孕育的结果，这是不过分的。

当然，西夏是由党项人建立的多数民族政权，其制度并不是完全对宋代制度简单的模仿，而是在借鉴中有所改进。如中央的职司设置，虽然绝大多数机构的名称及职能多与宋朝相类，尤其是中书、枢密使人非常容易联想到宋朝的东、西两府。但是西夏的中书、枢密系西夏的两大中枢机构，分掌全

---

① 《续资治通鉴长编》卷一五〇，仁宗庆历四年六月戊午条。

国的文武大政，诸多的经济机构、监察机构、司法机构无不在二者的统御之下；相反宋朝的诸多机构互相制衡，形成了错综复杂的权力关系。

西夏诸职司内部的设置也很简单，除了中书、枢密、经略司、监军司等机构设有中书令、枢密使、经略使、监军等长官，而其他机构则几乎是清一色"大人""承旨"等官员以及"都案""案头""司吏"①等吏员的设置。这与宋代纷繁复杂的官称又形成了极为鲜明的对比。反映了西夏职官制度虽然多处模仿宋朝，但其结构总体上是比较简单的，与宋代机构的冗滥、重叠、人浮于事反而形成鲜明的反差，这也与西夏社会简约、质朴的状况是相一致的。

西夏官制中，还有被容易忽视的游牧元素，这不仅体现为西夏所存在游牧经济的具体形态及游牧人群的组织形态对其职官制度造成的深刻影响，还体现为其对中国北方游牧民族制度的继承。只不过游牧民族制度、文化的传承以"隐蔽"的形式发生，"往往看不到明显的脉络"，仅留下若干"耐人寻味的蛛丝马迹"。②如西夏实行军政合一的部落兵制，"置十二监军司，委豪右分统其众"。③监军司的都统军、副统军、监军（𗦊𗕑）、军主，均由宗族大首领充任。④统军、监军等之下，为统领数百帐乃至上千帐的团练、观察与刺史。⑤统领百十帐的盈能、副溜、行监、舍监一般为中小首领。

再如，西夏的官牧体制从上层的职司设置来看，与唐宋的"监牧"之制如出一辙，不仅其最高管理机构"群牧司"仿宋而设，并且在全国范围内广设"官牧场"，由群牧司统一管领经营。但若将视角下移，关注基层牧场的经营，则会发现其与唐宋逐级管理的"牧监"不同，系吸纳了诸多游牧的部落而组建，通过部落自下而上推举"盈能"与群牧司自上而下派遣"头监"，实

---

① 《天盛改旧新定律令》卷一〇《司序行文门》。
② 贾敬颜：《记游牧民族的文化传承》，《中央民族学院学报》1990 年第 1 期，第 55—58 页。
③ 《宋史》卷四八五《夏国传上》。
④ 《宋史》卷四八六《夏国传下》载，宋元丰四年"追袭其统军仁多㖫丁"，元丰七年"杀其首领仁多㖫丁"。显然西夏统军仁多㖫丁为党项宗族大首领。
⑤ 《西夏书事》卷一五载，"元昊以官爵縻下，沿边逐族首领管三五百帐，悉署观察团练之号。"

现了国家与部落权力的衔接。还有西夏"分国中兵马为左右厢"[①],"每有事于西,则自东点集而西;于东,则自西点集而东;中路则东西皆集"[②]。这和北方草原游牧民族沿用不绝的"两翼制度"有着一定的关系。

　　总之,将西夏的职官制度视为少数民族"汉化"的结果,或是看作北方民族政治文化的传承,都是片面的。西夏的典章制度应该是在中原王朝制度的基础上,多种文化汇聚融合的结果,在中华民族多元一体格局进程中和中国统一多民族国家形成的过程中,有着重要地位。

---

① 李裕民校注:《司马光日记校注》,中国社会科学出版社1994年版,第43页。
② 《宋史》卷四八六《夏国传下》。

二、党项拓跋政权职官制度

西夏是公元 1038 年正式建立的，但在此之前，"夏虽未称国，而王其土久矣"①。西夏主体民族党项本为"汉西羌之别种"②，居于"古析支之地"③，经两次内迁及唐朝的数次安置，党项拓跋部遂定居于银、夏一带。唐中和元年（881），唐僖宗因拓跋思恭勤王有功，诏"夏州节度赐号定难节度"④。此后党项拓跋李氏袭任定难军节度使，领夏绥银宥四州⑤，成为割据一方的政权。

（一）羁縻府州与节度藩镇

1. 羁縻党项府州

唐中和二年，拓跋思恭在受夏州节度使一职，标志着党项藩镇政权的成立。在此之前，党项诸部一直作为唐朝羁縻府州管辖下的部族。

早期党项长期生活在今甘青川三省毗连地区，"每姓别为部落，大者五千

① 《宋史》卷四八六《夏国传下》。
② 《旧唐书》卷一九八《西戎传》。
③ 《旧唐书》卷一九八《西戎传》。
④ 《新唐书》卷六四《方镇一》。
⑤ 拓跋思恭任夏州节度之前，夏州节度就已领有宥州，时间为元和九年（814），见《新唐书》卷六四《方镇一》。

余骑，小者千余骑"。"牧养犛牛、羊、猪以供食，不知稼穑"。① 隋开皇四年
（584），党项"千余家归化"。次年，其大首领拓跋宁丛等各率部众到旭州内
附，被隋文帝授为大将军，"其部下各有等差"。唐朝建立后，党项与中原的
关系进一步得到加强，唐贞观三年（629），在南会州都督招谕下，党项酋长
细封步赖举部内附，太宗降玺书抚慰，步赖因此入朝，宴赐甚厚，以其地为
轨州（今四川省阿坝县内），拜步赖为刺史。其他党项酋长闻风而动，"相次
率部落皆来内属，请同编户"。太宗厚加抚慰，列其地为崌、奉、岩、远四
州，"各拜其首领为刺史"。② 唐贞观五年（631），"诏遣使开其河曲地为六十
州，内附者三十四万口"。③ 唐贞观八年（634），最为强族的拓跋大首领拓跋
赤辞率众降附，唐朝列其地为懿、嵯、麟等32州，以松州为都督府，任命归
附部落首领为刺史，以拓跋赤辞为西戎州都督，赐皇姓李。

唐朝招抚党项，在其居地设置羁縻府州不久，吐蕃政权从西藏高原崛起，
不断向外扩张，北上攻取吐谷浑，党项羌部落为了免遭吐蕃奴役，开始陆续
向内地迁徙，散处在陇右道的洮、秦、临等州和关内道的庆、灵、夏、银、
胜等州，党项的羁縻府州随部落一并迁入。"安史之乱"后，唐政府为杜绝党
项与吐蕃、回鹘、吐谷浑等勾结而产生"边患"，花费十余年，将陇右道党项
陆续迁至灵（今宁夏吴忠市利通区内）、庆（今甘肃省庆阳市）、夏（今陕西
省靖边县红墩界镇白城子遗址）、绥（今陕西省绥德县）、银（陕西省横山县
东）、延（今陕西省延安市东北）、胜（今内蒙古托克托县西南）等州。④ 史籍
中所谓的"一十三府"党项，即指的芳池（今甘肃省环县、华池北）、相兴（今
甘肃省环县、华池以北）、永平（今宁夏灵武市西南）、旭定（今甘肃省庆阳
市）、清宁（今宁夏灵武市西南）、忠顺（今宁夏灵武市西南）、宁堡（今宁夏
灵武市西南）、静塞（今宁夏灵武市西南）、万吉（今宁夏灵武市西南）、乐容

---

① 《隋书》卷八三《党项传》。
② 《旧唐书》卷一九八《党项羌传》。
③ 《唐会要》卷九八《党项羌》。
④ 参见周伟洲《唐代党项》，三秦出版社1988年版，第52—63页。

州(今宁夏灵武市西南)、静边州(今甘肃省庆阳市)、宜定(今甘肃省庆阳市)、安化(今陕西省靖边县)等 13 个羁縻府州。

羁縻府州下的党项诸部,仍保留着部落组织,和当地汉族"编户"不同,他们不承担赋税,只服兵役。[①]随着社会的发展,中唐以后,在原始部落的基础上,逐渐形成了平夏、东山、六府、南山等部落集团。

这一时期的党项社会,总体是靠部落与部落联盟来维系,因而也并没有"职官"的设置。但是,党项部族中的显赫人物常常会被唐朝政府授予官职,甚至在地方部门中承担若干职事。如拓跋守寂孙乾晖,贞元初曾为夏州刺史,后又任银州刺史。元和时,乾晖死,守寂侄澄岘继任银州刺史。另有史料记载,文宗太和元年有"部落游奕使拓跋忠义",[②]可能就是唐朝授予党项酋长官职,以管理本族事务。同样,党项政权的建立者拓跋思恭也曾在夏州节度使帐下做"教练使",后因平息内乱,升为了"宥州刺史"[③]。在中和年间平定黄巢起义时,拓跋思恭即任此职。

2.拓跋思恭建立藩镇

唐乾元末年,黄巢起义军风起云涌,势不可挡。广明元年(880)十二月,起义军攻下长安,唐僖宗仓皇出逃。中和元年(881),逃到成都的僖宗下诏征集各路兵马,平定起义军。三月,拓跋思恭应诏而起,"纠合夷、夏兵,与鄜延节度使李孝昌会合于鄜州,同盟起兵",并被授予"左武卫将军,权知夏、绥、银留后"[④]。所谓"权",是唐中后期"使职"中的一种情况,指拓跋思恭暂行节度使之职权,但无节度使之实位。

时任京西诸道行营都统的凤翔节度使郑畋集结泾原节度使程宗楚、秦州经略使仇公遇、鄜延节度使李孝恭以及"权知"的夏州节度使拓跋思恭等京

①　参见周伟洲《唐代党项》,三秦出版社 1988 年版,第 59 页。
②　(宋)王饮若等:《册府元龟》卷九七四《外臣部·褒异一》。
③　见《白敬立墓志》志文记载,图版见康兰英主编《榆林碑石》。
④　《旧唐书》卷一一九《僖宗纪》。

西北藩镇的节度使①，"传檄天下"②。为了激励拓跋思恭，唐中和元年八月，唐朝正式任命权知夏州节度使拓跋思恭为节度使，成为名副其实的地方藩镇。十二月，授夏州节度使为定难军节度使。③自此以后，唐僖宗愈加倚重于京西北藩镇的兵力，思恭也先后被任命为京城南面都统、京城四面都统。④黄巢起义平定之后，授太子太傅、夏国公，赐姓李。自此以后，史籍中的拓跋思恭就成为了"李思恭"。

经过黄巢农民起义军的沉重打击，唐王朝进一步衰落，号令不出国门，藩镇之间的混战更加严重，除了旧藩镇外，在镇压农民起义过程中又出现了一批新的藩镇。在强藩角逐的形势下，力量弱小的定难军拓跋氏为了保存和扩大割据势力，在对外关系上审时度势，同中原政权保持较密切的关系，不仅没有直接和唐中央政府对抗，而且还多次出兵帮助唐朝讨伐叛镇。拓跋思恭曾率部协助唐军征讨王重荣、李克用等叛军，思恭弟思孝、思谏也服从中央政府调遣，参加了征讨王行瑜、李茂贞的战役。

为了确保对银夏地区的统治，拓跋李氏政权除了搞好与唐朝的关系，服从中央调遣外，还始终保持父子、兄弟相继，由拓跋贵族牢牢掌握节镇的控制权。同时，部落首领和唐朝节度使的双重身份，使拓跋贵族长期占据银夏地区，而没有被调防移镇。

3. 五代宋初党项政权

唐景福元年（892）李思恭卒，其弟李思谏继任，初为留后，至乾宁二年正式被任命为节度使。后梁开平元年（907），朱温称帝建立后梁，加封夏州节度使李思谏为检校太尉兼侍中，拓跋政权与后梁正式建立臣属关系。后梁

---

① 京西北藩镇为旧朔方军的故地，主要是神策军所控制，在唐中后期为支持唐朝中央政府的中坚军事力量。见张国刚《唐代藩镇研究》，湖南教育出版社1987年版。

② 《旧唐书》卷一九下《僖宗纪》。

③ 《资治通鉴》卷二五四，唐僖宗中和元年十一月条。

④ 《新唐书》卷九《僖宗纪》。

开平二年（908），李思谏卒，军中遵思谏遗命，推其子李彝昌为留后，不久被后梁正式封为节度使。次年三月，夏州都指挥使高宗益杀掉李彝昌，将吏共诛宗益，推彝昌族父李仁福为帅。四月，后梁又以仁福为定难节度使。乾化三年（913），后梁又封夏州节度使、检校太尉、太保兼侍中、同平章事李仁福为陇西郡王，按此为夏州拓跋李氏封王之始。

后唐长兴四年（933）李仁福卒，将吏推其子李彝超权知州事。后唐明宗趁机削藩，诏令李彝超与延州节度使安重进对调，遣邠州节度使药彦稠、宫苑使安从益统率五万大军护送安重进赴任。李彝超以"三军百姓拥隔"为由，闭城固守。夏州城为匈奴赫连勃勃所筑，坚如铁石，后唐大军"攻凿不能入"①，无功而返。

李彝超击退后唐进攻，对夏州拓跋政权产生了重大影响，"自是夏州轻朝廷"②，"傲视中原，阴结叛臣"③，只在名义上臣属于中原王朝。正如《宋史》所说的"虽未称国，而王其土久矣"④。《故大宋国定难军管内都军指挥使康公墓志铭》称李彝超为"府主大王"⑤，"府主大王"有着国君般的权力，是银夏地区的主公和大王。后唐清泰二年（935），李彝超卒，后唐即封其弟李彝殷为节度使。后晋天福元年（936），晋高祖石敬瑭以皇基初造，诏"加官及封邑，示普恩也"。后晋天福八年（943），又给李彝殷加官检校太师。清人吴广成对此评论道："李氏自后唐入晋，非有大功可纪，而晋爵拜官，书不胜书。前贤谓乱世之爵赏不足以服人，适足以骄人，其以此夫。"⑥ 这种无功而"晋爵拜官"，反映出对拓跋夏州政权的羁縻。

后周显德元年（954）正月，封李彝殷为检校太尉加太师、侍中兼中

① 《册府元龟》卷四三八《将帅部·无功条》。
② 《资治通鉴》卷二七八，后唐明宗长兴四年五月条。
③ 《册府元龟》卷一六六《帝王部·招怀条》。
④ 《宋史》卷四八六《夏国传下》。
⑤ 杜建录：《党项西夏碑石整理研究》，上海古籍出版社2015年版，第108—113页。
⑥ 《西夏书事》卷二，吴广成按语。

书令、同平章事，晋爵西平王。北宋乾德五年逝世，子李光睿嗣位。太平兴国三年（978）李光睿卒，其子李继筠继位。两年后继筠亦卒，其弟李继捧继位。太平兴国六年（981），宋太宗召李继捧入朝，收夺拓跋部世居的四州八县之地。李继捧族弟李继迁出奔地斤泽，起兵抗宋，在党项豪族和辽朝的支持下，屡败宋兵。宋至道三年（997）宋太宗驾崩，真宗赵恒新即位，"方在谅暗，姑务宁静"，授李继迁为夏州刺史、充定难军节度使、夏绥银宥静等州观察处置押蕃落使，复赐姓名。加食邑千户，实封二百户。①归属宋朝长达十五年之久的夏绥银宥静等州领土，又重新回到拓跋李氏手中。但这时的李继迁已不满足对"故土"的恢复，而是在恢复"故土"之后，又进一步对外扩张，把军事斗争的矛头直接对准宋朝西北重镇灵州（今宁夏吴忠市利通区内），趁宋朝举棋不定，一举攻克灵州，易名西平府。随后继续向西发展，经德明、元昊两代，最终占据整个河西走廊，奠定了西夏国版图。

自唐中和元年（881）拓跋思恭正式任节度使起，至李元昊1038年立国前夕157年，党项拓跋政权一直以节度使府衙的形式存在。

（二）节度府长官

1. 节度使

夏州拓跋政权脱胎于唐末藩镇，藩镇的最高长官是节度使。唐贞元三年（787）"置夏州节度观察处置押蕃落使，领绥、盐二州，其后罢领盐州②"。七月，以"韩潭为夏州刺史，夏、绥、银等州节度使③"。此为夏州节镇之始。元和九年（814），"夏州节度增领宥州。"④至此，夏州节度使领有夏、绥、银、宥四州之地。

---

① 《宋史》卷四八五《夏国传上》。
② 《新唐书》卷六四《方镇表》。
③ （清）钱大昕:《廿二史考异》卷四六，第849页，见陈文和主编《嘉定钱大昕全集》（增订本）。
④ 《新唐书》卷六四《方镇一》。

李光睿墓志铭拓片

　　中和二年（882），僖宗因拓跋思恭勤王，赐皇姓李，诏"夏州节度赐号定难节度"①。此后党项拓跋部李氏袭任定难军节度使。至此，夏州党项名义上为唐朝的藩镇，实际则成为割据一方的"诸侯"。

　　后汉乾祐二年（949），"诏以静州隶定难军。"②定难军始领夏、银、绥、宥、静五州，比如继任者李光睿官告中就以此五州冠名。③

　　唐末的诸藩镇长官，大体都有"节度使"的任职。唐代节度使可以追溯到魏晋时期的都督制，当时都督大多带节，是掌军、政的地方长官。唐在沿

---

　　① 《新唐书》卷六四《方镇一》。
　　② 《资治通鉴》卷二八八，后汉隐帝乾祐二年正月条。
　　③ 郭贻：《大宋故定难军节度使检校太尉赠侍中李公墓志铭》，收入杜建录《党项西夏碑石整理研究》，上海古籍出版社 2015 年版，第 137 页。

边地区设大都督，其职掌限于军事，若有事出征，则另派大总管统率。高宗永徽以后，征战日益增多，为了防御吐蕃、突厥、契丹等族，加重了都督的职权。都督有带使持节，可全权处置军事，称节度使。睿宗景云二年（711）以凉州都督贺拔延嗣为河西节度使，是节度使成为固定制度的开始。

节度使事权专一，这固然使得诸多的节度使立下赫赫战功，但在唐末中央皇权低落之时，他们也纷纷成为了割据势力。夏州节度使是唐末拥兵自重的藩镇之一。所不同的是，其地处边疆，并且有着党项部族的背景，最终发展壮大并建立了政权。

2. 节度留后

节度留后，也就是节度使留后。从字面上看，也就是"留候"，也就是替补之意，至少其初置时是基于这样的出发点。唐玄宗开元十六年（728）萧嵩除同中书门下平章事，并且"遥领"河西节度使，则以牛仙客留后。后李林甫、杨国忠为相，遥领陇右、剑南，就分别以杜希望、崔圆为留后。可以看出，虽然宰相所兼任的"节度使"更加有名望和地位，也是名义上的地方长官。但不难看出，真正行使职权的，是任"留后"的官员。但是，到了唐末，藩镇势力强大，都各自行设置留后，都纷纷以子侄、亲信来担任此职。

不过在五代至宋初，从"留后"到节度使的这一道门槛，成为了中原王朝中央政府与党项政权斗争的交点。比如宋初，在李光睿逝世后，宋朝即再未封过夏州党项首领为节度使，李继筠、李继捧皆为"留后"，未被任命过节度使。反而是李继捧"入朝"之后，先后授予了"彰德军节度使""崇信军节度使""感德军节度使"，[①] 不过此时这只是些虚设的头衔罢了。

---

① 《宋史》卷四八五《夏国传上》。

3. 节度副使、同节度副使

节度使之副贰使，掌节度观察留后事。我们知道，在李仁福时代，李彝殷就担任着节度副使之职。除此以外，高谅（726—798）弟士评任节度副使，"素蓄令望，内外协和，智艺标奇，军府称美。"[①]夏州节度押衙陈审叔父廷恪司也曾任节度副使，[②]曹公长子从谦任同节度副使。[③]曹公子保全，充同节度副使。[④]刘敬瑭，为定难军节度副使。[⑤]

（三）属州刺史[⑥]

刺史的设置也同样源自唐制，"唐兴，初未暇于四夷，自太宗平突厥，西北诸蕃及蛮夷稍稍内属，即其部落列置州县。其大者为都督府，以其首领为都督、刺史，皆得世袭。"[⑦]而党项部族的首领亦在唐初曾被授予刺史之职，"贞观三年，南会州都督郑元璹遣使招谕，其酋长细封步赖举部内附，太宗降玺书慰抚之。步赖因来朝，宴赐甚厚，列其地为轨州，拜步赖为刺史。仍请率所部讨吐谷浑。其后诸姓酋长相次率部落皆来内属。请同编户，太宗厚加抚慰，列其地为崌、奉、岩、远四州，各拜其首领为刺史。"[⑧]

夏州党项政权领有夏、绥、银、宥四州，[⑨]而每州皆有刺史以管领，据史籍的记载整理，四州刺史的任职情况如下表：

---

① 康兰英主编：《榆林碑石》，三秦出版社 2003 年版，第 237 页。
② 《榆林碑石》，三秦出版社 2003 年版，第 240 页。
③ 《榆林碑石》，三秦出版社 2003 年版，第 241 页。
④ 《榆林碑石》，三秦出版社 2003 年版，第 243 页。
⑤ 《榆林碑石》，三秦出版社 2003 年版，第 250 页。
⑥ 本节主要参考周永杰《族群身份与王朝秩序：五代宋初定难军权力结构的演变》，《"边疆·民族·历史青年学者论坛之二北族王朝早期历史研究"学术研讨会论文集》，2019 年，第 35 页。
⑦ 《新唐书》卷四三《地理七下》。
⑧ 《旧唐书》卷一九八《党项羌》。
⑨ 后汉乾祐二年（949），"诏以静州隶定难军"，见《资治通鉴》卷二八八，隐帝乾祐二年正月甲寅条。

州名	夏州	绥州	银州	宥州
刺史（任职时间）	拓跋思恭（881—？）			拓跋思恭（881）
	拓跋思谏（？）	白忠信（？—895）		
	李彝昌（908—909）			
	李仁福（909—933）			李仁裕（？—924）
				刘敬塘（925—？）
		李彝敏（926）	李仁颜（？）	
	李彝超（933—935）	李彝殷（933—935）		
	李彝殷（935—967）	李彝敏（？—943）		
		李仁立（943—？）		
			李彝沼（？）	
		李仁宝（？—945）		
		李仁裕（945）		
		李彝谨（946—952）		
			李光曘（？）	
	李光睿（967—978）	李光琇（？—971）		
		匕罗（971）		
	李继筠（978—980）	李光宪（978—979）		
	李继捧（980—1004）	李克文（982）	李克文（？）	
		李克宪（982）		

①

① 本表引自周永杰《族群身份与王朝秩序：五代宋初定难军权力结构的演变》，《"边疆·民族·历史青年学者论坛之二北族王朝早期历史研究"学术研讨会论文集》，2019 年，第 35 页。

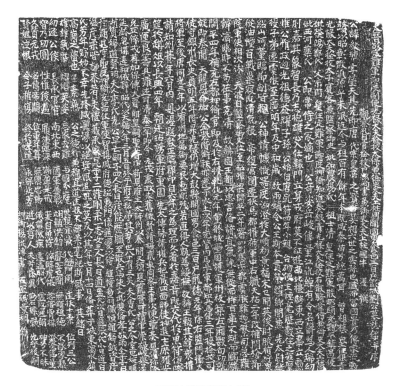

后晋刘晋瑭墓志铭

从表中看，夏州节度使一般兼夏州刺史，其他州刺史也几乎皆为节度使的直系亲属，异姓的刺史仅刘敬瑭和白忠信两个，其中白忠信还与李氏有姻亲关系。

文献中反映，夏州政权的刺史系自行授命，如长兴四年，"夏州自署李彝殷为绥州刺史，乞正授，从之"①，再如

后晋刘晋瑭墓志铭（顶）

---

① 《册府元龟》卷一七八《帝王部·姑息》。

天福八年"夏州奏，差宥州刺史李仁立权知绥州"①。也就是说，夏州在自行授命之后，再走程序，告奏中央，并"从之"即可。

（四）节度军将

根据各种资料来看，夏州节度的高层僚职位主要有都知兵马使、左右厢、后院等兵马使，副兵马使，散都头，都虞候、虞候，都押衙、押衙，都教练使、教练使，十将，军使等。

（1）都知兵马使。又作都将、都头、都校。"唐之中世，以诸军总帅为都头。至其后也，一部之军谓之一都，其部帅呼为都头。"②"兵马使，节镇衙前军职也，总兵权，任甚重。至德以后，都知兵马使率为藩镇储帅。"③李光睿之弟李光文任衙内都知兵马使，曹公于咸通五年（864），"改署魏平、丰、储等镇营田都知兵马使"，十二年"改署洪门四镇都知兵马使"。陈审充监军衙马步都知兵马使。刘敬瑭于乾化二年（912）"充管内马步军都知兵马使"④。值得关注的是，衙内、营田、监军衙马步军等出现在出土墓志中的都知兵马使在现存传世史籍中无载。

（2）左、右厢等兵马使。"左右厢，禁卫兵也。"⑤高谅（开元十四年至贞元十八年，726—798）任夏绥银宥等州节度左厢马步兵马使。⑥陈审子为夏州节度器仗将兵马使。⑦曹公为洪门四镇都知兵马使。⑧张宁长子重迁为衙前兵马使，子重迈曾任衙前兵马使时，"初李常侍战于长城，为贼所窘，二人控马突重围而出。"⑨衙前为使府之别称。曹公于咸通七年"迁署石堡镇遏兵马使、

① 《旧五代史》卷八二《晋书·少帝纪》。
② 《资治通鉴》卷二五四，唐僖宗中和元年七月庚申条。
③ 《资治通鉴》卷二一五，唐玄宗天宝六年十月己酉条。
④ 《榆林碑石》，三秦出版社 2003 年版，第 240、241、250 页。
⑤ 《资治通鉴》卷一六九，陈之帝天嘉五年八月乙丑条。
⑥ 《榆林碑石》，三秦出版社 2003 年版，第 236—237 页。
⑦ 《榆林碑石》，三秦出版社 2003 年版，第 240 页。
⑧ 《榆林碑石》，三秦出版社 2003 年版，第 241 页。
⑨ 《榆林碑石》，三秦出版社 2003 年版，第 234 页。

兼宁朔县令"①。

（3）副兵马使。曹公长子从谦，兼任"射雕左二将副兵马使"②。

（4）散都头。散都头，即散兵马使，"散员兵马使，未得统兵。"③刘敬瑭祖父士清，任定难军散都头，其长子彦能"历职至散兵马使。文武双备，孝敬两全"④。

（5）虞候、都虞候。"职在刺奸，威属整旅，齐军令之进退，明师律之否臧。"⑤五代后晋天福二年，"诸道马步都虞候，今后朝廷更不差补，委逐州府于衙前大将中选久历事任，晓会刑狱者充。"⑥李光睿之弟李光美为衙内都虞候。清河张彦琳次子任夏州节度衙前虞候。⑦臧允恭次子任节度衙前虞候。⑧张宁子为衙前虞候、子弟虞候。⑨何德璘于梁开平二年，始补衙前虞候，"继职军门"。⑩刘敬瑭为虞候，于"梁开平二年，署四州马步都虞候。虽总繁司，急难办济，临财不苟，莅事克清"⑪。

（6）押衙、都押衙。又作押牙、都押牙，为将帅亲近之署。"押牙者，尽管节度使牙内之事。"⑫李仁宝父任定难军左都押衙。⑬臧允恭（776—867）任夏州节度押衙，⑭"前节度押衙"张诚撰臧允恭墓志铭。⑮陈审为夏州节度押

---

① 《榆林碑石》，三秦出版社 2003 年版，第 241 页。
② 《榆林碑石》，三秦出版社 2003 年版，第 241 页。
③ 《资治通鉴》卷二四〇胡注，唐宪宗元和十二年五月丁丑条。
④ 《榆林碑石》，三秦出版社 2003 年版，第 250—251 页。
⑤ （清）董浩等编：《全唐文》卷四一三，中华书局 1983 年版，第 4237 页。
⑥ 王溥：《五代会要》卷二四，上海古籍出版社 1978 年版，第 392 页。
⑦ 《榆林碑石》，三秦出版社 2003 年版，第 238 页。
⑧ 《榆林碑石》，三秦出版社 2003 年版，第 238 页。
⑨ 《榆林碑石》，三秦出版社 2003 年版，第 234 页。
⑩ 《榆林碑石》，三秦出版社 2003 年版，第 249 页。
⑪ 《榆林碑石》，三秦出版社 2003 年版，第 250 页。
⑫ 《资治通鉴》卷二一六胡注，唐玄宗天宝六年十二月己巳条。
⑬ 《榆林碑石》，三秦出版社 2003 年版，第 252 页。
⑭ 《榆林碑石》，三秦出版社 2003 年版，第 238 页。
⑮ 《榆林碑石》，三秦出版社 2003 年版，第 238 页。

衙，长子任夏州节度。①曹公为夏州节度押衙。②白敬立子保勋，为节度押衙。③刘敬瑭于"开平四年，补充左都押衙官，即及于右揆。"其子守节度押衙。④

（7）教练使、都教练使。唐宣宗大中六年（852）五月，诏"天下军府有兵马处，宜选会兵法能弓马等人充教练使。每年合教习时，常令教习，仍于其时申兵部"⑤。"自今已后，委诸道观察节度都防御团练经略等使，每道慎择会兵法及能弓马，解枪弩及筒射等军将两人充教练使，每年至合教习时，分番各以本艺阅试。"⑥

（8）十将。又作什将，可领兵千人。"朔方军十将使、游骑将军、绥州义合府折冲"臧希真。⑦

（9）军使。刘敬瑭于"天祐二年，改补门枪节院军使"⑧，其子充器仗军使。

（五）文职幕僚

（1）行军司马。掌"申习法令"⑨，"行军司马，掌弼戎政，居则习搜狩；有役则申战守之法，器械、粮糒、军籍、赐予皆专焉"。⑩与副使同为节度使的佐贰，地位较高。《全唐文》卷四三〇《淮南节度行军司马厅壁记》："军出于内谓之将，镇于外谓之使，佐其职者谓之行军司马。"⑪"弼戎政，掌武事，居常习搜狩之礼，有役申战阵之法。凡军之攻，战之备，列于器械者，辨其贤良。凡军之材，食之用，颁于卒乘者，均其赐予。合其军书契之要，比其军符籍之伍，赏罚得议，号令得闻，三军以之，声气行之哉，虽主武，盖文

① 《榆林碑石》，三秦出版社 2003 年版，第 240 页。
② 《榆林碑石》，三秦出版社 2003 年版，第 241 页。
③ 《榆林碑石》，三秦出版社 2003 年版，第 243 页。
④ 《榆林碑石》，三秦出版社 2003 年版，第 250 页。
⑤ 《旧唐书》卷一八下《宣宗纪》。
⑥ （清）董浩等编：《全唐文》卷八一，中华书局 1983 年版，第 846 页。
⑦ 《榆林碑石》，三秦出版社 2003 年版，第 226 页。
⑧ 《榆林碑石》，三秦出版社 2003 年版，第 250 页。
⑨ （唐）杜佑：《通典》卷三二，中华书局 1988 年版，第 895 页。
⑩ 《新唐书》卷四九下《百官志四下》。
⑪ （清）董浩等编：《全唐文》卷四三〇，中华书局 1983 年版，第 4380 页。

之职也。"①五代时期，行军司马的职权有所下降，其职责由节度副使分领。后唐天成"四年（929）六月敕，诸道节度行军司马。名位虽高，或帅臣不在，其军州事，节度副使权知"②。李光睿之兄李光普为定难军行军司马。

（2）判官。"分判仓、兵、骑、胄四曹事，副使及行军司马通署。"③碑志中出现有节度判官、营田判官、军事判官、防御判官等名目，其中营田、军事、防御为节度使下属州官。长兴元年（930），绥州军事判官张少卿撰《故永定破丑夫人墓志文》。④"定难军节度判官、检校尚书、库部郎中"李潜书白敬立墓志铭并序。⑤何德璘表弟王卿为横银州营田判官，撰《何公墓志铭并序》。⑥银州防御判官齐峤撰《李公墓志铭》，⑦李彝谨从表侄节度判官郭峤撰《后周绥州刺史李彝谨墓志铭》。⑧绥州军事判官将作□撰《故绥州太保夫人祁氏神道志》。⑨可见，碑石中出现的判官有军事判官、节度判官、营田判官、防御判官等，且多以墓志碑铭的作者出现，所作碑志文采斐然，说明其具有很高的文学素养。

（3）掌书记。"掌朝觐、聘问、慰荐、祭祀、祈祝之文与号令升绌之事。"⑩如韩愈所言："书记之任亦难矣。元戎整齐三军之士，统理所部之甿，以镇守邦国、赞天子施教化；而又外与宾客四邻交，其朝觐聘问慰荐祭祀祈祝之文，与所部之政，三军之号令升黜，凡文辞之事，皆出书记。非闳辨通敏兼人之才，莫宜居之。"⑪张宁死后，摄夏州节度掌书记许道敬为之作墓志

①　《全唐文》卷四三〇，第4380—4381页。
②　（宋）王溥：《五代会要》卷二五，上海古籍出版社1978年版，第396页。
③　《通典》卷三二，第895页。
④　《榆林碑石》，三秦出版社2003年版，第247页。
⑤　《榆林碑石》，三秦出版社2003年版，第242页。
⑥　《榆林碑石》，三秦出版社2003年版，第249页。
⑦　《榆林碑石》，三秦出版社2003年版，第251页。
⑧　《中国藏西夏文献》第18册，甘肃人民出版社、敦煌文艺出版社2005年版，第55页。
⑨　《中国藏西夏文献》第18册，甘肃人民出版社、敦煌文艺出版社2005年版，第58页。
⑩　《新唐书》卷四九下《百官志四下》。
⑪　《全唐文》卷五五七，第5634页。

铭，“访其实以志之。”[①]毛汶（890—942），家居巩洛，为李仁福之妻渎氏从表侄，撰《后晋虢王李仁福妻渎氏墓志铭》。其父任定难军节度观察判官兼掌书记，毛汶袭任其父职位。故牛渥赞其“久参夏府，两世光晖”[②]。摄节度掌书记郭贻撰《何公墓志铭》。[③]

（4）支使。“唐制，节度使幕属有掌书记，观察有支使，以掌表笺书翰，亦书记之任也。”[④]《唐六典》卷一三载：“如本道务繁，得量差官人历官清干者，号为支使。”[⑤]宋承唐制，节度属有掌书记，观察有支使，二者不得并置，有出身为书记，无出身则为支使。何德璘任夏银绥宥等州观察支使。[⑥]何公为摄夏州观察支使，其祖父为夏银绥宥等州观察支使，父亦为观察支使。因何公名字佚失，其父名德遇，应与何德璘同辈，尚不能判断其具体关系。

（5）推官。节度、观察使、经略均有推官，位次于判官、掌书记。唐清河崔稃为府推官，“小大之狱，重轻之典，操刀必割，迎刃斯解。大革冤滞，默销烦苛。”[⑦]这是推官的职责。毛汶至“贞明三年，先王署摄当府节度推官，方拘宾幕。深达理道，断决昭然”[⑧]。摄节度推官刘梦符撰《后汉沛国郡夫人里氏墓志铭并序》。[⑨]

（6）巡官。严耕望认为巡官掌营田之事[⑩]，而《新唐书·李景略传》载：“李怀光为朔方节度使，署巡官。五原将张光杀其妻，以赀市狱，前后不能决，景略核实，论杀之。”[⑪]可见，巡官也有审断刑狱之责。宋人陆游在《老

---

① 《榆林碑石》，三秦出版社 2003 年版，第 233—234 页。
② 《榆林碑石》，三秦出版社 2003 年版，第 247—248 页。
③ 《榆林碑石》，三秦出版社 2003 年版，第 254 页。
④ 《资治通鉴》卷二五二胡注，唐僖宗乾符元年正月丁亥条。
⑤ （唐）李林甫等撰，陈仲夫点校：《唐六典·御史台》，中华书局 1992 年版，第 382 页。
⑥ 《榆林碑石》，三秦出版社 2003 年版，第 249 页。
⑦ 周绍良主编：《唐代墓志汇编》，上海古籍出版社 1992 年版，第 2019 页。
⑧ 《榆林碑石》，三秦出版社 2003 年版，第 248 页。
⑨ 《中国藏西夏文献》第 18 册，甘肃人民出版社、敦煌文艺出版社 2005 年版，第 50 页。
⑩ 严耕望：《唐史研究丛稿》，新亚研究所 1969 年版，第 200 页。
⑪ 《新唐书》卷一七〇《李景略传》。

学庵笔记》中提到"今北人谓卜相之士为巡官……或谓以其巡游卖术，故有此称"①。史籍中记载唐代有户部巡官、转运巡官、营田巡官等种种名目，因此，巡官之职责应看具体所辖事务。方建春《唐代使府幕职概说》一文中指出，推官职掌无法确知，但担任巡官者皆文才出众，掌书奏，推勾狱讼。②

（7）馆驿巡官。唐各道节度使下置馆驿巡官四人，专管驿政。夏州有馆驿巡官，摄定难军节度馆驿巡官郭赆撰《康公墓志铭》。③

（8）衙推。又称推官，有节度衙推、观察衙推、州衙推、军事衙推、府衙推等种种名目。《新唐书》《旧唐书》《通典》等不载职掌。然而，根据文献及宋代推官的职责来看，唐五代时期的衙推具有医卜性质。宋人陆游《老学庵笔记》中说"北方人市医皆称衙推"④。夏州何氏几代人均任衙推，且都善医术。"后唐同光三年，故虢国王（李仁福）在位，以公（何德璘）继之家伐，习以方书，药有□全，功传百中，特署州衙推。天成四年，先王改署观察衙推。"清泰元年，"迁署节度衙推"。何公"凡药石以上闻，必春膏之普及。"长子绍文"艺可承家，术多济世，"为观察衙推。⑤何德璘曾祖曾任泰州军事衙推。何公祖父德遇任夏银绥宥等州观察衙推，何公于天福六年九月任府衙推，九年授观察衙推，广顺元年正月摄节度衙推。可见，何氏几代人均任衙推，与医术家传有关系。

（9）奏记。"节度使封郡王，则有奏记一人。"⑥五代后梁时期，进封夏州节度使李仁福为陇西郡王。后唐庄宗同光二年，封李仁福为朔方王。现无史料表明，夏州有奏记。

（10）参谋。节度使设"参谋无员，或一人，或二人，参议谋划"⑦。参谋

① （南宋）陆游著，王欣点评：《老学庵笔记》，青岛出版社 2002 年版，第 43 页。
② 方建春：《唐代使府幕职概说》，《固原师专学报》2006 年第 5 期，第 55 页。
③ 《榆林碑石》，三秦出版社 2003 年版，第 253 页。
④ （南宋）陆游著，王欣点评：《老学庵笔记》，青岛出版社 2002 年版，第 43 页。
⑤ 《榆林碑石》，三秦出版社 2003 年版，第 249 页。
⑥ 《新唐书》卷四九下《百官志四下》。
⑦ 《通典》卷三二《职官十四》，第 895 页。

关豫军中机密，唐文宗开成四年，由于"参谋之职，尤是冗长"而罢设，唐末曾复置。碑石资料中未见任职参谋者。

（11）孔目官。《通典》《新唐书·百官志》中述及节度使属官时未有此职。《资治通鉴》："诸镇州皆有孔目官，以综理众事。"① 可见，其专司军府琐事。曹公"至咸通元年，改署使院将兵马使节度孔目官、兼都勾覆②"。押衙兼观察孔目官牛渥撰《毛公墓志铭》。③ 孔目官杨从溥书《后汉沛国郡夫人里氏墓志铭》《后周绥州刺史李彝谨墓志铭》。④

（12）要籍。"要籍官，亦唐时节度衙前之职……要籍，乃节度使之腹心也。"⑤ 清泰元年九月，"先王以医见重，奏授（何公）文林郎、试左武卫兵曹参军，改充节度要籍。"何公"转留心于方术，益砺节于衙庭⑥"。李彝谨为李仁福次子，"家门传可久之风，军府起从长之论，外为手足，内作腹心……而乃仗信安人，倾忠事主。常居左右要籍，谙谋倾忠……出临属郡。"⑦ 可见，李彝谨作为次子，辅助长兄，后出而为绥州刺史。

（13）随军、随使、随身。《通典》卷三二："随军四人，分使出入。"⑧ 严耕望认为随军无定职，随时差遣勾当职事。⑨ 康成此为随使、左都押衙⑩，何公曾祖任节度随军。⑪ 李仁福子李彝谨、李彝温曾为随使。⑫ 随使杨从溥撰《后汉沛国郡夫人里氏墓志铭》。⑬

---

① 《资治通鉴》卷二二五胡注，唐代宗大历十三年十二月丙戌条。
② 《榆林碑石》，三秦出版社 2003 年版，第 241 页。
③ 《榆林碑石》，三秦出版社 2003 年版，第 247 页。
④ 《中国藏西夏文献》第 18 册，甘肃人民出版社、敦煌文艺出版社 2005 年版，第 51、56 页。
⑤ 《资治通鉴》卷二二七胡注，唐德宗建中三年正月癸未条。
⑥ 《榆林碑石》，三秦出版社 2003 年版，第 255 页。
⑦ 《中国藏西夏文献》第 18 册，甘肃人民出版社、敦煌文艺出版社 2005 年版，第 55 页。
⑧ 《通典》卷三二《职官十四》，第 895 页。
⑨ 严耕望：《唐史研究丛稿》，新亚研究所 1969 年版，第 206 页。
⑩ 康兰英主编：《榆林碑石》，三秦出版社 2003 年版，第 253 页。
⑪ 《榆林碑石》，三秦出版社 2003 年版，第 254 页。
⑫ 《中国藏西夏文献》第 18 册，甘肃人民出版社、敦煌文艺出版社 2005 年版，第 32—33 页。
⑬ 《中国藏西夏文献》第 18 册，甘肃人民出版社、敦煌文艺出版社 2005 年版，第 51 页。

（14）傔人与别奏。"凡诸军镇大使、副使已下，皆有傔人，别奏以从之。"① 方建春认为傔人、别奏是使府中低级的办事人员，是使职的随身差役，相当于胥吏，并非幕职。②

（六）夏州拓跋节度政权职官特点

上述可见，夏州党项政权的僚属体系"麻雀虽小，五脏俱全"。虽然不见设有专门的职能机构，但诸官职的所掌基本上覆盖了一个政权正常运转所具备的应有职能。应该说，夏州党项政权历唐末及五代而逐步强大，就是在这一幕僚体制的支撑下得以实现的。

夏州节度使僚属为自行招辟，其官员的迁转也由节度使来控制，这是唐代后期藩镇的共同特点。史载"唐有天下，诸侯自辟幕府之士，惟其才能，不问所从来，而朝廷常收其俊伟，以补王官之缺，是以号称得人"③。唐代采访使、节度使及防御使所属官僚，"皆使自辟召，然后上闻。其未奉报者称摄。"④ 未奏报朝廷之前，有摄、试等名号。五代时期，夏州拓跋政权继续保持这种自辟属官的割据局面，特别是自后唐明宗削藩失败后，不但再没有干预夏州节度使和属官的任用，而且主动加官晋爵，笼络羁縻。后唐清泰二年（935），李彝超卒，后唐即封其弟李彝殷为节度使。后晋天福元年（936），晋高祖石敬瑭以皇基初造，诏"加官及封邑，示普恩也"。后晋天福八年（943），又给李彝殷加官检校太师。吴广成对此评论道："李氏自后唐入晋，非有大功可纪，而晋爵拜官，书不胜书。前贤谓乱世之爵赏不足以服人，适足以骄人，其以此夫。"⑤ 这种无功而"晋爵拜官"，恰恰反映出对拓跋政权的羁縻。

---

① 《新唐书》卷四三《职官志二》。
② 方建春：《唐代使府幕职概说》，《固原师专学报》2006 年第 5 期，第 52 页。
③ 《文献通考》卷三九《选举考》。
④ 《通典》卷三二《职官十四》，第 890 页。
⑤ 《西夏书事》卷二，吴广成按语。

夏州拓跋政权职官第二个特点是蕃汉兼备。在节度使府和属州任职者，既有蕃人也有汉人，体现了蕃、汉民族间的融合。碑石中出现的姓氏多为汉姓，如李、何、康、毛、牛、张、刘、曹、皇甫、陈等，其中毛、牛、曹等姓氏在汉文本《杂字》卷一中有载，而李姓则是唐朝所赐。上述碑石中出现的任职者姓氏多为汉姓，当是党项人融入当地社会的表现。此外，还有破丑氏，为党项姓氏。《新唐书》："庆州有破丑氏族三、野利氏族五、把利氏族一，与吐蕃姻援，赞普悉王之，因是扰边凡十年。"[①] 又有黑党项者"居雪山者曰破丑氏"[②]。渎氏（疑为窦氏），与党项拓跋氏多次联姻。宋代《党项拓跋部大首领李光睿墓志铭》中提及拓跋氏与渎氏联姻，盛行姑表婚，可谓"朱门禀气，甲族联姻"[③]。

夏州拓跋政权职官第三个特点是具有浓厚的家族性。唐朝赐姓为李的拓跋氏世据节度使、州刺史外，还多担任其他文、武要职，掌握了夏州拓跋政权的命脉。如李光睿为夏州节度使时，其兄李光普为定难军节度行军司马，光新为管内蕃汉都军指挥使，弟光文为衙前都知兵马使，光宪为绥州刺史，光美为衙前都虞候，光遂为管内蕃部越名都指挥使，光信为马军都指挥使，碑志称其兄弟"或司戎职，或典郡符"[④]。

除拓跋李氏外，其他大族也具有世袭的性质。白敬立"家自有唐洎九世，世世皆为夏州之武官"[⑤]。毛汶为李仁福之妻渎氏从表侄，与其父先后任节度判官兼掌书记之职。何氏，擅长医术，何德璘初为州衙推，天成四年改署观察衙推，清泰元年，迁署节度衙推。衙推之职，上文已经叙及，掌医药。何德璘曾祖父曾任泰州军事衙推，父曾为夏州医博士。医博士是节度使下属州所设官职。唐开元十一年令"诸州府应阙医博士，宜令长史各自访求选试，

① 《新唐书》卷二二一《西域传上》。
② 《新唐书》卷二二一《西域传上》。
③ 《中国藏西夏文献》第 18 册，甘肃人民出版社、敦煌文艺出版社 2005 年版，第 74 页。
④ 《中国藏西夏文献》第 18 册，甘肃人民出版社、敦煌文艺出版社 2005 年版，第 74 页。
⑤ 《榆林碑石》，三秦出版社 2003 年版，第 242 页。

取人艺业优长堪效用者，具以名闻"①。可见，医博士的选拔通过长史，长史是都督府所设官员。何公，因不知名讳，但根据文献判断，其应低何德璘一辈。其父名何德遇，曾任夏银绥宥等州观察衙推，何公于天福六年任府衙推，九年授观察衙推，广顺元年摄节度衙推。何公长子为观察衙推。由此可知，何氏为医药世家，几代人均任职衙推。称得上"艺可承家，术多济世"②。

总之，夏州党项拓跋政权在两百余年的时间中，对其僚属建制的不断完善，是一项极有意义的政治实践，正是因为有了长期的积累，李元昊在公元1038年立国前夕，很容易推出一套"多与宋同"的职官体系，成为西夏190年里基本上沿用不绝的基本政治制度。这虽与元昊本人雄才大略、见识广博有关，但绝非历史的偶然，而是夏州党项拓跋政权长期探索、实践的结果。

元昊"官分文武班"③是一次职官制度的大革新，用参照宋制而创的正式的国家"职官"制度取代旧有的"幕僚"体制。但不难发现夏州党项拓跋政权的职官对西夏职官产生了难以磨灭的影响，比如在地方州、军、监军司设刺史一职，再如兼官与带职，以职代司等现象。④

当然，无论是夏州政权的"幕僚"体制，还是西夏的"职官"体系，虽然表面的名目异多同少，但其核心的实质则都是专制主义中央集权制度，无不是以阶序化、专业化的原则来分职、定位。正是因为对于前者的实践而决定了后者的具体形态，比如在面对管理诸多游牧部落的问题上，西夏并不是采取北族王朝十、百、千这种"十进制"的改组方式以及在此基础上的草原分封，而是在基层设立阶序化的职、司，即监军司及下所属盈能、首领、末驱、舍监等阶序化的职来加以管理。

归纳来说，夏州党项政权200余年"幕僚"体制的建设，对西夏职官制度的影响，不仅仅在于个别职位的相同，也不仅在于若干职官现象的延续，

① 《通典》卷三三《职官十五》，中华书局1988年版，第915页。
② 《榆林碑石》，三秦出版社2003年版，第249页。
③ 《宋史》卷四八五《夏国传上》。
④ 详见后文阐述。

更在于设司、设职，任官、任职时基本原则与基本精神的传承甚至是不断完善。这是西夏在立国之初就有着成熟职官体系的重要原因，也是西夏职官制度虽"多与宋同"[1]，但不完全等同于唐宋；虽对北方民族有所传承，却本质不同的历史根源所在。

---

[1] 《宋史》卷四八六《夏国传下》。

三、西夏职官制度的发展演变

西夏自元昊 1038 年立国，至 1227 年为蒙古帝国所灭，历 10 帝，计 189 年，先后与辽、北宋，金、南宋并立，在中国古代史上的各王朝中，算得上是国祚较久的政权了。在西夏近 200 年的发展历程中，西夏的职官制度也不断发展并渐趋成熟。

从总体上来看，除了梁氏专权时代"番化"的 30 多年，西夏官制总体上与汉式官制"趋同"。当然，这并非体现为职司设置的趋同，相反在中后期其实反而出现了较多具有民族特点的职官设置。而是体现为其阶序化与专业化的不断加强，比如在元昊时代虽然创立了"官分文武班"的职官制度，但大体仍是诸多的大族首领在充任着高级官职，而到了仁宗的天盛年间，我们才看到西夏诸多的机构被分入了五等司之中，而各个司也有了规定数量的官和吏。

（一）官制初创

西夏官制的建立是在西夏立国之前。约宋明道二年（1033），开国之君元昊即开始创建官制，"其官分文武班，曰中书，曰枢密，曰三司，曰御史台，曰开封府，曰翊卫司，曰官计司，曰受纳司，曰农田司，曰群牧司，曰飞龙院，曰磨勘司，曰文思院，曰蕃学，曰汉学。自中书令、宰相、枢使、大夫、侍中、太尉已下，皆分命蕃汉人为之"；① 并且在其后，约宋景祐四年（1037），"设十六司于兴州，以总庶务。"② 进一步补充。

此时元昊"草创"的中央官制，虽然只是个雏形，主要是借鉴宋代官制，设立了诸多的职能机构。其做法一方面彻底抛弃了唐末的幕府体制，吸纳了"分科分层"的专制国家官制；另一方面也基本上确立了西夏中央职官制的基本格局，不仅官分文武班，还是专司或专职专管其政。

在史料中，我们就可以看到，元昊即将这些新设官职，授予了他的各个大臣。比如曾为"元昊从父"，"与弟惟永分掌左右厢兵"，③ 又"有勇略，国人向之"④ 的嵬名山遇，即被称为"令公"。"令公"一般是"中书令"的专有称呼，也就是说他此时即担任此职，并且同时还兼任了"枢密"⑤。

与中央官制同时，元昊在"即悉有夏、银、绥、宥、静、灵、盐、会、胜、甘、凉、瓜、沙、肃"情况下，又"置十二监军司，委豪右分统其众"，⑥ 这也就是西夏地方职官制度之始，奠定了西夏以监军司为核心，军政一体、兵民合一的地方管理及军政制度。

不过，监军司既作为地方行政机构，又是西夏的基本政区，其数量和建制也适时地在调整。比如，元昊在诛杀嵬名山遇后，又使野利旺荣和野利遇乞兄弟分掌左右厢，而他们也被诛杀后，"更分左右厢为十六监军，各有首领"⑦。不过，后来是否再有调整，史料中就没有更多记载了。

---

① 《宋史》卷四八五《夏国传上》。
② 《宋史》卷四八五《夏国传上》。
③ 《续资治通鉴长编》卷一二二，仁宗宝元元年九月庚子条。
④ 《续资治通鉴长编》卷一二二，仁宗宝元元年九月庚子条。
⑤ （宋）司马光撰，邓广铭、张希清点校：《涑水记闻》卷一二，中华书局 1989 年版，第 220 页。
⑥ 《宋史》卷四八五《夏国传上》。
⑦ （宋）司马光著，李裕民校注：《司马光日记校注》，中国社会科学出版社 1994 年版，第 43 页。

（二）毅宗谅祚改制 ①

西夏在李谅祚时期，其制度做了较大的调整。据史书记载："谅祚举措，近岁多不循旧规，恐更僭拟朝廷名号，渐不可长。"② 不过，应该明确的一点是，李谅祚改制并不是对元昊确立的制度的改弦更张，相反，是其针对党项旧俗的改革，可以理解为是在元昊所确立官制基础上的进一步"汉化"。

李谅祚改革的内容涉及比较多，比如穿汉服、习汉仪，再如在对宋的外交中，放弃宋朝曾赐的赵姓而用李姓。而除了这些，职官上面也做了一些革新。

西夏在这一时期应该是增置了一些机构，比如宣徽院，史载（李谅祚）"遣人献方物，称宣徽南院使，诏喻非陪臣所宜称，戒其僭拟，使遵誓诏"③。宋嘉祐七年（1062），"谅祚始请称汉官，以伶人薛老峰为副使，称左司郎中兼侍御史知杂事。"④ 唐代始设宣徽院，掌宫廷之事，长官为宣徽南、北院使。宋沿置。大概李谅祚改习汉仪，宫廷之事日渐其繁，于是有宣徽院之设。

元昊设置立制时，有"蕃学"有"汉学"，而到了李谅祚时代，还有了学士。如宋人景询即曾投奔西夏⑤，后来在李秉常即位之初遣使入贡，表乞绥州城，即"伪学士景询之辞也"⑥。彭向前先生认为学士应该就在元昊时所设的"蕃汉二学院"中供职，应当是没有什么问题的。

而与此同时，在对宋的外交中，也开始称汉官名称如"嘉祐七年，谅祚

① 参见彭向前《谅祚改制考论》，《内蒙古社会科学（汉文版）》2008 年第 4 期。
② 《续资治通鉴长编》卷一九六，仁宗嘉祐七年六月癸未条。
③ 《宋史》卷四八五《夏国传上》。
④ （宋）司马光撰，邓广铭、张希清点校：《涑水记闻》卷九，中华书局 1989 年版，第 165 页。
⑤ 文彦博曾言，"谅祚所收，不过中国之弃人，如景询，何足道？"可知景询谅祚朝投奔西夏，《续资治通鉴长编》卷二三五，神宗熙宁五年七月壬午条，第 5699 页。
⑥ 《续资治通鉴长编》卷二二六，神宗熙宁四年九月庚子条。

始请称汉官，以伶人薛老峰为副使，称左司郎中兼侍御史知杂事"①。而这在此前宋夏的往来中是没有见过的。

对于地方建制的改革，则是将监军司改州为军，史书中记载为"夏国改西市监军司为保泰军，威州监军司为静塞军，绥州监军司为祥祐军②，左厢监军司为神勇军"③。其实我们还可以据此推测，史籍中所记载的十二监军司为："曰左厢神勇、曰石州祥祐、曰宥州嘉宁、曰韦州静塞、曰西寿保泰、曰卓啰和南、曰右厢朝顺、曰甘州甘肃、曰瓜州西平、曰黑水镇燕、曰白马强镇、曰黑山威福。"④ 十二监军司的军号皆是李谅祚所为。

不过，李谅祚十二监军司由地名改军号，大约只是名称上的调整，并没有改变监军司"委豪右分统其众"的根本性质。但无论如何，其体现出李谅祚改制向"汉制"靠拢的倾向。

（三）梁氏专权时期的西夏职官

夏拱化五年（1067），年仅 21 岁的夏毅宗李谅祚突然身亡。次年，即夏乾道元年，李谅祚长子李秉常继位，母梁氏摄政，西夏进入了梁氏专权的时代。西夏梁氏专权先后共两位太后，在惠宗李秉常一朝，梁太后始终未归还权柄，甚至在大安八年（1082）囚禁李秉常，天安礼定元年（1086）卒。同出于梁氏家族的国相梁乙逋把持朝政，并于次年李秉常去世，李乾顺继位之时，使其女（梁太后侄女），李秉常妻、李乾顺母梁氏，以国母的身份继续专权，直至永安二年（1099）年亡，崇宗李乾顺亲政，西夏的政权才又重新回

---

① 《涑水记闻》卷九，第 165 页。
② 《宋史》中也有相近的记载，但与长编记载有所出入，为"明年，又改西寿监军司为保泰军，石州监军司为静塞军，韦州监军司为祥祐军，左厢监军司为神勇军。"（《宋史》卷四八五《夏国传上》）。不过《宋史》的记载有明显错误，这一点许多学者都做过辨析，其一，嘉祐七年，西夏并无石州监军司的建制，石州是在绥州沦陷后新置的监军司；其二，就诸多史料来看，韦州（威州）监军司为静塞军，绥州以及后来的石州才是祥祐军。参见彭向前《谅祚改制考论》，《内蒙古社会科学（汉文版）》2008 年第 4 期。
③ 《续资治通鉴长编》卷一九六，仁宗嘉祐七年六月癸未条。
④ 《宋史》卷四八六《夏国传下》。

到了皇族的手中。

　　西夏专权的"梁"氏并不对应汉人的"梁"姓，其西夏文写法为"𗴙"①，在《碎金》②中归为番姓，《同义》③中亦与番姓同列，而相反西夏文《杂字》中的《汉姓部》④"梁"姓为"𗆟"。也就是说，西夏的外戚专权有其特殊的一面，其形式为母后涉政，实质上是身为"大族"的梁氏集团垄断西夏的政权。在梁氏专权时期，废"汉礼"，行"蕃礼"。而在职官制度上，我们亦可以清晰地看到氏族"酋豪"权力的膨胀，官职的"番化"等诸多逆"汉化"的迹象。

　　成书于西夏天祐民安五年（1094），西夏官方题写，著名的《凉州重修护国寺感通塔碑铭》就颇能说明问题。我们知道，凉州碑是一面夏汉双文合璧的碑刻，正反面分别以夏、汉两种文字记述了天祐民安五年西夏重修感通塔一事。学者已有研究，碑铭中出现有诸多的官职名称，如"铭赛正嚷挨黎臣梁行者乜"，"卧则啰正兼顶直啰、外母啰正律晶赐绯僧卧屈皆"，"三司正右厢孽祖乩介臣、埋笃皆"等等，学者们通过对音研究，已经阐明，这些不知所云的官称并不是所谓的"蕃官体系"，而是西夏的"官"与"职"的汉文音译，分别为"中书正授具足""皇城司正兼典礼司正、统军司正""三司正右厢监军"。⑤非常明显，这种西夏语的音译官名很明显与李谅祚时期"称汉官"的原则背道而驰，它体现西夏这一时期上层集团对"汉化"的抵制。

　　其实不仅是碑铭，在宋夏的外交中也多出现了这种"蕃官"名号，比如说"吕则"这一官职，虽然至今学者也没有考证出其究竟对应什么官职，但在夏初"夏国主曩霄遣丁卢、嵬名聿、营吕则依张延寿来谢册命"⑥，而李谅祚时期在宋夏的对外交往中就再也没有出现过，而到了梁太后时期，西夏使

　　① 史金波：《〈西夏译经图〉解》，《文献》1979年第1期。
　　② 聂鸿音、史金波：《西夏文本〈碎金〉研究》，《宁夏大学学报》1995年第2期。
　　③ 吴宇、邓章应：《西夏文〈同义〉文字考订》，《西夏学》第十九辑，甘肃文化出版社，2019年第2期。
　　④ 参见高仁、王培培《西夏文〈杂字·汉姓〉译考》，《西夏研究》2017年第2期，第38页。
　　⑤ 关于这些官、职的具体情况在后文将详细交代。
　　⑥ 《续资治通鉴长编》卷一五六，仁宗庆历五年五月丙午条。

节多次到宋朝，很多都带有这一官名，如元丰八年，"夏国陈慰使丁努嵬名谟铎、副使吕则陈聿精等"①，"夏国使吕则嵬名怀普等见于延和殿。以其母梁氏之丧来告也"②，元祐元年"夏国以疆事遣使春约讹啰聿、副使吕则田怀荣见于延和殿"③，"夏国主嗣子李乾顺以父秉常卒，遣吕则罔聿谟等八人告哀。"④

《凉州碑》还透露出，这一时期梁氏集团以及大族的"酋豪"占据了西夏职官的高位，如授予一品官阶"具足"的"中书正""梁行者乜"，就很显然出自梁氏家族。正像陈炳应先生所指出的，虽然此时梁乙逋已被诛杀，但梁氏家族的成员仍然是梁氏专治所依重的重要势力。而"皇城司正兼典礼司正、统军司正"的"卧屈皆"，与"三司正右厢监军"的"乩介臣""埋笃皆"两人，虽然其身份不明，但从名字来看，也显然出自党项部族。

不过，虽然这一时期无论是梁氏集团权力的膨胀，还是西夏职官的"番化"，其并没有破坏西夏的根本职官制度，因而西夏也仍按照帝国的基本体制在运转。就比如说，凉州碑中汉文官名，虽然使用西夏文的音译字，但仍然是官、职两种体系的结合。虽然西夏的"官"，即类同于中国古代的"官阶"的一种官级体系，一般认为并不是在梁氏统治时才有的⑤，但至少在此期间其并没有被破坏。

地方官制同样如此，我们常常可以看到西夏分统于左厢与右厢的监军司兵马，常年参与着西夏的对外战争，特别是与宋朝的战争，我们也可从中确知，其确实作为地方军政机构，在管理地方军民、调度军队上，发挥着重要作用。

———————————

① 《续资治通鉴长编》卷三五八，神宗元丰八年七月乙巳条。
② 《续资治通鉴长编》卷三六○，神宗元丰八年十月癸未条。
③ 《续资治通鉴长编》卷三八二，哲宗元祐元年七月癸亥条。
④ 《续资治通鉴长编》卷三八九，哲宗元祐元年十月壬辰条。
⑤ 彭向前先生推测是在谅祚时期产生的，目前看来，的确有种可能性。彭向前：《谅祚改制考论》，《内蒙古社会科学（汉文版）》2008年第4期。

（四）崇宗与仁宗朝官制改革

夏永安二年（1099）梁太后亡，崇宗李乾顺得以亲政，大小梁氏先后32年的专权也随之结束。崇宗亲政之后，随即展现出锐意改革的态势，改年号为"贞观"，又将"兴庆府"更名为"中兴府"①。

虽然崇宗朝的史料十分稀少，但就目前所掌握的材料来看，与毅宗李谅祚的改制一脉相承，仍然是致力于"汉化"改革方向。

史书中记载得很明确，宋建中靖国元年（1101），也就是夏贞观元年，"乾顺始建国学，设弟子员三百，立养贤务以廪食之。"②还以律法治军，颁布军事法典《贞观玉境将》。

崇宗时代开始，开始重用汉人，比如在西夏大德五年，即宋绍兴九年（1139），"夏人陷府州（今陕西省榆林市府谷县）。灵芝生于后堂高守忠家，李乾顺作《灵芝歌》，俾中书相王仁宗和之。"③从中我们看出，其不仅以汉人充任高级官员，还恢复了西夏职官的汉式官称。只不过，在宋代文献笔下的"中书相"，不知与西夏哪种官职相对，比较可能的应当就是"中书令"④。

崇宗不仅任用汉人做文官，也任汉人做武将，其中最为著名的就是在辽国灭亡之际，率三万夏军援辽的李良辅。史载，西夏崇宗元德四年，金天辅六年（1122），"金破辽兵，辽主走阴山，夏将李良辅将兵三万来救辽，次天

---

①　据西夏陵108号陪葬墓所出的碑文，墓主"梁国正献王""嵬名讳安惠"，任"太师、尚书令，知枢密院事，六部□□"，碑文提及，墓主在"崇宗践位"之后，"城中兴"。也就是说，此时西夏都城已经改为了中兴府。"践位"在古文中常常指的是皇帝登基，但碑文应当并非指此事，因为在碑文中，在此事之前，还提及"太后亲征怀德军"之事，指的是著名的宋夏平夏城之战（1097—1098），此时崇宗已经是皇帝了。那么，在平夏城之战以后的"践位"只可能指的是1099年，梁太后卒，崇宗亲政一事。参见宁夏回族自治区博物馆《西夏陵区一〇八号墓发掘简报》，白滨《西夏史论文集》，第519页。

②　《宋史》卷四八六《夏国传下》。

③　《宋史》卷四八六《夏国传下》。

④　关于西夏的"中书令"详见后文。

德境野谷。"① 后来兵败。应该说，这是在西夏史上，汉人统兵为数不多的记载。史籍中虽然没有记载李良辅任何官职，但其能够统兵三万，应当不会是小职位。

崇宗在大德五年逝世，子李仁孝继位。崇宗所纳的后妃情况如何，史书中没有交代，但仁宗李仁孝之母为曹氏，从其姓氏判断应当是汉人，而不是出身于大族"酋豪"家。崇宗选择李仁孝继位，也很可能为避免母后借家族势力继续专权。

夏仁宗李仁孝继位后，大兴"汉法"，"始建学校于国中，立小学于禁中，亲为训导。"三年"夏重大汉太学，亲释奠，弟子员赐予有差"。四年，"尊孔子为文宣帝"。天盛二年（1150），"复建内学，选名儒主之。"天盛十四年（1160），更是"立翰林学士院，以焦景颜、王金等为学士，俾修实录"②。

而与此相同步，仁宗对官制的改革也迈出了较大的步伐。在天盛元年（1149），"策举人，始立唱名法"③。虽然说，史书中仅短短的记载，我们即无法得知其考试的形式以及录取的规模，但这明确说明，西夏在这时已经开始实行科举制。虽然在《天盛律令》的条文中，没有关于它的相关条文，相反袭"官、职、抄"才是西夏最主要的选官制度，但无论如何，科举的实行在一定程度上打破身份制的选官模式，有着重要意义。

西夏的《天盛改旧新订律令》应当也就是《宋史·夏国传》中所提及，在天盛二年所颁布的"鼎新"④律，所谓"鼎新"其与"改旧新定"的意义是相同的。而从《天盛律令》的内容来看，在历经崇、仁两代的改革后，此时的官职与西夏前期的情况大不相同。

《天盛律令》中，较为详细地列举了西夏从高到低的各级机构。从中，我们可以看出，这一时期，比起元昊初创官制时略有不同，如元昊时的"飞龙

---

① 《金史》卷一三四《外国上·西夏》。
② 《宋史》卷四八六《夏国传下》。
③ 《宋史》卷四八六《夏国传下》。
④ "（绍兴）十八年……增修律成，赐名《鼎新》"，《宋史》卷四八六《夏国传下》。

院""翊卫司"等这时就已经不在了。但总的来说，还是增加了许多，高者诸如功德司，皇城司、内宿司、阁门司、瓯匦司、大恒历司、陈告司、都磨勘司、审刑司、卜算院、京师工院等等，低者如行宫司、择人司、马院司、刻字司、作房司、制药司、织绢院、番汉乐人院、作首饰院、铁工院、木工院、纸工院、砖瓦院、出车院等，都是在西夏前期没有见到过的。当然，一部分可能是史书中没有提及，但相信更多的是随着西夏社会不断发展而新设的机构。这些机构虽然并不像唐、宋官制那样有明确的职司层级及分属，但大体来说，所有的机构皆被分为上、次、中、下、末五等，而所有的事务文归于中书，武归于枢密，形成初具格局的阶序化与较为全面分科分层的职官体系。

所有的机构开始有了定额的人员，《天盛律令》专门花了大量的文字，规定了从中央到地方各级机构中人员的数量，从正官到都案、案头、司吏等吏员，都有明确的人员限制。这应当并不是西夏从来就有的，相反，《天盛律令》如此明文此规定，倒应当是仁宗特意要将此推行。因为在前述的《凉州碑》中看到，西夏的"中书正"一职，但在仁宗时"中书"一机构的"大人"已经设了6个职位，为"智足、业全、义观、习能、副、同"6人，在此之后我们可以在文献中看到"中书智足""中书业全"等，也就再看不到"中书正"了。

而地方上，西夏的全部领土按离首都兴庆府的远近，被分为京师、地中、地边，其中地边与地中合称为边中，指首都兴庆府直辖以外的地区，也就是我们今天与"中央"相对的"地方"这一概念。元昊时代的十二监军司此时已成为十七个，名称也多有变换，除啰宠岭监军司（今阿拉善左旗吉兰泰盐池附近）由中央直辖管理，其他位于"边中"的十六个监军司以及诸多的府、军、州、郡、县则由中央的派出机构——经略司来管理。

这一时期官员的任职情况与前期也有明显的变化。《天盛律令·颁律表》

罗列了所有参与《天盛律令》编撰的人员①，除了"奉天显道耀武宣文神谋睿智制义去邪惇睦懿恭皇帝"，也就是夏仁宗李仁孝皇帝外，其他也都是西夏在职的高级官员，最高者"中书令"，最低者也是番、汉大学士等。

　　从中不难看出，这一时期，西夏中书枢密中的正职几乎都被嵬名氏所占据，反而其他姓的党项大族很少，仅中书副昊嵬、枢密内宿讹劳甘领势、中书内宿司等承旨浪讹心从名称上看似为党项人。相反，汉人在中书、枢密任正职者虽然仅有一位同中书副范时□，但中书枢密任都案、案头者，在其他司内任正职者却非常的多，甚至是"比中书、枢密低一品，然大于诸司"②的经略司长官东经略使也是由汉人任职。那么可以想见，这一时期西夏政权的核心统治力量也就是皇族嵬名氏，而汉族知识分子则成为其倚重的中坚力量。所以，后来任得敬集皇亲与汉官的双重身份而大权独揽，不能不说这是有一定历史条件的。

　　在外交中，西夏也依然回到了李谅祚"称汉官"的传统，如西夏天盛二年七月，即金天德二年（1150），"夏御史中丞杂辣公济、中书舍人李崇德贺登宝位。再遣开封尹苏执义、秘书监王举贺受尊号。"③比较明显的是，这里出现的官职使用了汉官的称谓，西夏明显在外交的时候，使用汉官名号与西夏的具体的官职相对应，最为明显的就是"中兴尹"，西夏并没有府尹，其应当是以金代的"开封府尹"与自己"中兴府尹"相对应的。

　　这一传统应当是延续了下来，在金大定二年（1162），即夏天盛十四年，四月，"夏左金吾卫上将军梁元辅、翰林学士焦景颜、押进枢密副都承旨任纯忠贺登宝位。再遣武功大夫贺义忠、宣德郎高慎言贺万春节。"八月，"夏左金吾卫上将军苏执礼，瓯枰使王琪、押进御史中承赵良贺尊号。"④其后，金夏之间往来频繁，而西夏这种"称汉官"的规定也延续了下来。自此以后，史

　　① 《天盛改旧新定律令·颁律表》。
　　② 《天盛改旧新定律令》卷一〇《司序行文门》。
　　③ 《金史》卷六〇《交聘表上》。
　　④ 《金史》卷六一《交聘表中》。

书中再不见西夏继续使用蹩脚的西夏语硬译官称。所谓的"蕃官名号"也退出了历史舞台。

（五）西夏晚期的职官

夏仁宗在乾祐二十四年（1193）卒，子李纯祐即位。纯祐在位十三年，在 1205 年被镇夷郡王李安全废除。1206 年李安全自立，改元应天，自此以后西夏的政局就再没有稳定过，皇帝频繁更替，到 1227 年西夏灭亡共历襄宗李安全、神宗李琰、献宗李德旺以及末帝李睍四位皇帝。而在对外方面，先是遭受蒙古的多次入侵后来又与金连年交战，直至 1227 年为蒙古所灭。这一时间的西夏，如古代诸多的专制主义帝国相同，因权力过度集中而导致社会的全面腐败。而其职官制度及其"官场"则是腐败最为突出的领域，表现为官员的冗滥，管理的松散，各种规章制度形同虚设等。

西夏晚期法典《亥年新法》中所见，最为直观的，就是官员冗滥，表现为数量的剧增。首先是其官阶成倍地增加，就初步的计算，在西夏末期有350 多的官阶，其繁复程度远远比唐宋多得多[①]。"官"是如此，"职"也是这样。西夏除了五等司外，在其以上仍设有诸多的权势极重，但并无具体执掌的"虚职"[②]，诸如常见的宰相、节亲主、内宫走马、驸马等，而到了后期，这类虚职名目更多了，有不少在前中期从未见过，诸如光禄大夫、平章事、郡公、议判等，官员的冗滥可见一斑。而五等司内的诸多官职除了《天盛律令》中各机构所规定的职位外，又出现了"权"与"正"两种分类，每个职位除了正职之外，都有"权"职，相同的职权比正要低一阶，那足见这时西夏的官僚队伍膨胀到何种地步了。

西夏末期，大约是官员的管理比较无序，这在西夏大约于应天年间所编修的法典《亥年新法》常常有所表现，比如作为内宫侍卫的"待命（𘟒𗀔）""帐

---

① 关于西夏官阶制度，详见后论。
② 关于西夏的"虚职"，详见后论。

门（膌毅）"等，就常常不来值勤，对于这种情况，大概是由于《天盛律令》中"无首领承罪之规定"，这种情况愈演愈烈，以至于"首领系属所管军卒之中，不为所承杂役，逃遁入野，无有寻觅"①。因此法条中也三令五申"待命者当直不来直；当直待命不来；判首领罪；帐门末宿等不来当值；判不判首领罪；催促未来直内宿司等"。而其官员应当也是较为混乱的，因此法条称"国土内，上下相敬，小大相临，是头等大事。臣民不思国势小大礼事，私因身共相面，而礼事放任者众多，上下无相敬之心，诸事无相监，律法杂乱，根本无安"②。并且一遍一遍，不厌其烦地反复强调，某官见了某官该如何行礼，而某官见了某官需要如何座次等。甚至于还提出了严苛的惩罚，"持次等司位失时十杖，内宫走马、驸马、殿上坐经略等失时十三杖，光禄大夫、丞相等处失时十三杖、徒三个月，市场木上缚三天。天子诸王等失时十三杖，徒一年，市场木上缚三天"③。职位越高，惩罚越重。在"刑不上大夫"的古代社会，对于丞相、天子、诸王有"市场木上缚三日"的惩罚，不能不说非常严酷。可见西夏末期，官方也希望借此来强化官僚队伍的组织秩序。不过，《亥年新法》编修之时已接近西夏灭亡之际，这纸律令并没有发挥多大的实际作用。

　　前文提及西夏在仁宗时"策举人，始立唱名法"④。西夏开始其科举制度，到了西夏晚期，科举出身的官员已经开始登上历史舞台，比如神宗时的名臣权鼎雄，献宗时名臣高智耀、李国安、王金、焦景颜等。不过，在西夏末期，科举制度也同样遭到破坏。比如在著名的社会文书"黑水守将告近禀贴"中，主人公仁勇在自述自己的经历时就称："历经科举学途"，后来因为"昔时在学院与先至者都使人彼此心存芥蒂，故未得升迁，而出任远方不同司院

　　① 梁松涛、袁利：《黑水城出土西夏文〈亥年新法〉卷十二考释》，《宁夏师范学院学报》2013年第2期。
　　② 廖莎莎：《西夏文献〈亥年新法〉卷十整理研究》，宁夏大学2021年硕士学位论文，第37页。
　　③ 廖莎莎：《西夏文献〈亥年新法〉卷十整理研究》，宁夏大学2021年硕士学位论文，第51页。
　　④ 《宋史》卷四八六《夏国传下》。

多年"①。

西夏晚期社会不安定，职官制度本身也进行了一定程度的调整。比如
《俄藏黑水城文献》中，有一件成书于光定十三年（1223），"千户刘寨"上
呈的手状②，将某次战斗中刘寨户下的"死人姓名"详细列举。③可是，十、百、
千的组织原则是北方游牧民族常常用到军政合一的组织制度，从匈奴的十夫
长、百夫长、千夫长，到女真、蒙古十户、百户、千户皆系如此。西夏的基
层组织——迁溜，虽然也具备军政合一的特性，但其阶序则是抄、舍临、末
驱、首领、盈能。尽管本质上讲都是将分散的农、牧民通过阶序化的方式管
理，将他们组织起来，但毕竟两者有着不同的形式。④而这件文书反映，西夏
在末期，可能是受到蒙古或金朝的影响，也开始进行了基层组织的改革，只
不过显而易见这样的改革并没有什么根本性的意义。

---

　　①　聂鸿音：《关于黑水城的两件西夏文书》，聂鸿音：《西夏文献论稿》，上海古籍出版社 2012 年
版，第 119 页。
　　②　编号为 ДХ2957 ДХ10280 图版见《俄藏黑水城文献》第 6 册，第 160—161 页。
　　③　一般认为，本件文书为千户刘寨手下在战斗中杀敌情况的报告，参见杜建录、史金波《西夏
社会文书研究》，上海古籍出版社 2010 年版，第 55 页。不过，根据文书中死者的姓名，以及"死者
姓名，开坐下项"等文字，文书当为刘寨户下在战争中被杀的情况。
　　④　详见后论。

四、职官制度

  辽朝设南北面官制，西夏是一套官制还是两套官制，曾有热烈的讨论。
20 世纪 90 年代以来，随着黑水城西夏文献的发现与解读，以官、职为核心
的西夏职官体系逐渐清晰。[①] 自此以后，终结了关于西夏是否存在番汉两套官
制的争论，[②] 而接受"官"与"职"是西夏两大最基本职级体系的观点。后来
随着研究的深入，进一步明晰了对西夏十二品"官"的阶序、五等司的职司
设置与职能以及西夏官阶与职位对应关系。汉文文献中出现的诸多所谓"蕃
官名号"，实质是都是西夏的"官"或"职"的西夏语音译罢了。[③]

  虽说"官"与"职"是西夏最基本的职官体系，但并不是仅有的两个体
系。《亥年新法》中有"𗥃、𗦫𗧓、𗴿"[④]，将官、职位、军三种职级体系并举。
《贞观玉镜将研究》中有"𗥃、𗦫𗧓、𗴿（官、职、军）"，又有"𗥃、𗴿、𗤵𗧓
𗦫"[⑤]，指的就是官阶、职位、军职。另外西夏对一些名望较高的亲贵、皇族还
给予诸多的封号；一些官员除了任具体的职务外，还兼带类似于宋朝的"差遣"。

----

  ① 史金波：《西夏的职官制度》，《历史研究》1994 年第 2 期，第 62—71 页。

  ② 史金波先生该文通过对西夏文原始文献的解读，有力地驳斥了西夏存在番、汉两套官制的观
点，认为汉文传世文献中的诸多所谓"蕃官名号"，其实不过是"官"或"职"西夏语称谓的音译而已。

  ③ 具体将在下文中论述。

  ④ 译自《亥年新法》（甲种本），《俄藏黑水城文献》第 9 册，上海古籍出版社 1999 年版，第
138 页。

  ⑤ 陈炳应：《贞观玉镜将研究》，宁夏人民出版社 1995 年版，第 83、87 页。

（一）官阶

1.品位

中国古代的官员，有"官"亦有"职"。官与职是两个不同的概念，官有爵、勋、品、阶，职指的是实职。唐代"官司之别，曰省、曰台、曰寺、曰监、曰卫、曰府，各统其属，以分职定位。其辩贵贱、叙劳能，则有品、有爵、有勋、有阶，以时考核而升降之，所以任群材、治百事"①。官与职的关系，唐代人这样描述"勋、散、爵号，止于服色、资荫，以驭崇贵，以甄功劳，所谓假虚名佐实利者也"②。到了宋代，"又官勋之设，名品实繁，今朝散、银青，犹阙命服，护军、柱国，全是虚名。"③《元史》指出："官爵所以示荣宠，职位所以委事权。臣下有功有劳，随其大小，酬以官爵；有才有能，随其所堪，处以职位。"④这些均表明，官所指为虚衔，目的在于示荣宠、别贵贱；而职指真正办事、掌握实权。

散阶制在唐代正式形成，文散阶二十九，武散阶四十五。文阶官来自秦汉魏晋南北朝以来的文散官大夫、郎官等；武阶官来自魏晋南北朝的将军及校尉等。散阶，又称"散官""阶官""本阶"等。宋、金等朝沿用唐官阶制，宋又有寄禄官、差遣之分。宋"开府仪同三司至将仕郎为文散官，骠骑大将军至陪戎副尉为武散官"⑤。"凡文武朝官、内职引年辞疾者，多增秩从其请，或加恩其子孙。"⑥

西夏文的"官"字有两种写法，分别为"𗟦"与"𗥤"。"𗟦"常与"𗥦（私）"相对，指官方、政府，在《天盛律令》中出现时前面常空一格，表示其特殊尊贵的地位。而"𗥤"，则表示的就是"官阶"，如"𗟦𗤁𗋽𗥤（因此

① 《新唐书》卷四六《百官志一》。
② 《新唐书》卷一五七《陆贽传》。
③ 《宋史》卷一六八《职官志八》。
④ 《元史》卷一六〇《王磐传》。
⑤ 《宋史》卷一七〇《职官志十》。
⑥ 《宋史》卷一七〇《职官志十》。

加官）"① "𗦀𗫂𗣼（有官人）" "𗣼𗏁𗦀𗫂（有官位人）"② 等，就是与前述中原王朝的"阶官""散阶""散官"相类似。

一如中国古代王朝官阶"一元化多序列的复式品位结构"③，《天盛律令》中即提及西夏官阶亦分为十二品阶，如在一条关于袭官原则的条文中即记载，官位"应不应降，依以下所定实行。下十一、十二品及杂官等勿降，使续。十品、九品、八品等三品中当降一品。七品、六品、末品、下品等四品中当降二品。上、次、中三品等当奏别论"④。体现出西夏不仅通过复杂的品位安排，来实施身份等级的管理，并且其身还有一套升降的体系，保证其内部的流动性。

不仅如此，西夏的官阶从高到低还分为三个等级，即及授（𗾟𗫂）、及御印（𘝞𗵆𗫂）、未及御印（𘝞𗵆𗆐𗫂），通过诸多的条文归纳，"柱灵"以上，从"语抵"始当为及御印官，而六品的"拒邪"官以上为及授官，六至十二品以及杂职则为未及御印官。⑤

西夏十二品阶的制度体系庞杂，而出土文献西夏文 ИHB.NO5921《官阶封号表》以表格的形式分文武职列出了西夏各品的官阶名称，并有小字注解，⑥ 可惜的是，该文后半部分残缺，仅保留了前六品的全部及第七品的一部分官阶名称。不过，佚失部分的官阶也在《天盛律令》《亥年新法》等法律文献中常常出现，可以据此一定程度上加以填补。总体上来说，我们还是可以大体了解西夏官阶制度的原始面貌的。

西夏官阶自"𗴮𘝞𗙴（太皇帝）""𘝞𗙴（皇帝）""𘝞𗴮𘃡（皇太子）"以下，

①　（西夏）骨勒茂才著，黄振华等整理：《番汉合时掌中珠》，宁夏人民出版社 1989 年版，第 27 页。
②　《俄藏黑水城文献》第 8 册，上海古籍出版社 1998 年版，第 48、54、69 页。
③　阎步克：《中国古代官阶制度引论》，北京大学出版社 2010 年版，第 3 页。
④　《俄藏黑水城文献》第 8 册，上海古籍出版社 1998 年版，第 218 页。
⑤　史金波：《西夏的职官制度》，《历史研究》1994 年第 2 期，第 62—71 页。
⑥　该文献得到了翻译与考证，见史金波《西夏文〈官阶封号表〉考释》，《中国民族古文字研究》第三辑，天津古籍出版社 1991 年版，第 245—266 页；李范文《西夏官阶封号表考释》，《社会科学战线》1991 年第 3 期，第 171—179 页。

分为上、次、中、下、末以及六至十二共十二阶，十二阶后还有杂官，上至中品每阶有 2 个官名，下品有 24 个官名，末品有 12 个官名，六品有 12 个官名，皆分文武。七品以后，因文献《官阶封号表》残缺，所有的官名已难以确知，但仍可能通过其他文献补证若干，如下表所示：

品级	文武	官名	译名	注字	备注
		〖西夏文〗	太皇帝		
		〖西夏文〗	皇帝		汉文文献中有兀卒、吾祖、乌珠等不同的音译
		〖西夏文〗	皇太子		
上品	文职	〖西夏文〗	赐俱足、授具足	文武法竟种能恭敬东南族官上天柱	俄藏 инв.No598 号佛经题记
	武职	〖西夏文〗	大国王		汉文文献中有宁令、谟宁令
次品	文职	〖西夏文〗	赐集礼、授集礼	文武孝种能恭敬东南族官上世倚	
	武职	（〖西夏文〗）〖西夏文〗	聪慧		
中品	文职	〖西夏文〗	赐能式、授能式	文武孝种恭敬东南族官上界杖	
	武职	（〖西夏文〗）〖西夏文〗	智聪		
下品	文职	〖西夏文〗	赐正净、授正净	文武恭敬东南族官上国柱	《天盛律令·颁律表》有"〖西夏文〗"
		（〖西夏文〗）〖西夏文〗	长艳		
		（〖西夏文〗）〖西夏文〗	闻已、闻正		
		（〖西夏文〗）〖西夏文〗	缘集		

品级	文武	官名	译名	注字	备注
下品	文职	（𗼨）𗣼𗁬	福合	文武恭敬东南族官上国柱	
		（𗼨）𗣴𗣜	德称		
		（𗼨）𗤢𗣜	智观		《天盛律令·颁律表》有"𗼨𗣀𗣜"，与"𗼨𗤢𗣜"相似
		（𗼨）𗣀𗣖	养孝		《天盛律令·颁律表》有"𗼨𗣀𗣖"
		（𗼨）𗣏𗣖	善式		俄藏T25-1佛题记，段玉泉译为嚷乃将
		（𗼨）𗣱𗣝	才能、才盛		
		（𗼨）𗣕𗣖	意教		
		（𗼨）𗣱𗣝	覆全		《天盛律令·颁律表》
	武职	𗼨𗣱𗣝	赐能救、授能救		与"吕宁"读音相近
		（𗼨）𗣄𗣖	威取		
		（𗼨）𗣙𗣖	特宣		
		（𗼨）𗣰𗣖	皆丰		
		（𗼨）𗥰𗣙	最?		
		（𗼨）𗣱𗣼	度苗		
		（𗼨）𗤜𗣕	功仰		
		（𗼨）𗣱𗣕	臣悲		
		（𗼨）𗤩𗣙	遣顺		
		（𗼨）𗣜𗣙	功平		
		（𗼨）𗣔𗣼	艺广		
		（𗼨）𗣦𗣙	茂寻		

续表

品级	文武	官名	译名	注字	备注
末品	文职	𗼨𗗙𗟲	赐忠？ 授忠？	文孝恭敬东南族官民地忍	
末品	文职	（𗼨）𗰖𗿒	义平	文孝恭敬东南族官民地忍	林英津译为嚷卧耶、嚷卧英，在《天盛律令·颁律表》中又写作"省佬蘸"。与蕃名官号"昂聂"读音相近
		（𗼨）𗇤𗤌	识睦		
		（𗼨）𗱈𗭿	益盛		段玉泉译为嚷橛利
		（𗼨）𗟲𗸖	谋便		
		（𗼨）𗼨𗊱	蔽集		
	武职	𗼨𗎫𗰖	赐茂崖	武孝恭敬东南族官民地忍	《西夏的职官制度》译为："授盛习"
		（𗼨）𗤁𗰖	论予		
		（𗼨）𗏁𗗙	功有		与"令能"读音相近
		（𗼨）𗢳𗥦	友要		
		（𗼨）𗵒𗌗	善定		
		（𗼨）𗌗𗫔	涨满		《西夏的职官制度》译为："涨围"
六品	文职	𗊱𗼨	清净	文孝恭敬东南族官上原耐	《西夏的职官制度》译为："清谨"
		𗊱𗌗	未译		
		𗌗𗤁	惠行		
		𗫔𗰖	惊救		

品级	文武	官名	译名	注字	备注
六品	文职	𗗿𗴺	略炉	文孝恭敬东南族官上原耐	
		𘃡𗤁	遮蔽		
	武职	𗟱𗟲	拒邪	武孝恭敬东南族官上原耐	《西夏的职官制度》译为："拒斜"
		𗦴𗏇	均合		
		𗭼𗵆	恩便		汉文文献中有"吕则"与之读音相近
		𗖵𗦮	倚打	武孝恭敬东南族官上原耐	
		𗥓𗱠	忍□		
		𗙤□	殊□		
七品	文职	𗁾𗒹	解智	文孝恭敬东南族官上院立	《金史·交聘表》中有"精鼎"与之同音
		𗤺𗖌	诚珍		
		𗥃𗇋	礼劳		与蕃名官号"鼎利"读音相同
		𗵆𗰖	才益		《西夏的职官制度》译为："才盛"
		𗵘𘋥	目审		以下残缺
	武职	𗾮𗣼	珍卒	武孝恭敬东南族官上院立	
		𗋽𗤦	巧障		
		𗫉𗯻	禄诏		
		𗫦□	志□		以下残缺
八品至十二品		𘎑𘕂	调伏		
		𗼃𘜶	真舍		
		𗥑𗖰	语抵		
		𗖐𗵘	柱趣		

续表

品级	文武	官名	译名	注字	备注
八品至十二品		𘟙𗗚	帽主、头主		
		𗏁𗦻	戏监		
		𘘞𗦻	暗监		及品官，为12品最后一位阶官
杂官		𗗙𗦻	胜监		
		𘞿𘕘	十乘		

不过，必须要说明的是，以上所考证出的官阶名号只占西夏总官阶很小的一部分。西夏末期法典《亥年新法》中记载"有官人"以钱赎死罪的条文，详列各级官适用条款：

"调伏"至"拒邪"革职不革军，官三分中降一分，罚马七。"拒邪"官上算降三十三官，八百九十一缗钱，罚马一百四十缗钱，共一千三十一缗钱。

"语抵"至"真舍"革职、军，官分两分降一分，罚马七。"真舍"官上算降四十官，八百五十五缗钱，罚马一百四十缗，共九百九十五缗。

"头主"至"柱趣"革官、职、军，三年十五杖。"柱趣"官上算降五十三官，四百七十七缗，劳役一百八缗，杖一缗五百，共五百八十六缗五百钱。

"暗监"至"戏监"革官、职、军，五年十七杖。"戏监"官上算降四十官三百六十缗钱，劳役一百八十缗，杖一缗七百，共五百四十一缗七百钱。

"十乘"至"胜监"，革官、职、军，八年二十杖。"胜监"官上算降十四官一百二十六缗，劳役八年以十二年四百三十二缗，杖二缗等，共五百六十缗钱。①

通过以上数目来计算，"语抵"至"拒邪"及御印官共有 179 阶，而"十乘"至"柱趣"的不及御印官即有 107 阶，再加上文《官阶表》中已确知前六品的 54 阶，以及七品的若干阶，总共在 350 阶以上。相比之下，隋唐九品正从 30 级，流外九品 9 级；宋代京官 30 阶，八九品选人 7 阶，武选官 56—60 阶，流外、吏、役各 10 阶。很明显，此时西夏的官阶要繁杂得多。

一般认为，中国古代官阶大致经历了一个由疏而密，又由密而疏的过程，南北朝唐宋明显趋于繁密，② 而处于末期的西夏，其官阶繁复尤胜唐宋。③

2. 使用

西夏的"官"并不是一套空虚的体系，无论是汉文还是西夏文文献中出现的西夏官员，其常常留在文献中的官称，就是其所授"官"的具体名称，足见其使用是相当普遍的。

比如，《天盛律令》的《颁律表》中记载了参与编撰《天盛律令》从大到小的所有人员，其中有许多官员所授的"官"就被记载了下来，如第二人为"中书令赐长艳文孝恭敬东南姓官上国柱"，其所授"长艳"即为下品（第四品）文阶第二阶；第三人为"中书智足赐才盛文孝恭敬东南姓官上国柱"，所授"才盛"即为下品文阶第十阶。其他亦如此类，如第四人"覆全"，下品文阶第十二阶；第五人"养孝"，为下品文阶第八阶；第八人"益盛"，为末品（第五品）文阶第三阶；第九人"覆全"与第四人同。

但值得一提的是，第六人"义持"与第七人"义观"却并不见前《官阶封号表》的前六品官阶中。但若仔细观察，能够发现，末品文阶第二阶有"义

———————————

①　译文参见梁松涛、张玉海《再论西夏的官与职——以西夏官当制度为中心》，《宁夏社会科学》2014 年第 3 期，第 103 页。

②　阎步克：《中国古代官阶制度引论》，北京大学出版社 2010 年版，第 225—232 页。

③　参见梁松涛、张玉海《再论西夏的官与职——以西夏官当制度为中心》，《宁夏社会科学》2014 年第 3 期，第 104 页。

平"，下品文阶第七阶有"智观"，与前二者仅一字之差，它们极有可能存在着先后演变的关系。很有可能，西夏在不同时候，对个别官名做过一定的调整，因而《天盛律令》与《官阶封号表》这两个不同时期的文献中的官名会存在差异。

再如，西夏文《妙法莲华经》篇首序言记载了该经译者的姓名及官职，为："𗧑𗗉𗟲𗣼𘎑𗤀𗧓𗣼𗢳𘝼𗏴𗊱𗰜𗬩𗏹𘏨𘃡𘘚𗥃𗧓𗣼𗇋"，译成汉文为"枢密西摄典礼司正赐艺广武孝恭敬东南姓官上国柱冈长信作"①。其中所授"艺广"即为下品（第四品）武阶第十一阶的官阶。而西夏著名的辞书《同音》中，亦保留了"重校"者的姓名与官职，其中第一位为"节亲主德师中书枢密事知执正净文武业集孝诸巧恭敬东南族关上皇座嵬名德照"②，其所授"正净"为下品文阶第一阶的官阶。西夏陵出土的残碑碎片中，有不少就保留了西夏"官"的名号，如"正净""养孝""覆全""义平"等③，它们分别是下品文阶第一、第八、第十二阶，末品文阶第二阶的官阶。

不过，西夏在实际应用中，很多时候并不会用西夏文来表示官阶，当然更不会用今译的名称，而在很多的汉文文件中，常常是用汉语的音译字来表示。比如1981年在北京市房山云居寺发现的藏汉文合璧《圣胜慧到彼岸功德宝集偈》中，其题记就详细记载下了译经团队的姓名及官职，题记为"诠教法师、番汉三学院并偏袒提点嚷美则沙门鲜卑宝源汉译；显密法师、功德司副使、嚷卧英沙门；演义法师、路赞讹、嚷赏则沙门、遏阿难捺吃哩底梵译；天竺大钵弥怛、五明显密国师、讲经律论、功德司正、嚷乃将沙门、（口捻）也阿难捺亲执梵本证义；贤觉帝师、讲经律论、功德司正、偏袒都大提点、

① 聂鸿音译为："摄枢密帐典礼司正受广修孝武恭敬东南族官上柱国冈长信作"，见聂鸿音《西夏佛经序跋译注》，上海古籍出版社2016年版，第6页；史金波译为："枢密西摄典礼司正赐艺广武孝恭敬东南姓官上国柱旺普信作"，见史金波《西夏文〈官阶封号表〉考释》，《中国民族古文字研究》第三辑，天津古籍出版社1991年版，第254页。现据原文再次整理。

② 李范文：《同音研究》，宁夏人民出版社1986年版，第202页。

③ 编号分别为：M2x:214+733+747、M108:108、M2x:87+226、M2x:40+257、M8E2:17等，见史金波《西夏陵园出土残碑译释拾补》，《西北民族研究》1986年第7期，第161页。

嚘卧勒沙门、波罗显胜；奉天显道、耀武宣文、神谋睿智、制义去邪、惇睦懿恭皇帝再详勘"①。

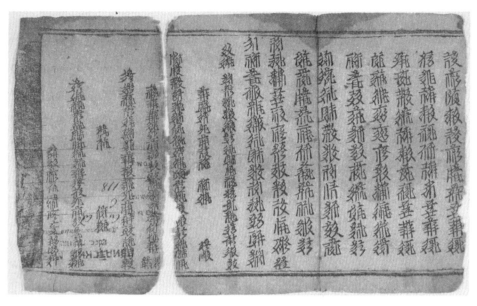

西夏文《圣胜慧到彼岸功德宝集偈》卷尾题记

题记中除了最后一人为仁宗皇帝，其他人皆为参与译经人员。显然，我们若不知道西夏"官"的音和义，肯定会觉得这些人使用着所谓的"番官"，其实其中所含西夏的"官"皆用音义的汉字表示出来了。比如第一人译汉文者鲜卑宝源，其所授官即为"美则"，即为西夏下品文阶第十二阶"覆全"，系"瓝皵"两字的音译，而"嚘"字，则为"犇"字的音译，为"赐"意。那依同样方法考证，第二人为第二汉释者，所授官为"卧英"，即"义平"，末品（第五品）文阶第二阶；第三人梵译遏啊难捺吃哩底为"赏则"，即"智观"，下品文阶第七阶；第四人"执梵本证义"口捺也阿难捺新为"乃将"，即"善式"，下品文阶第九阶；第五人波罗显胜为"卧勒"，即"俱足"，上品文阶唯

①　罗炤：《藏汉合璧〈圣胜慧到彼岸功德宝集偈〉考略》，《世界宗教研究》1983 年第 4 期。

一的官阶，也是西夏官阶中文阶的最高封号。^①事实上，这种依据对音而确定的"官"称并不是学者们一厢情愿的妄自揣度。非常幸运的是，《圣胜慧到彼岸功德宝集偈》这部佛经还存有一件西夏文的译本，现收藏于俄罗斯圣彼得堡东方研究所，^②佛经卷尾题记中的内容与北京云居寺所藏的汉文本几乎是一模一样。而该版的佛经题记中，以西夏文清楚地写着各位参译者所授的"官"，与学者通过对音确定的官称一模一样。

这种使用汉字音译字表示西夏"官"的现象并不仅仅出现在这一件文献中。在俄藏编号为 TK164 号的《观自在大悲心总持依经录》^③的佛经题记中，也明确记载着两位译经者的官职，为"诠教法师番汉三学院兼偏袒提点嚷卧耶沙门鲜卑宝源奉敕"与"天竺般弥恒五明显密国师在家功德司正嚷乃将沙门口捴也阿难捵传"，两位高僧皆为前《圣胜慧到彼岸功德宝集揭》的参译者，但其中鲜卑宝源所授的"官"与前不同，为"卧耶"，按音为"𫟩𪱷"，即"义平"，末品文阶第二阶。可能这件文献成书在《圣胜慧到彼岸功德宝集偈》之前，鲜卑宝源在参译了这部佛经之后得到升"官"。

除了本件文献外，保存在今甘肃武威，著名的《重修护国寺感通塔碑》中亦有这样的例子。该碑正反面分别以西夏文、汉文书写，虽然内容大体相同，但并非一一对应，其中最重要的一个人名"庆寺都大勾当铭赛正嚷挨黎臣梁行者乜"就曾在相当一段时间里困扰着诸多的学者。事实上，"铭赛"即为"中书（�祷）"的音译，"铭赛正"也就是"中书正"，而"嚷挨黎"，"嚷"即"𪿆（授）"，"挨黎"即"𫞐𫟲（具足）"，一品文阶的"官"。

不过，在《金史·交聘表》中，还出现了一种官阶，要特别引起注意。

---

① 参见史金波《西夏文〈官阶封号表〉考释》，《中国民族古文字研究》第三辑，天津古籍出版社 1991 年版，第 259 页。

② 《俄藏黑水城文献》第 15 册《圣观自在大悲心总持功能依经录》，上海古籍出版社 2011 年版，第 5 页。

③ 《俄藏黑水城文献》第 4 册《圣观自在大悲心总持功能依经录》，上海古籍出版社 1997 年版，第 30 页。

这些官称诸如"武功大夫""宣德郎""左金吾卫上将军"等。这些出使金朝使臣的头衔，其中有不少都被详细地记载了下来，详见本节末附表：

以上阶官的名称并不陌生，是中原王朝常用的官阶，也称为"散官"，但是它们并不见于《官阶封号表》《天盛律令》等西夏文文献中。有很多学者相信，西夏的官阶体系并不是完全独创，西夏文献中那些学者们转译的诸多古怪名称，很有可能是以上所列官阶名称的西夏语转译，只不过，究竟如何对应，现在已经无法确知了。

但有一点可以肯定，就是在西夏后期与金的交聘，已不再像前期与宋朝一样，使用着生搬硬译的职官蕃名，至少在外交时使用官职的名称上，开始与中原接轨，变得"规范"化了。[①]

附：夏使金使节散官名

贺义忠	武功大夫	1162
杨（扬）彦敬	宣德郎	1162
芭里昌祖	武功大夫	1162
李师白	宣德郎	1164、1167
苏执礼	左金吾卫上将军	1162
高岳	宣德郎	1165
刘志真	武功大夫	1167、1170
严立本	宣德郎	1168
张兼善	武功大夫	1170、1179
刘昭	宣德郎	1172
芭瑞安仁	武功大夫	1173、1174

---

① 参见孙昊《制造"夷狄"：古代东亚世界渤海"首领"的历史话语及其实践》，《史学集刊》2017年第5期，第43—52页。

续表

焦蹈	宣德郎	1173、1174
李嗣卿	武功大夫	1175
浑进忠	武功大夫	1169、1188
梁介	宣德郎	1179
罔进忠	武功大夫	1180
李国安	宣德郎	1183
李昌辅	宣德郎	1184
刘思问	宣德郎	1194
邓昌祖	宣德郎	1188、1199
纽尚德昌	武功大夫、武节大夫	1189、1199
野遇思文	武节大夫、左金吾卫上将军	1194
隗（隈）敏修	武节大夫	1198、1207
苏寅（夤）孙	宣德郎	1202
田文徽	光禄大夫	1208
罗世昌	宣德郎	1198

3. 功能

官阶这种品位分等的做法体现为以"人"为中心，是对"人"的分等，"标志品位等级，代表地位之高低，资格之深浅，报酬之多寡"[1]。所谓"勋、散、爵号，止于服色、资荫，以驭崇贵，以甄功劳，所谓假虚名佐实利者也"[2]。

通过西夏诸多的文献来看，"官"是身份与地位的象征，其与"庶人"相

---

[1] 杨百揆等:《西方文官系统》，四川人民出版社 1985 年版，第 110—111 页。
[2] 《新唐书》卷一七〇《陆贽传》。

对，有着诸多的特权，尤其是司法方面，"有官人犯罪"，量刑时比庶人要轻，并且杖刑、徒刑都可以官当罪。

如果说"官""庶"之别体现着统治阶级的特权，那么"官"划分为十二官阶，则又表明西夏通过复杂的品位安排，来实施身份等级的管理，这从西夏的官当之法中可见一斑。如《天盛律令》中就记载"一等有官人犯杂罪时，在庶人获杖罪、劳役、死罪上衡量，以官品当，判断罪法"。如当"庶人"犯需要获十三杖，徒六个月刑罚之罪时，"十乘"官至"胜监"官，仅需杖十三，罚马一。而比之更高官阶的"语抵"官至"拒邪"官甚至连杖刑都可以免去，只需要罚马一匹即可抵罪。这样的规定在西夏法典中非常多见。[①] 总体来说，所有的有"官"人所受刑罚比无"官"的庶人低得多。同为有"官"人，"官"阶高者所受刑罚要比"官"阶低者少。

又比如臣僚内正军所应带武器时，带箭多少有定数，同样依官品高低而不同：自十乘至胜监 50 支，自暗监至戏监 100 支，自头主至柱趣 150 支，自语抵至真舍 200 支，自调伏至拒邪 300 支，自涨围至盛习 400 支，茂寻以上一律 500 支。[②]

同样，《天盛律令》还对及授、及御印、未及御印中做了较多的区分规定，如规定庶人伤及有官人判罪法，分为三款：1. 对有未及御印官，故意但未伤及者徒 12 年，从犯徒 10 年；故意并且已伤人者以剑斩之，从犯无期徒刑。2. 对有自及御印官至拒斜官，故意但未伤及者绞杀，从犯无期徒刑；故意并且已伤人者以剑斩之，从犯绞杀。3. 对有及授以上官者，故意但未伤及者以剑斩，从犯绞杀；故意并且已伤人者等自己妻子及同居子女等当连坐，入牧农主中，己与从犯一齐以剑斩。[③]

不仅西夏的官员本身，其特权还可以恩及自己的亲属，如西夏末期法典

① 《天盛改旧新定律令》卷二《罪情与官品当门》。
② 《天盛改旧新定律令》卷五《军持兵器供给门》。
③ 《俄藏黑水城文献》第 8 册，上海古籍出版社 1998 年版，第 54 页。

《亥年新法》中就规定：国内文武官僚故去或致仕时，其子孙可以依据官员功阶以及获恩高低得到赠官和职位；并且官员子弟在地方任职者，虽然差使与庶人相同，但因为"贵贱不同"，"不得与庶人相等，互有差异为实际所需也。"也就是说，官僚子弟有着更快的升迁速度。并且"库局分、诸种巡行、烽监、押解等中不许分遣使役"①，也就是说他们还不用承担须付出较多体力工作的职务。

此外，西夏恩荫制度还有着严格的等级次序，从《亥年新法》中可以看出官阶为及授及以上的官员，可荫补父、叔、兄、侄、孙、堂兄弟、曾孙、子；经略司、正统司任职的官员，可荫补父、叔、兄、侄、子、孙六等人；次中等司任职的官员，可荫补其父、子、孙三等人；而下等司任职的官员，则只能荫补其父和子二等人。总之，地位越高，所恩及亲属的范围也就越广。

官阶有君王礼遇臣下的寓意，尤其是作为优待已致仕官员的主要手段。"人臣非有罪恶，致仕而去，人君遇之如在位时，礼也。"②西夏也是如此，《天盛律令》卷一〇规定"诸司任职因位得官者，后年老才弱等而为低位，告老时官不失"③。告老，即致仕时，保留官阶意味着仍享有法律、社会特权。这既是君王笼络人心的行为，更是统治者维护统治阶级特权的举措。

（二）职位

中国古代官制中，有官阶，亦有职位，也就是"职事官"，"有执掌者为职事官，无执掌者为散官。"④如果说，"官"以"人"为中心，是对"人"的分等，那么"职"就是以事为中心，是对任务与权责的分等。

而在西夏的职级体系中，有"骸（官）"亦有"骰（职）"。学者们将其译

---

① 阎成红：《西夏文〈亥年新法〉卷十六十七合本释读与研究》，宁夏大学 2016 年硕士学位论文，第 19 页。

② 《宋史》卷第一七〇《职官志十》。

③ 《天盛改旧新定律令》卷一〇《官军敕门》。

④ （唐）长孙无忌等，刘俊文点校：《唐律疏议笺解》卷一，中华书局 1996 年版，第 105 页。

为"职"，就是因为发现其与唐代"职事官"，也就是我们通常所说的"职位"有某种共性，并且"羧骸（局分）"一词常常也指代着西夏上上下下大小不等的各级机构。不过，若是将诸多文献综合来看，西夏"职"所包括的范围并不限于此，还有着更丰富的内容。

1."职""位""同位"

文献中在表示西夏某官的职位时，并不仅仅用"羧（职）"这个字。相反，我们常常可以看到"无位之人"，"有位臣僚"，①"持司位臣僚"② 之类的表述。那么"席（位）"，或"帆席（司位）"究竟是什么？其与"职"是否有所区别？

其实，在诸多的西夏文献中，"位"常常也就是"职"，如在西夏末期光定申年所编的《亥年新法》，即用"席藉骸骸绣䌵䌷""持大小位官僚"来指代有"职"的上下百官。法典还花费了大量的笔墨，详细规定了"执"诸多高低不等的"位"者，在相互见面时如何行礼的细则，而这些"执位"者，就包括"中书、枢密旨承"，次、中、下、末等司的"正"等我们一向认为属于"职"的官名在内。③ 而在《天盛律令》中，提及"边中、京师诸司"的"司位"，也就是指代诸司中所任的"职"；还将"有位臣僚"与"种种执事"相联，显然表明"位"是有其职能在其中的。甚至于在文献中，"职"与"位"两个字还常常连用，如《天盛律令》就多次用到"职位"，而其表示的，也就是职，如："若革职位等后"；④"正副将、军马头监、监军、司判、边检校、州主、城守、通判、行监、溜首领、军卒、其余任职位人"，⑤ 甚至还用"职位、官品"来分别指代"职"与"官"这两大职级体系。⑥ 而《亥年新法》中，更是将诸

---

① 《天盛改旧新定律令》卷二〇《罪则不同门》。
② 译自《亥年新法》卷十（甲种本），原始图版见《俄藏黑水城文献》第 9 册，第 181 页。
③ 原文为"帆席藉骸骸"，译自《亥年新法》卷一〇（甲种本），原始图版见《俄藏黑水城文献》第 9 册，第 182 页。
④ 《天盛改旧新定律令》卷二《罪情与官品当门》。
⑤ 《天盛改旧新定律令》卷七《番人叛逃门》。
⑥ 《天盛改旧新定律令》卷一四《误殴打争斗门》。

多文献中一贯用的"官、职、军",写为"官、职位、军"。①

不过,在一些特殊的语境中,"职"与"位"之间存在一些差异,这在文献中倒也有若干线索。《亥年新法》中规定上、下级官员互相见面时如何行礼的规则时,无论是涉及丞相、御使大夫、平章事、郡公内宫骑马、驸马、殿上坐经略、光禄大夫、观文殿大学士,还是次、中、下、末等司正等官员,都认为他们是执"位"臣僚,但是提及诸司所属庶人,则以"执职人"来指代他们。② 也就是说,"位"仅仅指代有一定级别的正官,而诸多的都案、案头、司吏等胥吏,则不在此中。

综上,大体可以这样说,狭义上,"位"就是"职"中有一定级别者,推测应当是将诸多的胥吏排除在外的"职";而广义上,"位""司位"也就是"职"。

2. 因司所设

"嵏"字,不仅表示"职"这一体系,其还有一个意思,在文献中常常与"骸"字连用,作为一个固定的词汇"嵏骸",学者将其译为"局分",指的就是有固定职能的机构,而所谓"嵏骸缬繃(大小局分)"即指西夏从中央到地方大大小小的各级机构。而在各级机构中所任的各级职位,即我们常常提及的"因司设职",也就是中国古代政治传统意义上的"职事官"。西夏的"职"虽然并不完全等同于这种"职事官",③ 但其毫无疑问构成了西夏"职"的主体部分。

《天盛律令·司序行文门》开宗明义将西夏从中央到地方的绝大部分机构分列于五等司之中,五等分别以上、次、中、下、末排列:

次等司包括殿前司、御史、中兴府、三司、僧人功德司、出家功德司、大都督府、皇城司、宣徽、内宿司、道士功德司、阁门司、御庖厨司,瓯匦

---

① 译自《亥年新法》卷二(甲种本),原始图版见《俄藏黑水城文献》第9册,第138页。
② 译自《亥年新法》卷一〇(甲种本),原始图版见《俄藏黑水城文献》第9册,第183页。
③ 西夏的职还包括许多不因司而设的"职",这将在下一节中详细探讨。

司、西凉府、府夷州、中府州；中等司包括大恒历司、都转运司、陈告司、都磨勘司、审刑司、群牧司、农田司、受纳司、边中监军司、前宫侍司、磨勘军案殿前司上管、鸣沙军、卜算院、养贤务、资善务、回夷务等；下等司包含最为繁杂，主要有行宫司、择人司、南院行宫三司、马院司、西院经治司、沙州经治司、定远县、怀远县、临河县、保静县、灵武郡、甘州城司、永昌城、开边城以及三种工院，边中转运司，地边城司等；最后是末等司，包括刻字司、作房司、制药司、织绢院、番汉乐人院、作首饰院、铁工院、木工院、纸工院、砖瓦院、出车院、绥远寨、西明寨、常威寨、镇国寨、定国寨、凉州、宣德堡、安远堡、讹泥寨、夏州、宥州。①

除以上所列五等司之外，还有官提点、执飞禽提点、秘书监、京师工院为管治者、番汉大学院，它们与次等司平级传导。还有经略司，比中书、枢密低一品，然大于诸司。

据《天盛律令》的规定，所列的五等司明确告诉我们诸多机构被明确地分为五等，等级越高，地位越高；而五等司外的机构，亦有着与五等司中某等相较大致相同的地位。这些从中央到地方的各级机构各具职能，存在着一定的统属关系，比如西夏中书、枢密分掌文、武大政，维系着西夏政权国家机器的运转，中书下又统三司、御史、皇城司等次等司分掌财政、监察、仪帐等职能，枢密又统殿前司掌京中武备。诸次等司下又分统诸职能机构，如三司下统群牧司、农田司等；边中诸行政单位（监军司及州、府、军、郡、县等）由中央的派出机构——东、西两经略司分管，其上行政、财政由中书负责，其武备由枢密负责。② 这些看似错综的而又大体遵循金字塔式逐级管理模式的统属关系，就是西夏政权各部门机构基本的权力关系。而诸多的"职位"即被安排到了各个大小不等，被逐级统属的机构中。《天盛律令·司序行文门》中就详细交代了各职司所应设职事官的具体情况，各职司应派设大人、

---

① 《天盛改旧新定律令》卷一〇《司序行文门》。
② 各级机构的具体职能将在下一章详细论述。

承旨、监军、习判等主要官员的数额。

上等司的中书、枢密中，除了前述"中书令""枢密使"为二者的长官外，还各设六大人、六承旨。六大人的职称和中原王朝不同。中书大人为：智足、业全、义观、习能、副、同；枢密大人为南柱、北座、西摄、东拒、副、入名。

次等司的中兴府和殿前司设八正、八承旨（黻黻）；御史、大都督府、西凉府各设六正、六承旨；三司设四正、八承旨；内宿司设六承旨；宣徽、皇城司、瓯匦司设四正、四承旨；阁门司设四奏知，御庖厨司设三大人；道士功德司设一正、工副、工判、二承旨；住家功德司设六国师、二合管、四副、六判、六承旨；出家功德司设六国师、二合管、六偏袒提点、① 六承旨；抚夷州、中府州都护司设工正、工副、工同判、工习判。其余各等职司也都各有定员。

中等司中有 17 个监军司，分为两类，各派设主要官员正、副、同判、习判 9 人或 7 人不等。有的职司其大人数额不定，如卜算院、医人院。值得一提的是，在中等司中具地方行政性质的单位有 20 个职司各派刺史 1 名，很多为监军司所在地。这些职司等次不尽相同，但"诸边中刺史者，与中等司平级传导"，这可能也是将派设刺史放于中等司内叙述的原因。

下等司中，24 个城司和五个郡县分别派设城主、通判、城守、行监、习判。末等司中向管理作坊的工匠司院派设小监，对各堡寨派设寨主、寨副、行监。

除此以外，西夏在中央、地方的各级机构还设有都案、案头、司吏等职务，它们是各个机构中的"文吏"，负责各机构公文、表册、档案等书面材料的衙门事务。比如在黑水城出土文书《三司设立法度》中即有"圣旨为见

---

① 《天盛律令》中译为"变道提点"，但俄藏 ИHB.NO598 号文书《圣胜慧到彼案功德宝集偈》的题记中出现过此职，全称为"𦞃𦞃𦞃𦞃𦞃𦞃𦞃"，而北京房山云居寺藏汉藏合璧版的《圣胜慧到彼案功德宝集偈》中，该职被译为"偏袒都大提点"，可知此当译为"偏袒提点"为妥。

三司……/ 汉都案、案头、司吏……"① 的字样。《天盛律令》的条文中还详细规定了诸司所设的都案、案头数量。如中书可设都案 7 人，案头 42 人；枢密可设都案 14 人，案头 48 人；殿前司可设都案 10 人，案头 60 人；中兴府可设都案 8 人，案头 26 人等。综合来看，诸机构中都案数多者为 14 员，如枢密，少者 1 员，如诸刺史处；案头多者 60 员，如殿前司，少者 2 人，如出家、道士二功德司、审刑司、前宫侍司等。但也有部分机构如北院、年斜、石州、东院、韦州、西寿、卓啰、南院、西院、沙州、啰庞岭、官黑山这 12 个监军司，只设都案 3 人，不设案头。亦有如诸边经略使等机构只设案头，而不设都案者。②

在都案、案头之下，还有"司吏"一职，不过由于《天盛律令》原始文本的缺失，我们现在仅知"诸司都案、案头数除已明定之外，司吏以及诸堡、城、军、寨、转运司、工院、经治寺、行宫三司、县末等司都案、案头、司吏者，当以职阶计，限量遣之"③。所设司吏数量并不明确，残存的内容仅记载"监军司司吏当遣四十"，而相比较而言，边中监军司都案 2 到 3 名，案头 12 名，司吏在各司设置的数量远远超过前二者。事实上，"干练、晓文字、知律法、善解之人"的都案及以下的案头、司吏，应当是属于流外官，也就是胥吏。

以上所述西夏从中央到地方各级机构中的各级有着具体职事的"职位"，即是西夏"职"体系中的重要部分，它们虽然不是"职"的全部，但却是核心的部分，是维持整个国家机构运转的中坚力量。

3. 独立职位

在西夏"官""职""军"三大体系中，"职"是各机构中所任的职务，这

---

① 孙继民：《俄藏黑水城汉文非佛教文献整理与研究》，北京师范大学出版社 2012 年版，第 717—718 页。

② 《天盛改旧新定律令》卷一〇《司序行文门》。

③ 《天盛改旧新定律令》卷一〇《司序行文门》。

是没有问题的，但西夏的"职"不仅包括因司而设的"职事官"，还将唐、宋制度中其他职级纳入其中，形成了诸多不因司而设之"职"。

有一件文献最能够完整反映西夏设"职"的整体面貌，那就是其价值目前被学术界严重低估，被命名为《官阶封号表（乙表）》（乙种本与丙种本）的 Инв. No. 4170 а 、4170 б 与 Инв. No. 4170 в 号文书。该表已有多位学者做过翻译、拼合、整理，①现笔者以史金波先生的译文为底本，综合诸家译文，参照西夏文原始图版，②将译文再次考订如下：

（上缺）	
上大覆	德全
悲惊	圣遮
孝治	天畅
度全	国严
大庇	宽长
藏室	宝室
敝广	禄女
侍予	业净
姓严	性孝
家倚	侍广
遣能 3	
性阔	
皇妃位	太后位

① 史金波：《西夏文〈官阶封号表〉考释》，《中国民族古文字研究》第三辑，天津古籍出版社1991年版，第254页；李范文：《西夏官阶封号表考释》，《社会科学战线》1991年第3期，第178—179页；文志勇：《〈西夏官阶封号表〉残卷新译及考释》，《宁夏社会科学》2009年第1期，第95—100页。

② 该表系由编号 ИHB.NO 4170a 4170 б《官阶封号表（乙种本）》与编号 ИHB.NO 4170b 两件内容互补的文书拼合而成，图版见《俄藏黑水城文献》第9册，第368—371页。

③ 史金波译文中，"遣"字未释，现据图版补。

皇太妃	太皇太后
皇妃	皇太后
帝女位	太后
皇女	皇后
霄阴	妃嫔
阴女	
诸女	
诸王位	
南院王	
北院王	
西院王	
东院王	
师位	师位
德师 同上等位	国师 同上等位
中书位	枢密位
智足	南柱
业全	北座[1]
义观	西摄
习能	东拒
副	副
同	入名
谏师位	权位
谏臣 同次等位	统军 同次等位

---

① 史金波译文中枢密位的前两职为"南益""北依",现改"南柱""北座",与《天盛律令·司序行文门》的译法保持一致。

仁师	
忠师同中等位	坦行[1]同中等位
巫位	卜算位
巫师	天观
巫成	能算
备护[2]	春显
□□	夏查
清洁	秋量
梦应	冬观[3]

该表被命名为《官阶封号表（乙种本）》，也就是说学者们曾一度认为该表中主要是罗列西夏"封号"的表。不过其实表中自己所使用的字眼并非"封号"，而是"位"。

前文也已经述及，广义上的"位"事实上指的就是"职"，其不仅分类别（如帝女位、太后位、中书位等），还分高低（中上等位、次等位、中等位等），并且该表就是按照"位"的高低而排了下来，只不过因为文书首尾的残缺，我们从表中看到的只是"位"的一部分而已。因此，此表称为"封号表"无论如何是不妥当的，而西夏文献中的一个词汇"位阶"④，即"位"的阶序，来表述此表的性质倒颇为贴切，因而此表称为"位阶表"为妥。

其实表中"中书位"中的"智足""业全""义观""习能""副""同"，"枢密位"中的"南柱""北座""西摄""东拒""副""名入"与《天盛律令》

---

① 史金波译文译为"惶行"，现据原图版，参文志勇译文改。

② 史金波译文中，"巫师""巫成""备护"译为"仪？""？就""护举"，现据原图版，参文志勇译文改。疑史金波先生早期做译文所依据图版与《俄藏黑水城文献》所公布图版不是一个版本。

③ 史金波所译左行"□□""清洁""梦应"，右行"夏查""秋量""冬观"，《俄藏黑水城文献》所公布图版中此三行因破损而缺失。

④ 译自《亥年新法》卷十（丁种本），原始图版见《俄藏黑水城文献》第9册，第287页。

中所记载中书、枢密所设"六大人"的职位完全相同。同样，表中位于"中等位""坦行"之下有"卜算位"，而《天盛律令》中的记载，西夏中等司中确有"卜算院"，并且"依事设职，大人数不定"[①]，有理由相信表中"天观""能算""春显""夏查""秋量""冬观"也就是卜算院中的"大人"，属于"职"。

表中还一些官称，虽然它们并不隶属于某个机构，但显然不属于封号，从文献中看反而跟"职"有大的联系，如"同次等位"的"谏臣"，《天盛律令》中亦表明"皇帝之谏臣者，当与次等司平级"；[②]而"同次等位"的"统军"，则在汉文文献中宋夏交锋的记载中频繁出现，诸多在史籍中留下名字的西夏将领如"嵬名阿埋"[③]"贺浪啰"[④]"仁多□丁"[⑤]"仁多保忠"[⑥]等，皆任"统军"，而在《天盛律令》中关于对边境军官进行奖惩的条文中，也是将"统军""监军司""边检校"[⑦]等一并提及，没有理由认为他们仅仅是一个"封号"。

只不过，西夏有其出人意料的做法。表中"皇妃位""太后位""帝女位""诸王位"中的诸多诸如皇太妃、太皇太后、皇妃、皇太后、太后、皇女、霄阴、阴女等名称，看似是所谓的"封号"，而实际上西夏已大胆地将它们纳入到了"职"的体系之中；而仁师、忠师、谏臣、统军、坦行等虽未见附属于某个机构，但他们仍独立地行使着某种职权，与唐末藩镇幕府中的"使职"颇为相似；而至"上大覆""悲惊""孝治"等不明所以的官称，则确实是因为文献首部残缺，使我们无法得知其处于什么"位"罢了。

事实上，我们若重新审读《天盛律令·司序行文门》，就可以从其所列

---

① 《天盛改旧新定律令》卷一〇《司序行文门》。
② 《天盛改旧新定律令》卷一〇《司序行文门》。
③ 《宋史》卷一八《哲宗二》。
④ 《续资治通鉴长编》卷四九〇，哲宗绍圣四年八月丙戌条。
⑤ 《宋史》卷四八六《夏国传下》。
⑥ 《宋史》卷四八六《夏国传下》。
⑦ 《天盛改旧新定律令》卷一三《执符铁箭显贵言等失门》。

的司位看到西夏"职"的这些特点。《司序行文门》一贯视为西夏职官制度研究最为重要的资料,观其体例,其前半部分详列了西夏从中央到地方所设诸司(包括五等司与五等以外诸司),而后半部分又详列了各司所设的职位(除了"司吏"在别门列举)。不过,在两部分之间,还列举有诸多完全不隶属于某个机构的官职,所列有"边中刺史""巫提点、执飞禽提点""谏臣""学士"等以及专属于皇长子的"皇子、国王、太子",专属于其他皇子的"国王、三公、诸王",以及皇帝及皇亲之师"上师、国师、德师、仁师、忠师"等,并且还规定了这些"位名"与上、次、中、下、末"五等司"相较的地位。

如果没有意识到"刺史""巫提点、执飞禽提点""谏臣""学士"甚至是"皇子、国王、太子","国王、三公、诸王","上师、国师、德师、仁师、忠师"属于"职"的话,会觉得《司序行文门》这样的体例编排似不合常理,但了解了西夏设"职"的这一逻辑之后,也就明白,这些不因司所设,甚至看起来类似于"封号""称号"的官称事实上与诸多机构所设的"职位"同属于一个职级体系,那就是西夏的"职"。

西夏如此出格的做法既出乎我们意料,亦在一定程度上突破了我们的理解范围,恰恰体现出了西夏对于中原王朝政治制度的充分吸收与大胆突破。

在阐明这一问题之后,文献中诸多令人费解的谜团也可以得到清楚的解释了。比如《天盛律令·颁律表》中的首位"纂定者""嵬名地暴",其头衔为"北王兼中书令",这里的北王应当就是上表中的"北院王",其与"中书令"这一职务的关系是"兼",这是西夏兼官的标准写法。如果我们能够理解"北院王"和"中书令"事实上都属于"职",那也就很好理解"嵬名地暴"只是兼了两种职位而已。

同样的例子还有西夏的宰相,"宰相"虽然没有在前残缺的《职位表》中出现,但从《天盛律令》的条文来看,其为一个位高权重的职位,如条文规定"内侍、阁门等有袭抄者时……当依文武次第来中书、枢密管事处，宰相面视其知文字、晓张射法、貌善、人根清洁、明巧可用，是应袭抄"[1]。事实上，在中原王朝的制度中，宰相并不是一个职务，而是对某一类职称的通称，其至少算一个称号，而西夏却将其作为了一个职务。

还有在《天盛律令》中规定各个机构所持有的"司印"的规格，但首当其冲的却是"皇太子金重一百两"，其次才是上、次、中、下、末的五等司印以及五等司外"比中书、枢密低一品，然大于诸司"的经略司印，再其次是"僧监、副、判、权首领印"[2]。按照常理来说，"皇太子"这样的"封号"怎么可以和诸司归为一类，并且持有相同类型的"司印"？但如果将"皇太子"看作是一个"职"的话，那就顺理成章了。

西夏这种不因司设职究竟从何而来？唐、宋似乎并没有这种体制。但如果考虑西夏前身——党项政权的话，其渊源也就非常明晰了。如前文所述及，党项政权的幕僚体制就是以职为核心，而不是因司设职的。那很可能，西夏在元昊立制之时，模仿宋朝建立了各级部门，但同时，拥有独立事权官职的情况也保存了下来，尽管说它们全都换了名字。

若将所有此类不因司而设的"职"加以归纳的话，大体可以分为两类。第一类虽不隶属于某个机构，但可以独立地行使某种职事，并且有着与五等司相比较而言上、次、中、下、末的等次。比如身为皇帝之师的"上师、国师、德师"，太子、诸王之师的"仁师"和"忠师"，[3]再如"与次等司平级"的"谏臣"，"与中等司平级"的"边中刺史"、"写敕、合为文字者"的"学士"[4]等。另外，据前《位阶表》中，"同次等位"的"统军"，"同中等位"的"坦行"等，亦皆属此类的"职"。另外，在一些西夏文献中出现的"帝师"[5]，应

①　《天盛改旧新定律令》卷一〇《官军敕门》。
②　《天盛改旧新定律令》卷一〇《官军敕门》。
③　《天盛改旧新定律令》卷一〇《司序行文门》。
④　《天盛改旧新定律令》卷一〇《司序行文门》。
⑤　关于帝师一职，详见后文阐述。

当也属于这种性质的"职",而不是"封号"。

这些"职"虽不因司而设,但非常明显其承担着具体的职责①,这个特点与唐代的"使职"非常类似,只不过西夏将其纳入到了"职"的体系中,并给予了他们与五等司相匹高低不等的地位,而不像唐代的使职,不仅没有品级,也常常不记入正史之中。② 此类"职"的直接来源很可能就是定难军政权中幕府中的使职。定难军政权初建时,作为唐朝的藩镇,虽然"自辟官署",但显然其没有权限自行设立正式机构并封授"职事官",其所能够任命的,就是诸如"兵马使""散都头""行军司马""判官""掌书记"等没有品级,没有所属机构的"使职"。

第二类既不隶属于某个机构,同时也不承担具体的职事,但它们反而却有着超越上等位以上的地位。在前《位阶表》中,可以清楚地看到,所谓位于上等的"中书位"与"枢密位",甚至是"同上等位"的"德师"和"国师"并不是西夏"职"的体系中的最高位,而在他们之上,还有为诸王、帝女、皇妃、太后设置的专门的"位",地位比上等司中的正职还要高。由于《位阶表》残缺,文首的"上大覆、德全、悲惊、圣遮"等,已经无法得知他们是哪一种位的位名,但我们按常理来判断,在太后之上,至少还应该有皇后、有皇子甚至可能还有亲王。《天盛律令》即记"皇帝之长子者,年幼时曰皇子,长成时依次升顺:国王、太子"等来作为他的"位名";③ 而其他皇子亦有"位名",所谓"皇太子之弟者,长成升时,国王、三公、诸王等"。④

这在其他文献中也是有所印证的,如《天盛律令·颁律表》中所记载的"撰定者"中,位列第一的是"北王兼中书令嵬名地暴",而作为中书的首席长官"中书智足""嵬名地远"仅位列第三。

---

① 具体各自的职能将在后文详述。
② 参见赖和瑞《再论唐代的使职和职事官——李建墓碑墓志的启示》,《中华文史论丛》2011 年第 4 期,第 180—189 页。
③ 《天盛改旧新定律令》卷一〇《司序行文门》。
④ 《天盛改旧新定律令》卷一〇《司序行文门》。

　　由于此类的"职"并不承担具体的职事，仅标志着其所具有的权势与地位，可以说是一个彻头彻尾的"虚职"，所以其名称也五花八门，有我们一般认为的称号、封号，也就是其他王朝所使用的"散官"，还有其他朝代使用过的官称，除了前面已经提及的，在文献中还有很多，比如西夏前期的"国相"①"太尉"②"驸马"③，中期的"宰相"④"内宫走马"⑤"太师上公"⑥，后期更加丰富，又加上了"观文殿大学士"⑦"光禄大夫"⑧"平章事"⑨"郡公"⑩等。

　　不过，虽然它们是"虚职"，但万万不可以将它们视为仅仅是示以恩宠无实际意义的名号。事实上，我们在史籍中往往看到担任着这种"虚职"的人物反而是呼风唤雨，最具权势的风云人物，比如西夏前期担任"枢密"的嵬名山遇⑪，任"国相"的张元、梁乙埋⑫，任"国相"⑬又任"太师上公"⑭的任德敬，任中书令的"嵬名令公"⑮等。其实这也正如前《位阶表》所反映的那样，它们是比上等位还要高的"职"。

　　如果这样理解西夏"职"的结构可能是较为符合事实的。西夏的上、次、中、下、末五等位（无论是因司而设的职，还是不因司而设的职）构成了西

----

① 《宋史》卷四八六《夏国传下》。
② 《金史》卷六一《交聘表中》。
③ 《宋史》卷四八五《夏国传上》。
④ 《元史》卷一四五《亦怜真班传》。
⑤ 《天盛改旧新定律令·颁律表》。
⑥ 参见俄藏 TK124《金刚般若波罗蜜经》经末的发愿文记"太师上公总领军国重事秦晋国王"，参见史金波《西夏"秦晋国王"考论》，《宁夏社会科学》1987 年第 3 期，第 72 页。
⑦ 原文"𗵽𗣼 𗢳𗢵𗫂𘝴"，译自《亥年新法》卷一〇（甲种本），《俄藏黑水城文献》第 9 册，第 180 页。
⑧ 原文"𗴺𗣺𗢳𗫂"，译自《亥年新法》卷一〇（甲种本），《俄藏黑水城文献》第 9 册，第 181 页。
⑨ 原文"𗦴𗢶𗫂"，译自《亥年新法》卷一〇（甲种本），《俄藏黑水城文献》第 9 册，第 181 页。
⑩ 原文"𗫂"，译自《亥年新法》卷一〇（甲种本），《俄藏黑水城文献》第 9 册，第 181 页。
⑪ 《涑水记闻》卷一二，第 220 页。
⑫ （北宋）苏轼注，李之亮笺注：《苏轼文集编年笺注》卷二八《奏议二十首》，巴蜀书社 2011 年版，第 11 页。
⑬ 《宋史》卷四八六《夏国传下》。
⑭ 俄藏 TK124《金刚般若波罗蜜经》经末的发愿文记"太师上公总领军国重事秦晋国王"，参见史金波《西夏"秦晋国王"考论》，《宁夏社会科学》1987 年第 3 期，第 72 页。
⑮ 《元史》卷一《太祖纪》。

夏政权得以运转的强大的国家机构，而凌驾于五等位之上的诸多"虚职"则形成了一个凌驾于国家机器之上的权力群体，来操纵着国家机器，使它的转运始终贯彻着他们的意志。

4. 职位兼带

使职兼带，似乎在夏州定难军政权之时，就已经是常见现象。[1]而西夏时期，官员兼任两种或以上的"职"，更是常见现象。如《天盛律令》的修订者之一"中书承旨、阁门告知、瓯匦司正、汉大学院博士、内宫走马白坚"，其中"中书承旨""阁门告知""瓯匦司正""汉大学院博士"等都是其所任官职，显然"白坚"其人一身四职。事实上，这种兼职的现象在西夏诸多文献中经常会出现，如同为《天盛律令》撰定者的"东经略使、副枢密承旨、三司正、汉学士赵囗""中书、内宿司等承旨、瓯匦司正浪讹心"[2]等。

西夏的官员身兼数职，则高位者在前，低职都在后。如前白坚所兼四职，首职"中书承旨"，为上等司中的次职；二、三职"阁门告知""瓯匦司正"则都是次等司中的正职；"汉大学院博士"则是与"次等司平级传导"机构的正职。职位级别大体相当，而首职则是任职机构等级最高者。

5. 权"职"[3]

在诸多的西夏文献中，常常出现有"权"职，如《亥年新法》和《法则》中即有"国内权正所遣军粮计量小监应从发兵及所遣军马首领中减除"[4]。如前言所述，"正"为西夏一机构的长官，而"权正"也就指的是这一职位的权职。

---

① 邓文韬：《唐末至宋初定难军节度使及其僚属的兼官与带职》，《西夏研究》2016年第4期，第79—87页。
② 《天盛改旧新定律令·颁律表》。
③ 本节主要参考梁松涛《西夏"权官"问题初探》，《敦煌学辑刊》2016年第4期，第62—69页。
④ 《俄藏黑水城文献》第9册，上海古籍出版社1999年版，第81页。

文献中的权职很多，不仅有"权正"，还有"权正统"①"权小监"②"权检校"③"权都案"④"权案头"⑤"权首领"⑥等。

其实这种"权"官在古代的职官制度中并不罕见。"权摄官"是存行于唐末至宋的一种特殊官员选任制度，"权"即"代理"之意，由于官位缺员，由他官临时代理，即为"权官"。汉代称"行"，唐代将此类官员称为"摄官"，并且较为广泛地实行，以至"诸道州县悉是摄官"⑦，"州县摄官，假名求食，常怀苟且，不恤疲人"。⑧宋代称为"权摄官"，宋廷为革此积弊，"于开宝四年（971）下令，严禁诸道州县继续差用摄官，各地'凡有阙员，画时以闻，当旋与注官。若正官未到，各以见任他官权管'"，⑨严格限制了"权摄官"的数量。西夏的"权官"应该与唐宋制度是一样的，成为补充官吏体系的一种手段。

西夏的"权"职要比"正"职低一级，即低一个位阶，⑩这在很多文献中都可以看出来。如西夏职官叙迁须按等次选派，上一等司的官职可担任下一等司的次级官职，"上一等的承旨可调为下一等的正职，上一等的都案，可为下一等的承旨，上一等的案头可为下一等的都案。"⑪而《天盛律令》即规定："中等司都案者，于次等司正案头派正都案及权案头，中书、枢密司吏等派权都案等。"⑫可见次等司可派遣"权案头"担任中等司的"都案"。

---

① 译自《亥年新法》卷一〇（甲种本），《俄藏黑水城文献》第9册，第178页。
② 译自《亥年新法》卷六，《俄藏黑水城文献》第9册，第164页。
③ 《天盛改旧新定律令》卷五《季校门》。
④ 《天盛改旧新定律令》卷一〇《司序行文门》。
⑤ 《天盛改旧新定律令》卷一〇《司序行文门》。
⑥ 《天盛改旧新定律令》卷一〇《官军敕门》。
⑦ 《册府元龟》卷六三二《铨选部》。
⑧ 《册府元龟》卷六三二《铨选部》。
⑨ 苗书梅：《论宋代的权摄官》，《河南大学学报》1995年第3期，第14—20页。
⑩ 关于"位阶"详见后论。
⑪ 史金波：《西夏社会》，上海人民出版社2007年版，第305页。
⑫ 《天盛改旧新定律令》卷一〇《司序行文门》。

6. "职位""位阶"

在西夏文献中，有两个重要的词汇，为"职阶"① 与"位阶"②。这表明，在西夏，不仅"官"有阶，而"职"亦有阶。也就是说"职"不仅"标志权力等级，代表职责之轻重，任务之简繁"，还与"官"有着类似的功能，"代表地位之高低，资格之深浅，报酬之多寡"③，其不仅通过区分职责使西夏职官体系不断的"专业化"，同时也通过区别高低而使官僚产生"阶序化"，这也是中国古代官制中常常会发生的"职事官的品位化"④ 现象。

通过诸多的文献来看，西夏虽然没有将所有的"职"用具体的数字排上等次，（如唐代"职事官"就分为九品三十阶，与西夏完全不同），⑤ 但其仍与"官"相似，有着明确、严格的等级。如前文所提及，从《天盛律令·司序行文门》及《位阶表》（《官阶封号表》乙表）所见，西夏将所有的机构分为上、次、中、下、末五个等级，而五个等级机构中的正官，皆为相应的等位，如上等司中书、枢密的正官"智足、业全、义观、习能、副、同"与"南柱、北座、西摄、东拒、副、名人"等即皆为"上等位"；而中等司卜算院的正官"天观、能算、春显、夏查、秋量、冬观"等则皆位于"中等位"。⑥

不在五等司内的机构及不因司而设的"职"，亦有着与五等司位相匹配的"位阶"，如"德师""国师"同上等位，"谏臣""统军"同次等位，"忠师""坦行"同中等位。⑦

不过，一个机构内并不只有一个层级的"职"，以西夏中央机构的主要设

---

① 《天盛改旧新定律令》卷一○《司序行文门》。
② 译自《亥年新法》卷一○（甲种本），《俄藏黑水城文献》第 9 册，第 178 页。
③ 杨百揆等：《西方文官系统》，四川人民出版社 1985 年版，第 110—111 页。
④ 阎步克：《中国古代官阶制度引论》，北京大学出版社 2010 年版，第 5 页。
⑤ 赖瑞和：《再论唐代的使职和职事官——李建墓碑墓志的启示》，《中华文史论丛》2011 年第 4 期。
⑥ 参前《位阶表》。
⑦ 参前《位阶表》。

置为例，除了正官之下，还有承旨、都案、案头以及司吏，那么他们的"位阶"有多高？文献中并没有直接地交代。但是，《亥年新法》在做出"革职献钱赎罪"相关规定时，无意透露了西夏"依职得官"的一些原则。条文中将处于相同位阶的职归在了一起，位阶相当的"职"获得相应等次的"官"，①其中"次等司正"为所列的最高位，②其次为中等司正、次等司承旨，再次为下等司正、中等司承旨、上等司（中书、枢密）都案，③再次为末等司正、下等司承旨、上等司（中书、枢密）案头、次等司都案，再次为次等司案头、中等司都案，再次为中等司案头、下等司都案，最后为下等司案头、末等司都案。

《亥年新法》提及的"以职定阶"没有涉及上等司正及所有机构中的"司吏"。但就所涉及的职位来看，上、次、中、下、末五等司的正官相互之间相差一等，而同一等司中，正官、承旨之间相差一等，承旨与都案之间相差两等，都案与案头之间又相差一等。因而上文中反映，末等司正、下等司承旨、次等司都案、上等司案头为同一位阶，就是这样的原理。

文献中没有涉及司吏的位阶，可能司吏确系属于最基层的小吏，也就是文献中"不持职庶人"④，并没有什么地位可言。

综上，据文献的反映，西夏的位阶至少可分为以下若干级，一是与五等司相对应的上、次、中、下、末，或与它们相当的五等位，五等位下，又有与末等司承旨、都案、案头相对应的三阶；此外，如前所述，在上等位之上，亦有皇子、诸王、亲贵等所属的诸多虚职。这些虚职应当也是分高下的，只不过目前文献没有明确记载其中的位阶究竟怎么分。

---

① "官"与"职"的匹配原则详见下一节的论述。

② "次等司正"并不是西夏"位阶"中的最高位，只是《亥年新法》所列以职定阶的最高位。

③ 梁松涛译为："中书、枢密、都案"（梁松涛、张玉海：《再论西夏的官与职——以西夏官当制度为中心》，《宁夏社会科学》2014年第3期，第107页），其实根据上下文，指的是"中书""枢密"两个机构（也就是西夏的上等司）中的"都案"一职，下文中的"中书、枢密、案头"情况相同，原始图版见《俄藏黑水城文献》第9册，第137页。

④ 译自《亥年新法》卷一〇（甲种本），原始图版见《俄藏黑水城文献》第9册，第182页。

根据以上对于西夏职阶的描述，特制成下表，以便一目了然：

西夏职阶（位阶）表

	上等司	次等司	中等司	下等司	末等司	非五等司之职
上上等位（不止一级位阶）	——	——	——	——	——	宰相、太师上公、观文殿大学士、光禄大夫、平章事、郡公等
上等位	大人	——	——	——	——	上师、国师、德师
次上等位	——					经略
次等位	承旨（推测）	正				仁师、谏臣、统军
中等位	——	承旨	正	——		忠师、坦行、刺史
下等位	都案	——	承旨	正		（未明）
末等位	案头	都案	——	承旨	正	（未明）
末下一阶位		案头	都案	——	——[1]	（未明）
末下二阶位		——	案头	都案	——	（未明）
末下三阶位				案头	都案	（未明）

---

① 据《天盛律令》的记载，末等司不设承旨，而《亥年新法》中的该段条文也确实没有提及末等司的承旨，参见《天盛改旧新定律令》卷一○《司序行文门》。

以上便是西夏"职阶"或"位阶"的完整阶序。

如前所述,西夏的"职"已经发生了"品位化",那么此时的"职"就不仅仅具有标志其职能以及统属与被统属关系的功能,还与"官"趋同,代表着身份地位与特权。在前文中已经叙述,西夏有"官"无"官",或"官"的品级常常代表着相应的特权。但不少文献反映,很多时候西夏并不以"官"阶的大小,而是以"职"阶的高低来赋予特权。

比如西夏末期,西夏统治者认为"国土之内,上下相敬,小大相监,是头等大事"[①],于是规定"持品位的大小臣僚中,持下位者对持高位者不敬,马上不下马行礼,坐序中立于中间以上,坐立先坐,见不起,按违法罚判"[②],条文于是详细地规定了上、下位相见时如何行礼。而这种官方强制规定的官员"见面礼"就不是以"官"而论,却恰恰是以"位"而论,涉及的职位除了五等司的官员外,还有宰相、平章事、郡公、内宫走马、驸马,殿上御史大夫,观文殿大学士、经略等虚职。

再如《天盛律令》中的规定,"家主中持拿盗窃者时,邻近家主当立即协助救护。若协助救护不及,不往报告时,城内城外一律所属大人、承旨、行巡、检视等徒一年,迁溜、检校、边管、盈能、溜首领、行监知觉,有位人等徒六个月,此外家主徒三个月。"[③]显然也是有"位"人享受了徒刑减免的待遇。

7."官""职"对应

既然西夏的"职"已经"品位化"了,那么它与同样有着严密等级结构的"官"同作为西夏的两大最基本的职级体系时,那么一个问题就必然会存在,那就是西夏的"官"与"职"如何对应。

从文献中看,在很多时候,西夏有官者不一定有职,而有职者也不一定

---

① 译自《亥年新法》卷一〇(甲种本),原始图版见《俄藏黑水城文献》第9册,第179页。
② 译自《亥年新法》卷一〇(甲种本),原始图版见《俄藏黑水城文献》第9册,第181页。
③ 《天盛改旧新定律令》卷三《追赶捕举告盗赏门》。

有官；甚至很多时候，官和职的等级、次第先后也不一定相符，如《天盛律令》中即有规定"一任职人番、汉、西番、回鹘等共职时，位高低名事不同者，当依各自所定高低而坐。此外，名事同，位相当者，不论官高低，当以番人为大"①。

不过，从总体上看，在西夏官品高的人职位也高，二者有大体一致的对应关系。②并且西夏较为普遍地执行"以职定阶"的制度，如在《天盛律令》中即有"依位得官法""正副经略得官法""经略司都案案头得官法""执敕及伞等得官法""医人等得官法""边等官获末品"③等条目，虽然这些条目的内容已经佚失，但通过《名略》中所保留其名称，依然可以推知其大抵为以"职"定"官"的各种规章。前文提及西夏末期法典《亥年新法》有"以职定阶"的详细条款，反映了"官"与"职"的对应关系，④将史料中的信息加以概括和总结，可以得到如下的对应关系：

序号	职	官	官阶数	官阶类别
第一类	1. 次等司正	霹速	14	及御印官
		语抵		
		信受	53	
		察明		
第二类	1. 中等司正 2. 次等司承旨	柱趣	53	不及御印官
		头主		
		慧臣		
		威臣		

---

① 《天盛改旧新定律令》卷一〇《司序行文门》。
② 史金波：《西夏社会》，上海人民出版社 2007 年版，第 305 页。
③ 《天盛改旧新定律令》卷一〇《官军敕门》。
④ 梁松涛、张玉海：《再论西夏的官与职——以西夏官当制度为中心》，《宁夏社会科学》2014 年第 3 期，第 102—108 页。

序号	职	官	官阶数	官阶类别
第三类	1. 下等司正 2. 中等司承旨 3. 上等司（中书、枢密）都案	戏监 因监 诚灵 劝灵	40	不及御印官
第四类	1. 末等司正 2. 下等司承旨 3. 次等司都案 4. 上等司案头	劳主 暗监 诏灵 巧臣	28	
第五类	1. 次等司案头 2. 中等司都案	上胜臣 次颂主	8	
第六类	1. 中等司案头 2. 下等司都案	上作监 上总监		
第七类	1. 下等司案头 2. 末等司都案	上睦灵 次睦灵	2	

　　从上表看，所涉及次等司七个层级的职事官。职与官并非一一对应，一个职位相对应的官阶是限定在一定范围内的，有最高阶和最低阶，但这个官阶层级落差不大，通常一个职位对应官阶一般为2—4个，职位越高对应官阶越多。①

　　以上各职最高者为次等司正，所对应的官阶最高者为"雳速"。在《官阶封号表》所载的前六品中，并无"雳速"，也就是说，即使在我们看来位高权重的次等位，其所得官阶也不过是七品或以下。

_____

① 梁松涛、张玉海:《再论西夏的官与职——以西夏官当制度为中心》,《宁夏社会科学》2014年第3期,第102—108页。

那么，高于次等位的上等位，会对应哪些官阶？虽然上文所引用的材料未给我们明确的答案，但其他材料中还是有所反映的。前引《天盛律令·颁律表》中记载的诸多参与法典修定的人员的官职与官阶中，第三位"嵬名地远"，其职为"中书智足"，即上等司"中书""六大人"中的首席长官，其所授"官"也只是"才盛"，下品文阶第十阶，即第四品倒数第三阶。"中书"中的其他"大人"紧随其后，第五位"乃令口文"首职位为"中书习能"，赐"官"为"养孝"，下品文阶第八阶；第六、七位皆为"中书副"，所授"官"分别为"义持""义观"，前考其应当为末品（第五品）文阶第二阶"义平"与下品文阶第七阶"智观"；第八位"中书同、副"所受"覆全"① 为下品文阶第十二阶。

从中我们可以看出，虽然中书位的六大人按"智足、业全、义观、习能、副、同"② 的次序排列，但其所受"官"却有高有低，如一同出现的中书习能反而"官"高于首席的"中书智足"，可见西夏"职"与"官"并非严格地一一对应。但是上等位的六位大人所授的"官"大体集中在第四阶里的中后阶与第五阶的前阶，并没有相差太多，又可见相近的位阶又对应一定范围内的"官阶"。

作为上等位的"中书位"系如此，而同为上等位的"枢密位"亦如此，如《颁律表》中的第四位"嵬名仁谋"，职为"枢密东拒"，所授官为"覆全"，③下品文阶第十二阶；第八位"嵬名忠信"，职为"枢密入名"，官为"益盛"，末品（第五品）文阶第三阶。《颁律表》中仅出现的两名"枢密""大人"皆为文官，可以理解为"枢密"中的大部分武官并没有参与到《天盛律令》的编撰工作中。而成书于西夏前期，俄藏编号 5130 文书《妙法莲花经序》中有

---

① 《天盛改旧新定律令·颁律表》。原文作"同中书副"，现据原文改。
② 《天盛改旧新定律令》卷一〇《司序行文门》。
③ 《天盛改旧新定律令·颁律表》。

"枢密西摄典礼司正赐艺广孝武恭敬东南姓官上国柱赠罔长信"①的题款，枢密"西摄"位高于"东拒"，所对应官阶为"艺广"，属下品武阶中的倒数第二阶。其所对应"官"的品级与"中书"大体相当，只不过"枢密位"所对的"官"有文阶，亦有武阶。

至此，前文中提出的一个重要问题应该也迎刃而解了。既然西夏的"官"与"职"大体对应，那么位高权重，处于西夏中枢机构的"上等位"只不过仅能获得四品的末阶到五品的"官"？而四品前阶与前三品的"官"给了谁？那么很显然，给了位于"上等位"以上的诸多"虚"职。

这在文献中也是有所反映的，如《颁律表》中的第二位"中书令，赐长艳，文孝恭敬东南姓官上国柱鬼名忠□"②，所授"官"为"长艳"就是下品文阶第二阶。《同音》的编撰者为"节亲主、德师、知中书、枢密事、授正净、文武业集孝种能恭敬东南姓官、上天倚鬼名德照"③，其所对应官阶为"正净"，为下品文阶第一阶。

"节亲主"也好，"中书令"也好，也只不过授予了四品前阶的"官"，那么前三品的"官"呢？事实上，就《官阶封号表》中所反映，前三品每品仅各分别有文、武一阶，即总共仅有六个"官"阶。有理由相信，这仅仅会授予朝中极个别有特殊权位的人。文献中虽未出现过二、三品的"官"，但一品的"官"却出现过几次。比如汉文史料中出现的"谟宁令"也即一品武阶"大国王"（隤席骰）。被授予此"官"一是深受元昊宠信的野利氏兄弟，史载"（元昊）以野利氏兄弟旺荣为谟宁令，号野利王，刚浪？（遇乞）为事令，号天都王，分典左右厢兵马"④。西夏第二位"大国王"就是在小梁太后主政时期权

---

① 聂鸿音译为："摄枢密帐典礼司正受广修孝武恭敬东南族官上柱国罔长信作"，见聂鸿音《西夏佛经序跋译注》，上海古籍出版社2016年版，第6页；史金波译为："枢密西摄典礼司正赐艺广武孝恭敬东南姓官上国柱旺普信作"，见史金波《西夏文〈官阶封号表〉考释》，《中国民族古文字研究》第三辑，天津古籍出版社1991年版，第254页。现据原文再次整理。

② 《天盛改旧新定律令·颁律表》。

③ 《俄藏黑水城文献》第7册《音同甲种本》，上海古籍出版社1997年版，第1页。

④ 《涑水记闻》卷一一，第206页。

倾朝野的梁乙逋，史载"梁乞埋死，其子移逋继之，谓之没宁令"①。而一品文阶的"具足"在文献中也有所出现，在前文所引用的《圣胜慧到彼案功德宝集偈》的题记中的"贤觉帝师""波罗显胜"，所授的"官""卧勒"② 也就是"具足"的音译。"帝师"一职在仁宗朝后期才出现，专门授予德高望重的藏传佛教高僧，非常设的特殊职务，其地位显然是要高于位于"上等位"的"国师"，③其被授予一品最高的官阶，足见其地位之尊崇，也说明西夏中后期对藏传佛教的推崇备至。

比较特别的一个例子是凉州碑中的"中书正梁行者乜"，其头衔是"庆寺都大勾当铭赛正嚷挨黎"，已有学者做过考证，"铭赛"也就是西夏"祢襕（中书）"的音译，而"铭赛正"即"中书正"，"挨黎"与前"卧勒"同为"具足"的音译。④ 这是唯一一个材料可以看到"中书"的"正"可以授予一品"官"阶的，这很有可能是时值小梁太后专政时期，特意扶持其梁氏家庭成员所为。

8. 汉式官称

夏仁宗李仁孝时，宋室南迁，失去了和西夏联系的条件。金朝入主中原，取代宋朝的地位。金人视野开阔，认为西夏官员自称"天子上公"，并不影响自己"四海盟主"的地位。因此，西夏派往金朝的使节中，不再忌讳汉官名称。据《金史·交聘表》记载，西夏遣往金朝使节的职官有参知政事、枢密使、左枢密使、枢密都承旨、枢密副都承旨、枢密直学士、南院宣徽使、翰林学士、观文殿大学士、御史大夫、御史中丞、中书舍人、吏部尚书、中书省左司郎、开封府尹、知中兴府、中兴府尹、金吾卫上将军、左金吾卫上将

---

① （北宋）沈括著，金良年点校：《梦溪笔谈》卷二五《杂志二》，中华书局 2015 年版，第 241 页。
② 罗炤：《藏汉合璧〈圣胜慧到彼案功德宝集偈〉考略》，《世界宗教研究》1983 年第 4 期，第 5 页。
③ 关于国师一职的论述，详见后文。
④ 史金波：《西夏文〈官阶封号表〉考释》，《中国民族古文字研究》第三辑，天津古籍出版社 1991 年版，第 254—255 页。

军、左金吾卫正将军、瓯匦使、殿前太尉、殿前马步军太尉、东经略使、秘书少监、武功大夫、武节大夫、光禄大夫、宣德郎等。从此，史籍中也就再未出现诸如"祖儒""丁庐""令逊"等，不知所云的"番官名号"也成为历史名词了。

（三）差遣

前引《同音·序》中出现的"节亲主、德师、知中书枢密事，执正净文武恭敬东南族官上国柱嵬名照德"[①]，其人"职"为节亲主、德师，"官"为"正净"，那么"知中书枢密事"又是什么？我们知道西夏的"中书"和"枢密"并不是职名，而是机构名称，而"知"又使人很容易想到常以"知某事"的宋代差遣。

无独有偶，在《金刚般若波罗蜜经》经末的发愿文中，存有一个头衔，为"太师上公总领军国重事秦晋国王"[②]，学者考证此人为任得敬。诚如前文所讲，"太师上公"为其"职"，属于位在五等司之上的"虚职"，"秦晋国王"为其封号，这在后文还要交代。而"领军国重事"，则毫无疑问与前"知中书枢密事"属于同样性质的"差遣"了。

宋代的所谓"差遣"来源于唐、五代的使职，本质是"职"与"事"相分离，只不过宋代"差遣"将这种趋势普遍化与制度化罢了。[③]目前，虽然没有更多的材料加以佐证，但似乎找不到什么理由认为西夏"知中书枢密事"与"领军国重事"不属于"职"与"事"相分离，而与宋代的"差遣"有什么本质的差别。而相反，任得敬在《金刚般若波罗蜜经》成书的天盛十九年"领军国重事"恰恰与其当时权势滔天的地位相当。

不过，西夏文献中出现的这种"差遣"并不多，即使对文献仔细地梳理，

---

① 原文为"𗗨𗤛�315𗡮𗖵𗑗𗱈𗒛𗹭𗹏𗗗𗧘𗅲𗾖𗣼𗢠𗥃𗤁𗗉���532𗤬��"，见李范文《同音研究》，宁夏人民出版社1986年版，第202页。

② 参见史金波《西夏"秦晋国王"考论》，《宁夏社会科学》1987年第3期，第72页。

③ 邓小南：《宋代文官选任制度诸层面》，河北教育出版社1993年版，第5—10页。

也仅发现这两例。应该可以肯定，西夏的这种"差遣"仅属于临时受命的差使，并没有形成制度化、规模化，这与宋初的"差遣"有本质的区别。

（四）军

西夏的基本职级体系除了"官"与"职"外，还有"军"。在《天盛律令》中，我们常常看到有关革职的条文时，不仅有革"官""职"者，亦常常有革"军"者，如"官、职、军皆革去"、[①]"其中有应降职、军者，当先降落职、军，所剩劳役当与官品当。"[②] 事实上西夏的"职位"中也有武职，但西夏的"军"并非枢密使、统军之类的武职，而是一套能够自成体系，普遍地运用于其军事体制中的职级系统。

虽说"军"这一名词在各种西夏文献中出现了很高的频次，说明其当时使用的普遍性，但现在没有可靠的资料让我们了解"军"的阶序是怎么样的，更不用说了解各阶序中的职名，只能期待新资料的发现和解读。

（五）封号[③]

前揭西夏把诸多"封号""称号"等纳入了"职位"体系，使有的官名看似"封号"，而实则系"职位"。当然，西夏是存在着封赠的，主要授予特殊人物。

1. 帝后

帝、后的封号即包括其生前所用的尊号，亦有其死后的谥号，兹整理考释如下：

大夏始文英武兴法建礼仁孝皇帝（夏景宗李元昊）"甲戌，赵元昊筑坛

---

① 《天盛改旧新定律令》卷八《烧伤杀门》。
② 《天盛改旧新定律令》卷四《边地巡检门》。
③ 宁夏大学西夏学研究院硕士研究生陈岑参与此节的撰写。

受册，僭号大夏始文英武兴法建礼仁孝皇帝，改大庆二年曰天授礼法延祚元年，遣潘也布易里马乞点兵集蓬子山，自诣西凉府祠神，仍遣使以僭号来告。"①

世祖始文本武兴法建礼仁孝皇帝（夏景宗李元昊）"遂以十月十一日郊坛备礼，为世祖始文本武兴法建礼仁孝皇帝，国称大夏，年号天授礼法延祚。"②

始文英武兴法建礼仁孝皇帝（夏景宗李元昊）"宝元元年，元昊反，以十月十一日筑坛受册，僭号'始文英武兴法建礼仁孝皇帝'，国称大夏。"③

武烈皇帝（夏景宗李元昊谥号）"元昊以庆历八年正月殂，年四十六。在位十七年，改元开运一年，广运二年，大庆二年，天授礼法延祚十一年。谥曰武烈皇帝，庙号景宗，墓号泰陵。"④

昭英皇帝（夏毅宗李谅祚谥号）"十二月，谅祚殂，年二十一。在位二十年，改元延嗣宁国一年，天祐乘圣三年，福圣承道四年，奲都六年，拱化五年。谥曰昭英皇帝，庙号毅宗，墓号安陵。子秉常立。"⑤

康靖皇帝（夏惠宗李秉常谥号）"秋七月乙丑，秉常殂，时年二十六。在位二十年，改元乾道二年，天赐礼盛国庆五年，大安十一年，天安礼定一年。谥曰康靖皇帝，庙号惠宗，墓号献陵。"⑥

珍陵城皇帝（惠宗李秉常）"识净皇太后，珍陵城皇帝等，供给种种，命遣监、匠等。"⑦

仁净皇帝（惠宗李秉常）"德盛皇太后，仁净皇帝等临御国土。"⑧

---

① 《续资治通鉴长编》卷一二二，仁宗宝元元年十月甲戌条。
② 《宋史》卷四八五《夏国传上》。
③ （宋）王称：《东都事略》卷一二七《附录五》，第 1101 页。
④ 《宋史》卷四八五《夏国传上》。
⑤ 《宋史》卷四八五《夏国传上》。
⑥ 《宋史》卷四八六《夏国传下》。
⑦ 《敕感通塔之碑铭》，录文见陈育宁、汤晓芳《西夏艺术史》，上海三联书店 2014 年版，第 24 页。
⑧ 陈炳应：《西夏文物研究》第三章《西夏的碑刻》，宁夏人民出版社 1985 年版，第 112 页。

圣文英武崇仁至孝皇帝（夏崇宗李乾顺）"我圣文英武崇仁至孝皇帝陛下，敏辩迈唐尧，英雄（缺）汉祖。"①

圣文皇帝（夏崇宗李乾顺谥号）"六月四日，乾顺殂，年五十七。在位五十四年，改元天仪治平四年，天祐民安八年，永安三年，贞观十三年，雍宁五年，元德八年，正德八年，大德五年。谥曰圣文皇帝，庙号崇宗，墓号显陵。子仁孝嗣。"②

圣德皇帝（夏仁宗李仁孝谥号）"绍熙四年九月二十日，仁孝殂，年七十。在位五十五年，改元大庆四年，人庆五年，天盛二十一年，乾祐二十四年。谥曰圣德皇帝，庙号仁宗，陵号寿陵。"③

奉天显道耀武宣文神谋睿智制义去邪惇睦懿恭皇帝　"奉天显道耀武宣文神谋睿智制义去邪惇睦懿恭皇帝，敬承祖功，续秉古德，欲全先圣灵略，用正大法文义。"④

昭简皇帝（夏桓宗李纯祐谥号）"开禧二年正月二十日废，遂殂，年三十。在位十四年，谥曰昭简皇帝，庙号桓宗，陵号庄陵。镇夷郡王安全立。"⑤

敬穆皇帝（夏襄宗李安全谥号）"嘉定四年八月五日安全殂，年四十二。在位六年，改元应天四年，皇建二年。谥曰敬穆皇帝，庙号襄宗，陵号康陵。"⑥

英文皇帝（夏神宗李遵顼谥号）"宝庆二年春，遵顼殂，年六十四。改元光定十三年。谥曰英文皇帝，庙号神宗。"⑦

惠慈敦爱皇后（夏景宗李元昊母卫慕氏）"曩霄本名元昊，小字嵬理，

---

① 《嘉靖宁夏新志》，卷二。
② 《宋史》卷四八六《夏国传下》。
③ 《宋史》卷四八六《夏国传下》。
④ 《天盛改旧新定律令·颁律表》。
⑤ 《宋史》卷四八六《夏国传下》。
⑥ 《宋史》卷四八六《夏国传下》。
⑦ 《宋史》卷四八六《夏国传下》。

国语谓惜为嵬，富贵为理。母曰慧慈敦爱皇后卫慕氏。性雄毅，多大略，善绘画，能创制物始。"①

宣穆惠文皇后（夏毅宗李谅祚母没藏式）"两岔，河名也，母曰宣穆惠文皇后没藏氏，从元昊出猎，至此而生谅祚，遂名焉。"②

宪成皇后（野利氏）"元昊五月五日生，国人以其日相庆贺，又以四孟朔为节。凡五娶，一曰大辽兴平公主，二曰宣穆慧文皇后没藏氏，生谅祚，三曰宪成皇后野力氏，四曰妃没（哆）氏，五曰索氏。"③

识净皇太后（毅宗李谅祚之妻／惠宗李秉常之母）"又大安二年中，塔基欹仄，识净皇太后，面壁城皇帝等，供给种种，命遣监匠等。"④

恭肃章宪皇后（夏惠宗李秉常母梁氏）"秉常，毅宗之长子，母曰恭肃章宪皇后梁氏。"⑤

德盛皇太后（惠宗李秉常之妻／崇宗李乾顺之母）"智胜禄广民治礼集德盛皇太后"⑥，"此后，德盛皇太后，仁净皇帝等临御国土。"⑦

昭简文穆皇后（夏崇宗李乾顺母梁氏）"乾顺，惠宗之长子也，母曰昭简文穆皇后梁氏，生三岁即位。"⑧

章献钦慈皇后（夏桓宗李纯祐母）"纯祐，仁宗长子也，母曰章献钦慈皇后罗氏。"⑨

---

① 《宋史》卷四八五《夏国传上》。
② 《宋史》卷四八五《夏国传上》。
③ 《宋史》卷四八五《夏国传上》。
④ 《敕感通塔之碑铭》，录文见陈育宁、汤晓芳《西夏艺术史》，上海三联书店 2014 年版，第 24 页。
⑤ 《宋史》卷四八六《夏国传下》。
⑥ 杨志高：《西夏文〈经律异相〉整理研究》，社会科学文献出版社 2014 年版，第 47 页。
⑦ 西夏《敕感通塔之碑铭》，杜建录：《党项西夏碑石整理研究》，上海古籍出版社 2015 年版，第 157 页。
⑧ 《宋史》卷四八六《夏国传下》。
⑨ 《宋史》卷四八六《夏国传下》。

2. 诸王

史籍中有，"天都王（天都大王）""野利王""梁大王"等，此类王号大体皆出现在西夏早期，具有鲜明的游牧民族色彩，在古代诸多游牧政权中可以找到类似的例子。如匈奴即有"左右贤王、左右谷蠡"[1]。南匈奴时期还出现"四角"与"六角"王。《后汉书·南匈奴列传》云南单于"其大臣贵者左贤王，次左谷蠡王，次右贤王，次右谷蠡王，谓之四角；次左右日逐王，次左右温禺鞮王，次左右渐将王，是为六角。皆单于子弟，次第当为单于者也"[2]。匈奴的"浑邪王"就是浑邪这一大部落的首领，如同西夏的"野利王"。不过，在西夏职官制度不断完善之后，这种称呼也就不再出现了。

诸王封号次于帝后，文献中所见的西夏"王"号较为繁杂，现整理如下。

分类	王号	人物	时期	封号事实	史料出处
院王	北王	嵬名地暴	不详	北王兼中书令嵬名地暴	《天盛改旧新定律令·颁律表》
	南王	不详	不详	诸寺所有常住地及南王奉旨所予田畴等	《亥年新法》卷一五《租地夫役》
	南院王	不详	不详	诸王位下南院王	《官阶封号表》
	北院王	不详	不详	诸王位下北院王	《官阶封号表》
	西院王	不详	不详	诸王位下西院王	《官阶封号表》
	东院王	不详	不详	诸王位下东院王	《官阶封号表》
国王	秦晋国王	任得敬	不详	太师上公总领军国重事秦晋国王。	《金刚般若波罗蜜经》

---

① 《汉书》卷九四上《匈奴传》。
② 《后汉书》卷八九《南匈奴列传》。

分类	王号	人物	时期	封号事实	史料出处
国王	梁王	宁令哥	不详	俞龙复纳女于李元昊子宁令，伪号梁王者。	《儒林公议》卷上
	晋国王	察哥	贞观三年（1103）	秋九月，封弟察哥为晋国王。	《西夏书事》卷三一
	濮王	仁忠	元德二年（1120）	冬十一月，封宗室子仁忠为濮王。	《西夏书事》卷三三
	舒王	仁礼	元德二年（1120）	冬十一月，封宗室子仁礼为舒王。	《西夏书事》卷三三
	吴王	仁忠	不详	太后惮仁忠严，数年不敢泄于外。至是卒，赠吴王，谥恭显。	《西夏书事》卷三六
	越王	仁友	不详	李安全，崇宗之孙，越王仁友之子。	《宋史》卷四八六
	楚王	任得敬	天盛十二年（1160）	三十年，夏封其相任得敬为楚王。	《宋史》卷四八六
	广惠王	野利仁荣	天盛十六年（1164）	三十二年，始封制番字师野利仁荣为广惠王。	《宋史》卷四八六
	齐王	李遵顼	天庆十年（1203）	秋七月，齐王遵顼立，改元光定。	《西夏书事》卷四〇
	梁国正献王	嵬名惠安	不详	尚父太师中书令知枢密院事梁国正献王。	李范文:《西夏陵墓出土残碑粹编》
	齐国忠武王	彦宗	不详	齐国忠武王彦宗之子大都督府主遵顼立。	《宋史》卷四八六

续表

分类	王号	人物	时期	封号事实	史料出处
郡王	镇夷郡王	李安全	天庆三年（1196）	镇夷郡王安全立。	《宋史》卷四八六
	清平郡王	李德旺之弟	不详	清平郡王之子南平王睍立。	《宋史》卷四八六
平王	南平王	睍	不详	清平郡王之子南平王睍立。	《宋史》卷四八六
	东平王	不详	不详	东平王衔下。	杭天:《西夏官府瓷与西夏"官窑"》

表中的第一类王，就是"院王"，据《官阶封号表》有东、南、西、北共四院王，而《天盛律令》与《亥年新法》中出现的"北王"与"南王"，应当也就是北院王、南院王。不过，前文已经交代，四院王并不是王号，而是"职位"，因而并不能够作为封号来讨论。

第二类也是西夏王号的主流，即受中原制度影响的王爵称谓。秦代以前，"王"是最尊贵的。然而，从秦始皇自称皇帝这一称号以来，便把原来视为最显贵的"王"号降到了第二等的地位，[①]且在历史演化过程当中成为了爵官之一。

综上表，此类王在文献中出现有 15 个，除了在死后封赠的广惠王野利仁荣外，其他要么是西夏的宗室，要么是皇亲（任得敬），其大致可以分为四类：一是郡王，如镇夷郡王、清平郡王等；二以古方国做地名加王号，如：越王、濮王、舒王等；三是国王，如晋国王、齐国王等；四是兼双国王号，如秦晋国王。

---

① 宁可、蒋福亚:《中国历史上的皇权和忠君观念》,《历史研究》1994 年第 2 期, 第 79—95 页。

　　这些王号大体上是中国古代常用的王号，并无特别之处，但其中有两个王号特别值得一提。

　　一是作为双国号王的"秦晋国王"，见俄藏TK124《金刚般若波罗蜜经》经末的发愿文记"太师上公总领军国重事秦晋国王"。发愿文的年款"天盛十九年"，且秦晋国王"总领军国重事"，依据西夏天盛十九年的政局，拥有这种地位的只可能是任得敬，且《金史》记载，任得敬在这一年身患疾病，① 而发愿文恰好就指出印施佛经的目的是由于发愿者身患疾病，治疗无效，只好求佛保佑，希望速愈。②

　　这种以古代两个诸侯国名并列作为本朝封王爵号的制度，不见于其他各朝代，仅于辽、金两朝代见之，如辽有"燕赵国王"③"秦越国王"④"燕晋国王"⑤"宋魏国王"⑥"秦晋国王"⑦"秦魏国王"⑧等，金有"梁宋国王"⑨"周宋国王"⑩"秦汉国王"⑪"辽越国王"⑫等。应该可以确定，西夏的双王封号应当也来源于此。

　　参辽制，双国号王是"王"号封授中最高的一等，通常会授予位高权重之人。如辽代末耶律淳，保护天祚帝抗击金兵，被封为秦晋国王、都元帅，掌握着摇摇欲坠的辽王朝的军事大权，也处于一人之下、万人之上的特殊地位。⑬ 再如辽道宗"六岁封梁王，重熙十一年进封燕国，总领中丞司事。明年，

---

① 《金史》卷一三四《外国上·西夏》。
② 参见史金波《西夏"秦晋国王"考论》，《宁夏社会科学》1987年第3期，第72页。
③ 《辽史》卷二〇《兴宗纪三》。
④ 《辽史》卷二五《道宗纪五》。
⑤ 《辽史》卷六九《部族表》。
⑥ 《辽史》卷九八《萧兀纳传》。
⑦ 《辽史》卷一一四《逆臣传下》。
⑧ 《辽史》卷六四《皇子表》。
⑨ 《金史》卷四《熙宗纪》。
⑩ 《金史》卷五《海陵纪》。
⑪ 《金史》卷六六《勗传》。
⑫ 《金史》卷七六《杲传》。
⑬ 《辽史》卷二八《天祚皇帝纪二》。

总北南院枢密使事，加尚书令，进封燕赵国王。二十一年为天下兵马大元帅，知惕隐事"[1]。而西夏能够确定为双国号的，仅任得敬一人，其虽然不是宗室，但能够享此殊荣，可以想见其地位之高，权势之重。

二是"梁王"也值得一提。《儒林公议》卷上记"摩毡角素依首领郢成俞龙为谋主，俞龙复纳女于李元昊子宁令，伪号梁王者"[2]。参辽制，被封为"梁王"的，除道宗嫡长孙耶律延禧之外皆是皇子，其中又以太子居多。辽代的"梁王"最早封于980年，且辽代先封"梁王"再封皇太子。耶律宗真"始封梁王，后为皇太子"[3]。清宁十一年（1065），"册梁王浚为皇太子"。[4]西夏所封宁令哥为"梁王"的具体时间尚不明，但可知其定在1038年李元昊称帝之后，又知夏天授礼法延祚六年（1043）立宁令哥为太子。"梁王"为"太子"这一现象除西夏外仅见于辽，这应当也是对辽代制度的因袭。

---

① 《辽史》卷二一《道宗纪一》。
② （北宋）田况：《儒林公议》，中华书局2016年版，第13页。
③ 《续资治通鉴长编》卷一一〇，仁宗天圣九年六月丁丑条。
④ 《辽史》卷二二《道宗纪二》。

五、中央官制

　　李元昊在西夏立国之初，设官署、创文字、定服饰、明礼仪、别贵贱，仿照中原王朝，建立起了一套专制主义中央集权式的君主专制制度。而史书中所描述的"其官分文武班，曰中书，曰枢密，曰三司，曰御史台，曰开封府，曰翊卫司，曰官计司，曰受纳司，曰农田司，曰群牧司，曰飞龙院，曰磨勘司，曰文思院，曰蕃学，曰汉学。自中书令、宰相、枢使、大夫、侍中、太尉已下，皆分命蕃汉人为之"①这是西夏前期中央官制的形态，随着社会的发展，中后期职官制度走向成熟，其时西夏有五等司以及与五等司对应的五等外诸司，亦有不因司所设的诸多官职。这两个部分都是西夏中央官制体系的重要组成，缺一不可。只有对两个部分都加以探究，才能搞清楚西夏中央官制的权力结构。

（一）机构

　　《宋史·夏国传》称西夏"设官之制、多与宋同"②。中央机构的设置与职掌层面大多从宋代找到渊源。当然，西夏的中央诸司在继承宋制的时候，针对自身的特点，在职能、地位、运作方式等做了一定程度的调整。

---

　　① 《宋史》卷四八五《夏国传上》。
　　② 《宋史》卷四八六《夏国传下》。

1. 中书、枢密

西夏法典《天盛律令》卷一〇《司序行文门》列举了西夏中央到地方的各个机构，并将它们分为上、次、中、下、末五等，其中处于第一等级"上等司"中的，仅有两个机构，即"中书"与"枢密"，是西夏的两大中枢机构。

（1）中书

"中书"，在西夏文文献中作"𗦲𗧓"。[①] 宋明道二年（1033），李元昊"官分文武班"，初立官制之时，"中书"即已设置。[②] 夏仁宗天盛十三年，即宋绍兴三十一年（1161），更是"移置中书、枢密于内门外"[③]，成为显赫的部门。中书配有印信，"长宽各二寸半"，"银重五十两"，大小规格为百司之最，仅次于皇太子的"金重一百两"。

西夏的"中书"，显然来源于中原王朝的"中书省"的设置。中书省始见于魏黄初三年（222），由秘书令所置，掌机密，权柄日重。后其为北魏、北周等继承。隋时为避祖讳，改内史省，又改内书省。唐改回为中书省，为三省之一，专为拟定政令的机构。宋代则置中书门下，设有同中书门下平章事、参知政事、中书舍人等职，为最高行政机构。

西夏的"中书"当承自宋代。宋代的中书门下常称作政事堂，亦常简称为"中书"，而无"省"字，这与西夏相同。另外，宋代的中书门下为国家最高行政机构，而并不仅仅限于前代"掌机要"及拟政令，而这一点也与西夏相同。

从文献中看，西夏的中书掌握着在传统政治观念中所有与"文"有关的事务。如据西夏法典《天盛律令》中的记载，西夏京师各司中，凡官吏获死罪及无期徒刑时，在辨明曲直后，"当奏报于中书、枢密所管事处，赐予

---

① 翟丽萍：《西夏职官制度研究——以〈天盛革故鼎新律令〉卷十为中心》，陕西师范大学 2013 年博士学位论文，第 84 页。

② 《宋史》卷四八五《夏国传上》。

③ 《宋史》卷四八六《夏国传下》。

谕文"①，而在境内的地方诸司中，"有无获死及劳役、革职、军、黜官、罚马等"，在查检无误后，亦当"依文武次第分别当报中书、枢密"；②再如"边中正副统、刺史、监军、习判及任其余大小职位"需宽限任期，③"内侍、阁门等有袭抄者时"④，"诸人袭官、求官、由官家赐官等"⑤，有"依法求官者"⑥时，皆"依文武分别报告中书、枢密"。

西夏的中书还规范着国家各职能部门的运作，所谓"诸司判断公事时，未合于所定律令，有缺失语，当举语情，当引送中书内定之，别情依法兴板簿注册"⑦。其还最终把持着国家的财政与赋税，每年正月一日，各地的转运司向中央缴纳财赋，"其中有遗尾数者，二月一日当告中书，遣中书内能胜任之人，视地程远近，所催促多少，以为期限。"⑧国家摊派夫役、缴纳税粮，其工期与数额亦最终由中书来定夺。⑨此外，其对宗教事务亦有所涉入，不仅"僧人、道士、居士、行童"等皆登籍造册并"纳于中书"，⑩而且寺僧监、寺检校等机构中僧人、道士在人事调动时，"当告功德司，依次当告中书"。

综上来看，西夏"中书"的职能并不仅仅限于狭义的"行政"范围，几乎是集行政、司法、监察于一体，可以涵盖古代政治理念中"文治"的所有内容。

西夏中书这一机构的建制，按《天盛律令·司序行文门》的记载，其设有智足、业全、义观、习能、副、同等六大人，六承旨、七都案、四十二案

---

① 《天盛改旧新定律令》卷九《事过问典迟门》。
② 《天盛改旧新定律令》卷九《诸司判罪门》。
③ 《天盛改旧新定律令》卷一〇《失职宽限变告门》。
④ 《天盛改旧新定律令》卷一〇《官军敕门》。
⑤ 《天盛改旧新定律令》卷一〇《官军敕门》。
⑥ 《天盛改旧新定律令》卷一〇《官军敕门》。
⑦ 《天盛改旧新定律令》卷二〇《罪则不同门》。
⑧ 《天盛改旧新定律令》卷一五《催缴租门》。
⑨ 《天盛改旧新定律令》卷一五《催缴租门》；《纳领谷派遣计量小监门》。
⑩ 《天盛改旧新定律令》卷一一《为僧道修寺庙门》。

头以及诸多司吏，[1] 首席长官是"智足"。而西夏《官阶封号表》有"中书位（紧
臑腔）"，下有六位大人，即"𦤞𥮊、𨿚𪕏、𢄒𥮊、𦧺𥉦、𦖞、𪘏"，与《天盛
律令》中记载相同。[2]

在《天盛律令·颁律表》中所署名的一系列官员中，中书任职的官员有
四人，分别为一名"中书智足"、一名"中书习能"、两名"中书副"，而他们
署名的先后顺序，即与《天盛律令·司序行文门》所列完全一样。[3]

一般认为中书的长官"智足"也就是文献中的"中书令"[4]，如李元昊在"官
分文武班"[5] 时，中书令一职就已经赫然在列。而在诸多的西夏文献中，"中书
令"出现得也非常多，如《天盛律令》"纂定者"之首即为"北王兼中书令嵬
名地暴"，其次是"中书令……嵬名忠□"[6]。而西夏陵出土的一片残碑中亦上
书"中书令兼中书……"[7] 等字。

唐末以来，中书令也常称作"令公"[8]，如唐代郭子仪、朱全忠，宋代李
筠等为中书令，即常称令公。而西夏亦有不少"令公"，如李元昊"遣其令公
苏奴儿将兵二万五千攻唃厮啰，败死略尽，苏奴儿被执"[9]。而西夏末期在蒙
夏战争亦涌现出不少抗击蒙古的"令公"，如在克夷门（兴庆府北黄河口，具
体地点未详）战败被俘的"嵬名令公"[10]、在兀剌海城（今内蒙古自治区乌拉
特中旗西南狼山隘口某古城）战败被俘的"高令公"[11] 等。

---

① 《天盛改旧新定律令》卷一〇《司序行文门》。
② 《俄藏黑水城文献》第 9 册《官阶封号表》。
③ 《天盛改旧新定律令·颁律表》。
④ 另一种观点认为，"中书令"为五等以上的职官，因为文献中其地位高于"中书"中的任何
一种官职，并且其西夏文写法与"中书"也不一样，详参高仁《西夏"职"体系再探析》，《西夏学》
第二十一辑，甘肃文化出版社，2020 年第 2 期。
⑤ 《宋史》卷四八五《夏国传》。
⑥ 《天盛改旧新定律令·颁律表》。
⑦ 史金波：《西夏陵园出土残碑译释补拾》，《西北民族研究》1986 年，第 161 页。
⑧ "于是拜允为中书令……高宗重允，常不名之，恒呼为'令公'。'令公'之号，播于四远矣。"
《魏书》卷四八《高允传》。
⑨ 《宋史》卷四八五《夏国传上》。
⑩ 《元史》卷一《太祖纪》。
⑪ 《元史》卷一《太祖纪》。

在对宋、金外交中，西夏自毅宗李谅祚开始"称汉官"，则以汉制比附西夏制度中的职官，中书内的职官也是如此，如西夏天盛二年，即金海陵天德二年（1150）"七月戊戌，夏御史中丞杂辣公济、中书舍人李崇德贺登宝位"①。西夏乾定三年，即金哀宗正大二年（1225）九月，"夏国和议定，夏称弟，各用本国年号，"西夏遣中书省左司郎李绍膺等来聘。② 只不过，目前还无法确定金史中的"中书舍人""中书省左司郎"究竟与西夏中书的何职所对应。

（2）枢密

枢密，西夏文做"𘝵𗼖"。其亦为李元昊初创官制时所置，与"中书"一同位于上等司之列，其所配印信与中书相当，亦为西夏最为显赫的部门。

"枢密院"最早见于唐代，代宗永泰年间置，用宦官为枢密使，由宦官担任，执掌机要事务。后唐置枢密院，与宰相分掌军政。宋代沿袭了枢密院的设置，成为国家最高军事机构，所谓："枢密院掌军国机务、兵防、边备、戎马之政令，出纳密命，以佐邦治。凡侍卫诸班直、内外禁兵招募、阅试、迁补、屯戍、赏罚之事，皆掌之。"③

西夏的"枢密"继承了宋代的"枢密院"，为全国最高军事机构。如前述提及枢密掌握武职官员的升迁、任免、赏罚等。同时，其还掌管着全国各地的军务，如"自京师畿北至富清县等十五行宫"，"派检溜者、下臣、臣僚、外内侍、神策、阁门等于正军、辅主"，"当告枢密而遣之。"④ 其对地方经略司、监军司在军务方面加以掌控，"正月五日始东南经略使人二十日以内，西北经略使一个月以内，当向枢密送状"⑤，"边中监军司五州地诸府、军、郡、

---

① 《金史》卷六〇《交聘表上》。
② 《金史》卷六二《交聘表下》。
③ 《宋史》卷一六二《职官志二》。
④ 《天盛改旧新定律令》卷二〇《罪则不同门》。
⑤ 《天盛改旧新定律令》卷四《修城应用门》。

县等地方中所派捕盗巡检者，阁门、神策当检时"，"应告枢密遣之。"①

枢密的设置据《天盛律令·司序行文门》的记载，西夏枢密院设有六大人，即南柱、北座、西摄、东拒、副、名入；六承旨；十四谍案，二都案计入其中；案头四十八。② 西夏《官阶封号表》中枢密院下六个大人，为"𗗜𗼆、𗵐𗵆、𗗙𗭼、𗲼𗹭、𗼁𗵆、𗼆"，与《天盛律令》相一致。③

《司序行文门》中的"南柱、北座、西摄、东拒、副、名入"等，虽然由于史料的缺乏，无法考证其各自的具体职能，但他们在历史上活动的痕迹还是常常被记录在了史书中。在《天盛律令·颁律表》中就出现了"东拒""名入""权"等职，分别为枢密东拒嵬名仁谋、枢密入名嵬名忠信、枢密权乃令口文等，他们都是《天盛律令》的纂定者之一，④ 并且署名顺序与《司序行文门》中所列一致；"西摄"一职在西夏文刻本《妙法莲华经》的序言中出现，译为"枢密西摄典礼司正赐艺广武孝恭敬东南姓上国柱旺冈长信"。

"枢密使"一如中书令，也是一个在西夏历史上极为活跃的职位。在宋宣和十一年六月，"夏枢密使慕洧弟慕浚谋反，伏诛。"又宋嘉定七年"金人南迁，议徙都长安……夏主畏其侵迫，乃遣枢密使都招讨甯子宁、忠翼赴蜀间议夹攻秦、鞏"⑤。又宋开禧七年"夏人以枢密使甯子宁众二十余万，约以夏兵野战，宋师攻城"⑥。又金泰和八年"三月甲申，夏枢密使李元吉、观文殿大学士罗世昌等奏告"⑦。此外，西夏陵残碑之上亦有"枢密""枢密使"等官名。⑧

---

① 《天盛改旧新定律令》卷一三《派大小巡检门》。
② 《天盛改旧新定律令》卷一〇《司序行文门》。
③ 《俄藏黑水城文献》第 9 册《官阶封号表》。
④ 《天盛改旧新定律令·颁律表》。
⑤ 《宋史》卷四六八《夏国传下》。
⑥ 《宋史》卷四〇二《安丙传》。
⑦ 《金史》卷六二《交聘表下》。
⑧ 《中国藏西夏文献》第 19 册，甘肃人民出版社、敦煌文艺出版社 2005 年版，第 220、327、349 页。

　　宋代枢密院设有承旨司掌理枢密院诸房公事，承旨为其属官之首，掌承接、传宣机要密命，通领枢密院事务。西夏枢密都承旨大致也有此类职责，他们有时作为使臣出使邻国，如金世宗大定二年"四月，夏……押进枢密副都承旨任纯忠贺登宝位"①。四年十二月，"夏奏告使殿前太尉梁惟忠、翰林学士枢密都承旨焦景颜上章奏告"。②七年十二月壬戌，"夏遣……枢密都承旨赵衍奏告"。③金泰和八年"五月辛亥，夏……枢密都承旨苏寅孙谢赐生日"④。

　　枢密直学士在文献中出现11次，俱载《金史·交聘表》中，作为使臣的官衔出使金朝。这一官职在宋代亦有设置，宋初签署枢密院事，于宣徽院置厅事，并备顾问、应对，崇政殿朝会侍立。后多为侍从官外任守臣带职。正三品，班位在翰林学士之下，诸阁直学士之冠。大中祥符五年定员六人。但西夏这一官职没有在《司序行文门》中出现，有可能已转为"南柱、北座、西摄、东拒、副、名人"等西夏语称谓，但具体是哪个，已难以断定。

　　枢密院在西夏前期具有很重要的地位，与中书对掌文武大政。设于李元昊初建官制时期，与中书并列为上等司。宋枢密院掌兵符、武官选拔除授，兵防边备及京师屯戍之政令。西夏初设官制时，除了枢密院，就只有翊卫司具有军事色彩。翊卫司是西夏宫城护卫军，中央、地方军政均由枢密院统辖。《涑水记闻》卷九记载了宋将种世衡设计利用番将深入西夏腹地，盗取军事机密的史实："其人被杖已，奔赵元昊，甚亲信之，得出入枢密院。岁余，尽诇得其机事以归。"⑤可见，枢密院当时尽掌军机。后来，西夏官制屡有变增，翊卫司罢设，又有殿前司、皇城司、正统司、统军司等军事机构设立。

　　根据《天盛律令》相关记载，枢密院的职权涉及地方武职官员的选拔与派遣，决定袭抄事宜等方面。设有六名大人，六承旨，十四谋案，包括二都

①　《金史》卷六一《交聘表中》。
②　《金史》卷六一《交聘表中》。
③　《金史》卷六一《交聘表中》。
④　《金史》卷六二《交聘表下》。
⑤　（宋）司马光著，邓广铭、张希清点校：《涑水记闻》卷九，中华书局1989年版，第174页。

案，案头 48 名。

2. 殿前司、正统司、统军司

西夏的统兵机构，在各类文献中，先后出现的有殿前司、正统司、统军司。

（1）殿前司

殿前司，西夏文作"𗥃𗋽𗊪"①，位于西夏五等司的第二等，即"次等司"，汉文本《杂字》司分部有"殿前"一词。这说明，最迟在公元 1164 年以前，殿前司就已经设立。

殿前司五代时后周始置，与侍卫司共同分领禁军，侍卫司所领为马步军，殿前司所领为殿前诸班直，是皇帝的近卫。《五代会要·京城诸军》记周世宗"召募天下豪杰，不以草泽为阻……躬亲试阅，选武艺超绝及有身首者，分署为殿前诸班"②。其主官称殿前都点检，其下有殿前副都点检、殿前都指挥使等职。宋沿置，主要掌殿前诸班直及步骑诸指挥的名籍，凡统制、训练、番卫、戍守、迁补、赏罚之政令皆总之。西夏仿宋制设殿前司，但其与宋代的殿前司有一些不同。

《金史·交聘表》中记载的和殿前司相关的官名有殿前太尉和殿前马步军太尉。"殿前太尉"这种称呼在《宋史》中只出现一例，即卷一二一："内侍传旨与殿前太尉某，诸军谢恩承旨讫。"③宋殿前司最高长官是殿前司都点检，其次是殿前司副都点检，再次是殿前司都指挥使。因宋太祖曾任过殿前都点检一职，建隆二年（961）罢慕容延钊为山南西道节度使，"自是，殿前都点检遂不复除授"。④同年七月，殿前都副点检也罢置，因此，殿前司都指挥使

---

① （西夏）骨勒茂才著，黄振华等整理：《番汉合时掌中珠》，宁夏人民出版社 1989 年版，第 28 页。

② 《五代会要》卷一二《京城诸君》。

③ 《宋史》卷一二一《礼二十四》。

④ 《续资治通鉴长编》卷二，太祖建隆二年闰三月甲子条。

成为殿前司最高长官。而太尉在宋前期为亲王、宰相、使相的加官，政和二年（1112），改太尉为武阶官之首。因而，《宋史》中的"殿前太尉某"指的是"太尉、殿前都指挥使某"。如《宋会要》：政和"七年七月二十三日，太尉、殿前都指挥使"①。指的是殿前司最高长官，武阶官为太尉的官员高俅。

宋代没有"殿前马步军太尉"这个官名，殿前司与侍卫司合称两司，而侍卫司分置马军都指挥使和步军都指挥使，与殿前都指挥使合称三衙。三衙互不统属，直隶皇帝，"国朝旧制，殿前、侍卫马、步三衙禁旅合十余万人"②。在宋代，殿前司与侍卫司没有统属关系。"殿前马步军太尉"从字面上理解，应该是殿前司马、步军的最高官员，兼任太尉。这样，显现出与宋很不相同的一面，西夏并没有仿宋制设立侍卫司，而只设了殿前司，很有可能将侍卫司的两个部分，即马军和步军纳入殿前司系统。而且"殿前马步军太尉"这个官名出现在公元1172年，这说明至少在1172年以前这个官名就已存在，再往前则不可考。

根据《天盛律令》各卷有关殿前司的规定，可以归纳出西夏的殿前司大致有以下职责：

一是掌全国官马、坚甲、杂物、武器季校，军人、官马等的注册、注销事宜。《天盛律令》卷五"全国中诸父子官马、坚甲、杂物、武器季校之法：应于每年十月一日临近时，应不应季校，应由殿前司大人表示同意、报奏"。属于经略司者，由经略司季校后报殿前司；不属于经略司者，由殿前司派人季校。③人、马、坚甲、正军、辅主等新生有注册注销时，经由殿前司入簿册登记。④卷六规定"群牧司、农田司、功德司等三司所有属下人、马所有当注销者，当经由所属司，每隔三月报送殿前司一次"⑤。

---

① 《宋会要辑稿》职官三二。
② （宋）李心传著，徐规点校：《建炎以来朝野杂记》卷一八，中华书局2000年版，第401页。
③ 《天盛改旧新定律令》卷五《季校门》。
④ 《天盛改旧新定律令》卷六《抄分合除籍门》。
⑤ 《天盛改旧新定律令》卷六《抄分合除籍门》。

二是掌管皇宫禁卫及其分抄、续转等事务。"帐门末宿、内宿外护、神策、外内侍等所有分抄续转，悉数当过殿前司。"①

三是掌禁宫仪仗、礼仪。《天盛律令》卷一〇规定"殿前司六十中司礼四十二军案十八"②，其中"𘜶𗥤"，汉译本《天盛律令》译为司礼。这表明西夏的殿前司与宋一样，"入则侍卫殿阶，出则扈从乘舆，大礼则提点编排、整肃禁卫，卤簿仪仗，掌宿卫之事。"③

另外，关于"𘕿𗵽𗱕𘜶𗥤𗤀𗧓𗣼𗵆"这一官职，直译作"磨堪军案殿前司及管"，汉译本《天盛律令》译作"磨堪军案殿前司上管"，可能与宋殿前司差使磨堪案相似，是宋殿前司下设事务机构之一，"掌过茶殿侍年满出职；使人到阙，差入驿殿侍；诸宫院下差抱笏殿侍；并磨勘、奏补逐班祗应参班。"④

综上来看，殿前司并没有对全国兵马的统领之权，仅掌管着他们的后勤补给。其真正统领的，仅是皇宫内的宿卫。事实上，西夏在京畿地区有为数不少的"中央军"，史载"别有擒生十万。兴、灵之兵，精练者又二万五千。别副以兵七万为资赡，号御围内六班，分三番以宿卫"⑤。"贺兰驻兵五万、灵州五万人、兴州兴庆府七万人为镇守。"⑥ 显然这些军队中，殿前司最多有权统领三番六班值的宿卫而已。可以想象，其他京畿部队，皆系由皇帝通过枢密院而统领。

（2）正统司与统军司

正统司，西夏文作"𗣼𘝞𘜶"，《番汉合时掌中珠》《天盛律令》中有载，但不在五等司之列。正统司设置时间不确定，在文献中作为机构名称出现的

---

① 《天盛改旧新定律令》卷一二《内宫待命等头项门》。
② 《俄藏黑水城文献》第 8 册，上海古籍出版社 1998 年版，第 225 页。
③ 《宋会要辑稿》职官三二。
④ 《宋会要辑稿》职官三二。
⑤ 《宋史》卷四八六《夏国传下》。
⑥ 《宋史》卷四八五《夏国传上》。

时间最早在天盛初年。

统军司，西夏文作"𗥃𗥰𘟛"①，不见于《天盛律令》，在《番汉合时掌中珠》《金史》《凉州重修感通塔碑铭》中有载。只不过《凉州重修感通塔碑铭》中所记为统军司（𗥃𗥰𘟛）的音译"外母啰正"这个名称而已。②

统军司的长官为"正"，在西夏文文献中写作"𗥰"。《金史》卷一五记载，夏光定九年，即金兴定三年（1219）二月庚戌，"元帅左都监承立，以绥德、保安之境，各获夏人统军司文移来上，其辞虽涉不逊，而皆有保境息民之言"。③"外母啰正"出现的时间在西夏天祐民安五年（1094）正月，《金史》所载统军司的时间在西夏光定九年（1219），所以统军司设置的年代早于1094年，至少在西夏灭亡前还存在。由于《天盛律令》对其没有记载，因此统军司的设置及其职能也成为一个难题。

正统司由于在《天盛律令》中有载，且政府颁有司印。通过对现有文献的考察，正统司的地位次于经略司，在次等司之上。经略司作为最大的地方机构，与京师诸司掌管全国政务。因而，在中央正统司的地位次于中书、枢密。统军在枢密之下，与谏师平级。

正统司是中央的军事机构是西夏专门的统兵机构。枢密设置于李元昊初建官制时期，长期以来作为西夏最高的军事指挥机构而存在。到了天盛年间，枢密的地位仍然与中书平级，位于上等司，凌驾于诸司之上。枢密的职权范围有所缩减，枢密掌有全国武职官员的选拔、派遣，并袭抄等事宜。在《天盛律令》《亥年新法》等西夏文文献中，并没有枢密指挥作战的记载。因此，军队的指挥权力旁落，转移到了正统司的手上。陈炳应在《贞观玉镜将研究》中认为，西夏经过权臣任得敬的分国之后，中央统军体制发生了重大变化。

---

① （西夏）骨勒茂才著，黄振华等整理：《番汉合时掌中珠》，宁夏人民出版社1989年版，第28页。

② 宁夏大学西夏学研究中心、国家图书馆、甘肃五凉古籍整理研究中心编：《中国藏西夏文献》第18卷，甘肃人民出版社、敦煌文艺出版社2005年版，第93页。

③ 《金史》卷一五《宣宗纪中》。

枢密院通过经略司、正统司、统军司等机构指挥军队。① 其实，这种变化应该早就开始了，至少我们知道统军司的设置年代在 1094 年之前，早于任得敬分国。而正统司的设置年代应该也早于天盛初年。

西夏深受同时代宋朝的影响。宋将军权一分为三，"枢密掌兵籍、虎符，三衙管诸军，帅臣主兵柄，各有分守"。② 西夏建立初期，中书与枢密分掌文武大政，而军队掌握在各族大首领手中，平时作战时从中选拔一名统军，指挥作战。如西夏六路统军嵬名阿埋，③ 嵬名阿埋为西夏军事首领。谋攻永乐城的"统军叶悖麻、咩吡埋二人"④。到了西夏仁宗时期，平定了权臣任得敬的分国阴谋后，西夏政治稳定，而文治有了很大进步。为了杜绝再次出现权臣，西夏对军权做了调整，枢密掌军籍、武将的选拔；殿前司掌禁卫、校阅军马；战时，由中央从"𗴞𗩾（节亲）""𗴺𗗚（宰相）"及其他京师"𗷖𗷖（臣僚）"中选派将领兼任"𗋽𗟲𗰗（正副统）"指挥作战，战后，将领返回京师。

监军司是西夏军政合一的地方机构，详见后文。监军司与正副统的关系，前者属于常设机构，负责平时的军政；后者属于中央派出机构，负责职掌战时统兵。《天盛律令》卷四提及防守边境，我方过防线迁徙、狩猎时，"正、副统等在边境任职，则副行统降一官，罚马二；正统曾说地界勿通防线，管事人已行指挥，则勿治罪，未行指挥则当降一官，罚马一。若正、副统归京师，边事、军马头项交付监军司，则监军、习判承罪顺序：习判按副行统、监军按正统法判断。"⑤

① 　陈炳应：《贞观玉镜将研究》，宁夏人民出版社 1995 年版，第 13 页。
② 　《宋史》卷一六二《职官志二》。
③ 　《续资治通鉴长编》卷五〇五，元符二年正月壬戌条。
④ 　《宋史》卷三四九《刘昌祚传》。
⑤ 　《天盛改旧新定律令》卷四《边地巡检门》。

3. 三司、都转运司、群牧司、农田司、通济监

（1）三司

三司，西夏文作"𗴂𗨁"[1]。黑水城出土西夏时期文书中亦有"三司"一机构出现。[2] 其为次等司，下属药钱库、纳上杂、衣服库、赃物库、皮毛库、铁柄库、绫罗库、杂史库、柴薪库、帐库等十库。[3]

三司一职，最早见于唐代，唐天祐三年（906）三月，始有盐铁、度支、户部之名。宋初沿五代、后唐之制。太平兴国八年三月七日，"始分三司为三部，各置使"，即置盐铁使、度支使、户部使三使，并各置副使。[4] 后三司虽有分合，但大体职事不变，总管全国财政收支之大计，兼掌城池土木工程，领库藏、贸易、四方贡赋、百官添给，权位很重。

西夏的三司从宋三司因袭而来，根据有关规定，可知三司的职责：掌制造刑狱所需铁索、铁锁；提供修葺诸司司院的费用和所需之物；租户家主的租、庸、草交纳三司库，中兴府租院及买曲税钱等按日告于三司，五州地租院按月告于三司；牲畜死后，皮归三司；检校牲畜时，大小局分的禄食除一种由群牧司供给，其他都由三司供给。[5] 主要涉及制造、租税、官畜等事务的管理，即农业、畜牧业与手工业的管理，是西夏的最高财政部门，这与宋代相同。不过，西夏三司虽然总管全国财务，但最终仍须上报中书，因而其仍无法独立行使财政大权。

西夏有南院行宫三司，属官有四正四承旨。[6] 宋设行在三司与留守司三

---

[1] （西夏）骨勒茂才著，黄振华等整理：《番汉合时掌中珠》，宁夏人民出版社1989年版，第28页。

[2] 《俄藏黑水城文献》第6册，上海古籍出版社2000年版，第299页。

[3] 《天盛改旧新定律令》卷一七《库局分转派门》。

[4] 《续资治通鉴长编》卷二四，太宗太平兴国八年三月癸亥条。

[5] 《天盛改旧新定律令》卷九《行狱杖门》；卷一七《库局分转派门》；卷一九《供给驮门》；卷一九《畜利限门》；卷一九《畜患病门》；卷一九《校畜磨勘门》；卷二〇《罪则不同门》。

[6] 《天盛改旧新定律令》卷一〇《司序行文门》。

司。前者为临时机构名，皇帝出巡，为保障供给，随车驾置；后者为皇帝出巡后领正常的财计事务。真宗朝还设有临时性的随驾三司，跟随皇帝行动，以保障军事、生活所需要的物资供给。

西夏的三司设有四正、八承旨、八都案、二十案头。史料中出现的三司属官有：

三司正为三司的长官。而西夏据《天盛律令·颁律表》中有三司正赵□。① 《重修护国寺感通塔碑》记载有"三司正埋笃皆"，"行宫三司正药乜永铨"，"行宫三司正刘屈栗崖"等。②

三司郎君，在传世文献中有所出现，西夏大庆二年（绍兴十年，公元1140）三月"是月，川陕宣抚副使胡世将奉诏，委知保安军杨顺与夏人议入贡事。初，夏国招抚使王枢自行在归，送伴官王晞韩护之至境上。夏国三司郎君者；为晞韩言，本国荷朝廷宋还枢等，乞叙旧日恩信"③。

（2）都转运司

位列于中等司的"都转运司"，西夏文作"𘇗𗼋𘝼𗇐𗤁"，并不同于诸多地方所设的转运司。《天盛律令》中的条文明确说明其为"京师都转运司"，可见其为一个中央机构。其在诸多的中央机构中，具有较大的规模，"六正、八承旨"，要比同为中等司的群牧司等司人员要多，反映了其职事更为复杂。

条文中看，都转运司似掌管各地地租征收，如："都转运司大人、承旨勿入催促地租中，当紧紧指挥、催促所属郡县内人。"④ 不过，事实上，西夏在地方设有诸多的转运司，掌管一地的农业财政（详见后论），而从条文中看，都转运司则总掌着这诸多地方转运司。如规定："大都督府转运司当管催促地水

---

① 《天盛改旧新定律令·颁律表》。

② 《中国藏西夏文献》第 18 册，甘肃人民出版社、敦煌文艺出版社 2005 年版，第 93 页。

③ （宋）李心传著，胡坤点校：《建炎以来系年要录》卷一三四，中华书局 2013 年版，第 2159 页。

④ 《天盛改旧新定律令》卷一五《催租罪功门》。

渠干之租，司职事勿管之，一律当依京师都转运司受理事务次第管事。"① 因此，可以理解为，都转运司其实是西夏地方农业财政设在中央的总部。

（3）群牧司

群牧司，西夏文作"𘜁𘕚"直译为"牧司"。它是一个统一经营管理全国官牧体系的机构。该机构为宋代首创，宋真宗咸平三年九月，始置群牧司，自骐骥院及诸州马监厩牧之事，"悉听命于群牧司"②，为全国最高"马政"的机构。西夏在立国的前夕，大约是宋明道二年，李元昊"官分文武班"③ 时也同样设立了群牧司。④ 不过，宋代的群牧司在王安石变法之际被废，其前后仅存在了 80 余年。⑤ 而西夏中后期的各种出土文献中却皆可以看到"群牧司"这一机构的西夏文译写，应当是一直沿用到了西夏的灭亡。⑥

与"掌内外厩牧之事，周知国马之政"⑦ 的宋朝群牧司不同，西夏群牧司经营着驼、马、牛、羊四大官畜⑧，并且地位更高，权力更广。其不像宋群牧司那样对枢密院强烈的附庸关系，相反其作为一个独立的机构位列"中等司"（在西夏的"五等司"中位于第三等），与"大恒历司""都转运司""都磨勘司""审刑司"等重要的中央职能部门平级。设有"大人、承旨、都案、案头、司吏"⑨ 等职位，是西夏中央机构的标准设置，与宋代"群牧使、副、都监"⑩ 等毫不相同。其设置官员的数量为"六正、六承旨"⑪，在中等司中仅

---

① 《天盛改旧新定律令》卷一五《渠水门》。

② 《续资治通鉴长编》卷四七，真宗咸平三年九月庚寅条。

③ 《宋史》卷四八五《夏国传上》。

④ 同时设置的还有"飞龙院"，参宋制当亦为国营性质的畜牧体系，但此后各类文献皆再无记载此机构，有理由相信，其创制后不久即当被裁撤了。

⑤ 参见张显运《宋代畜牧业研究》，中国文史出版社 2009 年版，第 38—40 页。

⑥ （西夏）骨勒茂才：《番汉合时掌中珠》（乙种本），宁夏人民出版社 1989 年版；《俄藏黑水城文献》第 10 册，上海古籍出版社 1999 年版，第 33 页。

⑦ 《宋史》卷一六四《职官四》。

⑧ 《天盛改旧新定律令》卷一九《畜利限门》。

⑨ 《天盛改旧新定律令》卷一九《畜利限门》。

⑩ 《文献通考》卷一六〇《兵考一二》。

⑪ 《天盛改旧新定律令》卷一〇《司序行文门》。

次于都转运司；吏员数量为"都案六、案头十四"，在中等司中，都案数仍仅次于都转运司，案头数仅次于都磨勘司、陈告司，足见其人员之众多，事务之庞杂。

从文献中看，群牧司基本上供应着政府官方所使用的所有牲畜及畜产。

其首要的职能就是供应公用与军用的大型役畜，这一过程被称为"遣分"①。西夏的公用役畜主要是骆驼，群牧司所持"旧训之公骆驼年年当分离，当托付行宫司。……临时须骑乘时，一律由行宫司供给"。而等到"行宫司之公骆驼中之老弱不堪骑用者"时，又交还给了群牧司。②

官用的骆驼是系如此"遣分"，军用的马亦当系如此，西夏的幼畜"所超数年年当予牧人"，但却惟有马"勿予公，当予母"③。《天盛律令》中，内容已佚失的《分畜》门中有"牧场公马遣分"④一条，想必就是群牧司所管牧场中的公马须向其他机构"遣分"的规定。

群牧司还供给执行公务的人员"禄食"中的肉食。如《天盛律令》规定磨勘人员的禄食中除了粮食、草料的具体数额外，还有"大人十日一屠""□监司写者等一律各自十五日一屠""案头、司吏二人共二十日一屠"等。⑤而其中所谓的若干日一"屠"，指的就是肉食补贴，所屠应该是羊，所谓"大人七日一屠"，即指每七日杀一只羊，给大人补贴肉食。而这些补贴"三司、群牧司所属之官畜、谷、钱、物中如数出予"，"其中所增一种，由群牧司出，其余禄食当由三司出"⑥。显然，米、面、草料即由三司提供，所屠的羊，就是由群牧司提供。

此外，群牧司还为皇室提供乳食，先是"计议能定之用度"，然后从牧人

---

① 《天盛改旧新定律令》卷一九《分畜门》。
② 《天盛改旧新定律令》卷一九《供给驮门》。
③ 《天盛改旧新定律令》卷一九《畜利限门》。
④ 该门正文内容虽佚失，但《天盛律令·名略》中保存了其条目的名称，译文见《天盛改旧新定律令》卷一九《分畜门》。
⑤ 《天盛改旧新定律令》卷二〇《罪则不同门》。
⑥ 《天盛改旧新定律令》卷二〇《罪则不同门》。

和劳工中派遣人员专门牧养"母牛、母羖羘、母羊"等乳畜，由这些牧人供应酪脂、乳酥等，并给予他们部分免除"杂事"的特权。① 甚至这些牧人在"官家（皇帝）出时"，亦须"派遣若干，随导官家"，以随时供给。②

群牧司能够源源不断地提供官用的牲畜、畜产，是因为其本身就是西夏官牧生产的最高管理机构。

从文献中看，西夏几乎全部官方所有的牲畜都会最终归于群牧司收养。有各个部门中已使用至老弱的牲畜，如前述"行宫司之公骆驼中之老弱不堪骑用者，当交群牧司"；③ 有充公、罚赃、赔偿的牲畜，如"诸人自"④ 得畜，"律令限期已过，应充公，及有诸人罚赃畜，又无力偿官钱物而换算纳畜等，由所辖司引送，当接与头字而送群牧司。"⑤ 不过，群牧司最主要的牲畜来源，则是其所管领着全国各地的"官牧场"。

事实上，西夏设"群牧司"，并不仅仅是模仿宋朝设置了一个机构这么简单，而是对自唐代所始监牧之制的继承。史载，唐初"得突厥马二千匹，又得隋马三千于赤岸泽，徙之陇右，监牧之制始于此"⑥。其后先是在陇西、金城、平凉、天水四郡之地设监牧马，后扩展至岐、邠、宁、泾，再扩展至盐、夏、银、岚等地。这些牧监皆隶属于太仆寺，在诸牧监与太仆寺之间，有"群牧使"管理一地之牧群，如"陇右群牧使"⑦ "夏州群牧使"⑧，他们"每岁孟秋，群牧使以诸监之籍合为一，以仲秋上于（太仆）寺"⑨。简而言之，监牧之制其实质就是政府在适宜的区域设置牧场，并设置专门的机构（通常就是牧监）和人员，制定相应的规章制度，专门负责牧养政府所使用的牲畜（以

---

① 《天盛改旧新定律令》卷一九《畜利限门》。
② 《天盛改旧新定律令》卷一九《畜利限门》。
③ 《天盛改旧新定律令》卷一九《供给驮门》。
④ 汉译本原译为"捡"，现据原始图版改，见《俄藏黑水城文献》第 8 册，第 357 页。
⑤ 《天盛改旧新定律令》卷一九《畜利限门》。
⑥ 《文献通考》卷一五九《兵考十一》。
⑦ 《新唐书》卷一一一《王晙传》。
⑧ 《册府元龟》卷六二一《卿监部》。
⑨ 《新唐书》卷四八《百官志四》。

马为主）。只不过，宋代置群牧司，虽然仍然对枢密院有着强烈的附属关系，但其独立成司并专管马政还是说明监牧之职从太仆寺中分化了出来，直到其被废才又重新回归了太仆寺。①

而一如唐宋的监牧制度，西夏的群牧司同样也管领着诸多位于各个水草丰美之地，星罗棋布于全国境内的牧场。有一些牧场被记载了下来，如大量牧养"犛牛"的贺兰山、燕支山，②还有因"地程"甚远的，不得不由当地的黑水监军司代为验视病畜并派监军、习判等校畜的"黑水"地方，③等。不过，律令条文中经常会提到"诸牧场"，其数量应当不会限于上述几处，只是限于材料的稀少，西夏官牧场具体设置了多少，具体都在哪里，已经无从可考了。

这些分散于各地的牧场系在群牧司的统一管理下运行的。如，牧场的注册与注销都须经过群牧司来办理相关的手续，这在残存的"牧场注销过群牧司"④条目名称中可以看到；"诸牧场四种官畜中患病时"，"当速告群牧司"，⑤由群牧司采取相应的措施；据俄藏 Инв. No 2585 号未刊布的残页："群牧司所属诸为大验者到来时，群牧司当过磨勘司派遣"⑥，可见诸牧场一年一度的"大验"，也是由群牧司派遣大人来检验；另外，就连牧场中"制畜册所用小纸应几何"，都是由"群牧司库中当买，使分领之"⑦。

（4）农田司

农田司，也是在西夏立国前就设立的一个机构，西夏文作"𗣼𗊏"，直译为"农司"为中等司。⑧据卷一五《租地门》所知，农田司掌握着为数不少的耕地，皆属于国有土地。僧人、道士、诸大小臣僚因公可以向农田司买卖土

---

①　乜小红：《唐五代畜牧经济研究》，中华书局 2006 年版，第 40—50 页。
②　《天盛改旧新定律令》卷一九《畜利限门》。
③　《天盛改旧新定律令》卷一九《校畜磨勘门》。
④　《天盛改旧新定律令·名略》。
⑤　《天盛改旧新定律令》卷一九《畜患病门》。
⑥　该残页可与《校畜磨勘门》拼合。
⑦　《天盛改旧新定律令》卷一九《校畜磨勘门》。
⑧　（西夏）骨勒茂才著，黄振华等整理：《番汉合时掌中珠》，宁夏人民出版社 1989 年版，第 28 页下。

地，买地后一年当告转运司，在地册上注册，依法缴纳租役草。[1]农田司所属下人、马等当注销时，经由所属司每隔 3 个月报送殿前司一次。[2]农田司应当有记载包括边中、京畿租户家主的耕地面积、耕牛数量、应纳租、庸、草等内容的簿册。西夏的农田司管理农牧业生产、水利工程、征收租税等。

农田司设有四正、四承旨、四都案、十二案头等官职。[3]

（5）通济监

西夏的铸钱机构。西夏天盛十年（宋绍兴二十八年，公元 1158），西夏"始立通济监铸钱"[4]。《天盛律令·敕禁门》："诸人不允将南院黑铁钱运来京师，及京师铜钱运往南院等。"[5]这表明西夏有可能同时使用铁钱和铜钱，但铁钱限制在南院监军司使用。

4. 御史、谏臣[6]

西夏的"御史"，设于西夏显道二年（宋明道二年，公元 1033），是西夏最高的监察机构。西夏文作"𗾈𗡊"[7]，为次等司。西夏御史台设有六正、六承旨、六都案、二十二案头。史书中还记载更为明确的官职。如：《天盛律令·颁律表》中即出现"御史正杨"。[8]

在中国古代历史上，御史台是皇帝耳目之官，按宋代制度，其"掌纠绳内外百官奸匿，肃清朝廷纪纲，大事则廷辩，小事则奏弹"[9]，"掌以仪法，

---

① 《天盛改旧新定律令》卷一五《租地门》。

② 《天盛改旧新定律令》卷六《抄分合除籍门》。

③ 《天盛改旧新定律令》卷一〇《司序行文门》。

④ 《宋史》卷四八六《夏国传下》。

⑤ 《天盛改旧新定律令》卷七《敕禁门》。

⑥ 此节内容主要参考梁松涛《西夏御史台制度》，见梁松涛《亥年新法 1—4 卷》，宁夏大学博士后 2015 年出站报告，第 30—37 页。

⑦ （西夏）骨勒茂才著，黄振华等整理：《番汉合时掌中珠》，宁夏人民出版社 1989 年版，第 28 页。

⑧ 《天盛改旧新定律令·颁律表》。

⑨ 《宋会要辑稿》职官一七之一。

纠百官之失"① "掌分察六曹及百司之事，纠其谬误，大事则奏劾，小事则举正"②，可以"纠臣邻之邪佞"③；且许以风闻言事，以"不问其言所从来"，"不责言之必实"。④

那么，西夏"御史"职责如何？西夏末期法典《法则》中就详细规定了"御史台官"职责。⑤从这些详细规定来看，西夏御史台官的职掌有 24 条之多，第一条即规定了御史台可以过问"诸司断决诸事"，且"中书、枢密、丞相、辅役等中有停留怠慢也有呼告诉讼时，台官不用奏至其首，应驱案头、司吏，怠慢罪应降三等，不遣时，使召唤至近处"。可见，纠察官邪，肃正纲纪也是西夏御史台最主要的职责，并且还兼审刑治狱。

监察弹劾应当是西夏御史台的主要职责，上至中枢"中书、枢密诸司等执法不公，不公正严明时，台官监察做到闻见过问，依次弹劾"。下至地方"边中刺史所居各自所属地院执法官吏多次公事不力，因人情暗中松绑，于关押处探视，给予善食，为庶民之苦。有疑公事枉法住滞者，当仔细检查，有所听闻当告至。"中央到地方整个行政机关系统的运行纳入自己的监察视野，弹劾范围广泛。

各类诏令、文书传送，若发现懈怠或乖违者，文书有遗失或假托不传均得纠弹。"边中、京师人处诸类文书所经半途欺骗假托不传，司属承旨、谏议、习判、都案、案头、司吏等应做好登记。"对职事不治位无所事事、为政无方、断狱不公等可以纠弹。"中书、枢密、丞相、辅役等中有停留怠慢也，有呼告诉讼时，台官不用奏至其首，应驱案头、司吏，怠慢罪应降三等，不遣时，使召唤至近处。""诸司大小执法臣僚谦卑行事，行遣检察不有

---

① 《宋史》卷一六四《职官志四》。
② 《宋史》卷一六四《职官志四》。
③ 《群书考索续集》卷三六《台谏》，文渊阁四库丛书影印本 938—445。
④ 《续资治通鉴长编》卷二一〇，神宗熙宁三年四月壬午条。
⑤ 译文参见梁松涛《西夏御史台制度》，见梁松涛《亥年新法 1—4 卷》，宁夏大学博士后 2015 年出站报告，第 33—35 页。

异议。

御史台台官不论职官大小、地位高低，可以上至中书、枢密诸司官员及其家族。只要贪污渎职、残暴害民者，御史台官要做到闻见过问，依次弹劾。"中书、枢密诸司等执法不公，不公正严明时，依次弹劾。""诸类执职索贿贪污奸害庶民，有监察闻见呼告者时，当提交所属司提举，应判为怠慢停滞罪。"

在监察官员的同时，西夏时期御史台也对职官家属进行有制度的监察，"经略、刺史所任诸类职守不应恃权索贿贪贿，然有为者，经略地院内刺史本人及其后州、军、府、郡、县、监军司等不同，估算地方大小，官吏空闲中父母、儿子愿承，各遣一二次监察，依前后法典分别监察。"

西夏御史台在监察权之外，还有一定的司法权——司法纠察，这是西夏御史台官仅次于监察弹劾权的重要职掌，依据上述材料主要体现在四个方面：

一是推治诏狱。诏狱推治多为西夏高官及军职人员，这些人员的定罪审问，此非一般司法机关所能胜任，只有御史台才能审决。这一点与宋代御史台执掌非常相似，均为"皆有司所不能决者"①，以防出入之弊，各类案件均受御史台纠察。在处理军人事务时"所治大小事务，中实物交换、持械斗殴、不因共财而争夺畜物等，三类要事也，不用依治，应依律法推问"。在处理高职人员事务时"丞相以上人等，国政上近居大人、依居要臣职位，偏问及其职大人等除外，其后，不用遣分别问者。""经略、刺史被检察闻见，头项有辩解者时，应于第三人处推问，不允许推问第四人。台官监察闻见辩解当与刺史同。""虽御前遣相邻人虽与其他辅役不同，有呼告者在诉讼监察闻视时，台官认定中书、枢密、诸司等枉法住滞，应依法行遣。"

二是受理上诉。西夏设有陈告司，主要受理诉状，百姓刑讼冤枉可申诉，若上诉亦然处理不当，便可上诉至御史台，由御史台受其讼，但是对于这些

---

① 《续资治通鉴长编》卷二九〇，神宗元丰元年七月癸酉条。

案件，御史台一般不直接审理，而是依各自所属，将案件转送京师或地方上的有关部门。《法则》中规定："地边诸种任职贪赃索贿，检察闻视有呼告投状者，经略刺史当拘所任经略正统、安排官、谏议等，依文武告中书、枢密及所属监军、刺史所任司政、大人、承旨、习判等当告于经略处。其后，经略司及所属司等分别投告引送提举。"

三是纠察刑狱。为谨重刑狱，以防出入之弊，各类案件均受御史台纠察，无论中枢机构还是地方州县，若裁决不当，判决不公均可依法弹劾。"京师诸司判决无期徒刑、长期徒刑之一种当告中书、枢密，应行判决谕文。死刑及革官、职、军等，大小局分引导按司法所言应去除，原罪谕文明确，复本一份应另存"。西夏御史台作为监察机关对中枢机构及地方行政机关均有一定的监察权，中枢及地方官违失御史台官有责任直接纠弹，可以说西夏御史台"内司朝廷宪度，外察郡县吏治"，从宰执到百司，从普通百姓到王公大臣无所不纠，无所不言，"上以补救朝政，下以警伤四方之吏"。

由上述分析可以看出，西夏御史台有独立的监察权，这是西夏御史台在制度上成熟的一个重要标志。

5. 匦匣司、审刑司、陈告司

（1）匦匣司

西夏设有匦匣司，属于次等司，西夏文作"𗴲𗦰𗦻"[①]。该机构的设置有一定的历史渊源，唐垂拱二年（686）六月置匦，后设匦院。宋雍熙元年（984），改匦为检，改匦院为登闻院，景德四年（1007）五月改为登闻检院。凡议论国家大事、朝政阙失，或申诉冤案，均许士民于匦投书。《天盛律令》卷九《越司曲断有罪担保门》："若所属司问者于大人、承旨有争论时，当入状于匦匣中，匦匣司人当问告者，如何枉误，有何争讼言语，当仔

---

① 《天盛改旧新定律令·颁律表》。

细明之。"① 可见，西夏的瓯匣司与宋登闻检院职能相同，都设有瓯匣，供投状所用。瓯匣司设有四正、四承旨、四都案、十案头。史料中所见瓯匣司属官有：

瓯匣司正，《天盛律令·颁律表》载有瓯匣司正白坚、杨正黄□、浪讹心□□等。②

瓯匣使，或与瓯匣司正同，均为瓯匣司最高长官。金大定二年（1162）八月，瓯柙（匣）使王琪等贺尊号；三年（1163）十一己巳，瓯匣使李子美等谢横赐；十二年三月己巳，押进瓯匣使芭里直信等贺加尊号；二十五年十一月丙申，押进瓯匣使李嗣卿等朝见；正大三年（1226）丁巳，精鼎瓯匣使武绍德等贺正旦；四年（1227），精方瓯匣使王立之使金，未复命，国亡。③

（2）审刑司

审刑司，西夏文作"𗧸𗤁𗉔"④，为西夏五等司中的第三等，即"中等司"。宋有审刑院，凡上奏案件，先由审刑院逐一盖印收理，然后交付大理寺判决、刑部覆审，刑部又将业经覆审的刑案交审刑院评议当否，然后进奏皇帝裁定，降付中书下有司论决。如有未妥，宰相有权提出异议。西夏审刑司亦有类似的职能，《天盛律令》有明确规定，犯人被杀后一年内不许收葬，一年后，经过都审刑司派巫小监处理。⑤ 另外，审刑司还相当于宋代的大理寺，是审理刑案的单位。

（3）陈告司

西夏的司法机构还有陈告司，属于中等司，西夏文作"𗒻𗤑𗉔"⑥。设有六正、六承旨、六都案、十七案头。有可能是接受告状的单位。

---

① 《天盛改旧新定律令》卷九《越司曲断有罪担保门》。
② 《天盛改旧新定律令·颁律表》。
③ 《金史》卷六一《交聘表中》；卷六二《交聘表下》。
④ （西夏）骨勒茂才，黄振华等整理：《番汉合时掌中珠》，宁夏人民出版社1989年版，第28页。
⑤ 《天盛改旧新定律令》卷七《杀葬赌门》。
⑥ （西夏）骨勒茂才，黄振华等整理：《番汉合时掌中珠》，宁夏人民出版社1989年版，第28页。

6. 都磨勘司、磨勘军案、养贤务、择人司

（1）都磨勘司

都磨勘司，西夏文作"𗾋𗱊𘅾𗰩𘟣"，有时亦简称为"磨勘司"，为中等司。西夏磨勘司仿宋制而置，宋代"都磨勘司，端拱九年（996）置。判司官一人，以朝官充。掌覆勾三部帐籍，以验出入之数"[1]。而西夏都磨勘司"选叙、磨勘、资任、考课"[2]。西夏磨勘司自腊月一日至月末一个月期间，磨勘缴租情况。磨勘应纳毛绒、酥等。诸库所属账册、注销等各自当行文书、升册，依法报送磨勘司。新旧库局分交接时，磨勘司应核校典、升册、考察缴租、磨勘诸库所属账册、注销事宜。考核账册就是考核官员。[3]

磨勘司设四正、四承旨、四都案、二十案头等官职。《天盛律令·颁律表》载有"磨勘司承旨学士苏悟力"[4]。

（2）磨勘军案

磨勘军案，西夏文为"𘅾𗰩𗾔𘟣"，属于中等司。《天盛律令》卷六《纳军籍磨勘门》有国内纳军籍磨勘法，每年畿内三月一日，中地四月一日，边境六月一日等三种交纳簿籍。自纳籍日起，畿内四十日，地中五十日，边地两个月以内皆当磨勘完毕。军案内置官簿等不许随意进入司内及拿到外面翻阅。[5]

磨勘军案设有四正、四案头。

（3）养贤务

养贤务，西夏文作"𗥤𘟣𗥤"，属中等司。"建中靖国元年，乾顺始建国

---

① 《宋史》卷一六二《职官志二》。
② 《西夏书事》卷一一。
③ 《天盛改旧新定律令》卷一五《催缴租门》；卷一七《库局分转派门》。
④ 《天盛改旧新定律令·颁律表》。
⑤ 《天盛改旧新定律令》卷六《纳军籍磨勘门》。

学，设弟子员三百，立养贤务以禀食之。"① 设有二正、二承旨、二都案、七案头。

（4）择人司

《天盛律令》中记载属于下等司。设有四承旨、二都案。根据名称判断，可以涉及西夏下级官吏的人事选拔。

7. 功德司，翰林学士院，蕃、汉二学院大恒历院，卜算院，回夷务，番汉乐人院

（1）在家功德司与出家功德司

在家功德司（𘀗𘊰𘃨𗣼𘔼）、出家功德司（𘀗𗹙𘃨𗣼𘔼）是西夏专设管理佛教事务、僧人、寺庙的机构。《天盛律令》中属于次等司。宋代设有左、右街僧录司，隶鸿胪寺，通管勾释教教门公事，即掌寺院僧、尼名册及僧官补授之事。各设僧官，有正僧录、副僧录、首座、鉴义等。据《天盛律令》的记载，西夏在家功德司设六国师、二合管、四副、六判、六承、二都案、七案头，出家功德司设六国师、二合管、六偏袒②提点、六承旨、二都案、二案头等。下属寺庙设有寺检校、僧监、众主等人。

不过，无论是在《天盛律令》③中，还是前文提及俄藏《位阶表》（即《官阶封号表》乙表）④中皆表明，"国师"属于上等位，而两功德司为次等司，为何上等位在次等司中任长官，在西夏这似乎找不到第二个例证。

事实上，在夏译佛经《圣胜慧到彼案功德宝集偈》发愿文中出现的译经者，就有"功德司正"。按照西夏设职的一般原则，"功德司正"是功德司的

---

① 《宋史》卷四八六《夏国传下》。
② 《天盛律令》中译为"变道提点"，但俄藏 ИHB.NO 598 号文书《圣胜慧到彼案功德宝集偈》的题记中出现过此职，全称为"𗼃𘈩𘊛𗷉𗿷𗿟𗤻"，而北京房山云居寺藏汉藏合璧版的《圣胜慧到彼案功德宝集偈》中，该职被译为"偏袒都大提点"，可知此当亦为"偏袒提点"为妥。
③ 《天盛改旧新定律令》卷一〇《司序行文门》。
④ 《俄藏黑水城文献》第9册《官阶封号表〈乙种本〉》，第368—370页。

长官是没有问题的。但是，佛经中功德司正的头衔全称为"天竺大钵弥怛、五明显密国师、讲经律论、功德司正、嚷乃将沙门"[①]，"功德司"只是其兼职，其第一职位为"国师"，甚至其后一人"贤觉帝师、讲经律论、功德司正、偏袒都大提点、嚷卧勒沙门波罗显胜"，身为"帝师"亦兼有"功德司正"。

从《天盛律令》所记载"国师"为功德司长官的情况来看。很可能国师虽非"功德司"的长官，但时常兼任着功德司的长官"功德司正"，所以《天盛律令》才会将国师误为"功德司正"。

（2）道士功德司

道士功德司（𕘣𗙏𗥔𘄄𘆄）是西夏管理道人、庙观的机构。《天盛律令》中属于次等司。宋设有道录院，掌管在京及诸路宫观道士。设提举官，其下设左、右街正道录，副道录，首座，都监，鉴义。西夏道士功德司设有一正、一副、一判、二承旨、二都案、二案头等官吏。

（3）翰林学士院

翰林字面意思为文翰之林，唐玄宗时，于翰林院外建学士院。翰林院初为各种艺能职士的机构，后逐渐演变为草拟诏旨的重要机构。学士院为皇帝秘书处，掌国书、敕书、德音、大号令等撰述之事。宋时沿置，学士院在宋代亦称翰林院，不过宋代另有专掌艺学供奉之事的翰林院，这与学士院的翰林院无关。学士院内有翰林学士承旨、待诏等官。金天德三年（1151），置翰林学士院。西夏的翰林学士院一职应是承袭宋、金而来。

西夏自宋绍兴三十一年（1161），"立翰林学士院，以焦景颜、王金等为学士，俾修实录。"[②]汉文本《杂字·司分部》有"翰林"一词。

机构内设有翰林学士，金世宗大定五年（1165）十二月，焦景颜为翰林学士上奏章给金朝；大定十年（1170），任得敬擅权欲分其国，为押进翰林学

---

① 罗炤：《藏汉合璧〈圣胜慧到彼案功德宝集偈〉考略》，《世界宗教研究》1983年第4期，第6页。

② 《宋史》卷四八六《夏国传下》。

士为其求封。自宋绍兴三十一年到金大定十年，焦景颜都任翰林学士。^①翰林学士院设于公元 1162 年，那么焦景颜任翰林学士有十年的时间。在《金史·交聘表》中出现任翰林学士一职的还有李国安、余良、王师信、刘昭、张公甫、杨彦敬等六人。^②同一时期任翰林学士的有焦景颜和杨彦敬二人。宋代翰林学士院掌大官任命书的起草，以及国书、敕书、德音、大号令等撰述之事。翰林学士定员六人。西夏焦景颜曾给金朝写过国书，翰林学士院的职责或与宋同。

翰林学士通常选用饱学之士充任，这一职司的设置反映西夏中期儒学的兴盛。

（4）蕃、汉二学院

李元昊初建官时设有"蕃学、汉学"。在《天盛律令》中为五等司外，又规定"京师工院为管冶者、蕃汉大学院、秘书监等，当与次等司平级传导"^③。蕃学院掌管与吐蕃、回鹘一带的往来文书，用西夏文书写，附以相应的民族文字。汉学院掌管与宋朝的往来表奏，中间写汉字，旁边写西夏文。^④聂鸿音认为吴广成"蕃、汉二字院"为"蕃、汉二学院"之误。^⑤史料所见蕃、汉二学院的属官有：

汉学士，《天盛律令·颁律表》有汉学士赵□、讹名□□、芭里居地、酒京州。^⑥

汉大学院博士，《天盛律令·颁律表》有汉大学院博士白坚、杨时中。^⑦

番大学院博士，《天盛律令·颁律表》有番大学院博士苏悟力。^⑧

---

① 《金史》卷六一《交聘表中》。
② 《金史》卷六一《交聘表中》；卷六二《交聘表下》。
③ 《天盛改旧新定律令》卷一〇《司序行文门》。
④ 史金波：《西夏佛教史略》，宁夏人民出版社 1988 年版，第 11 页。
⑤ 聂鸿音：《"蕃汉二字院"辩证》，《宁夏社会科学》1998 年第 6 期，第 69 页。
⑥ 《天盛改旧新定律令·颁律表》。
⑦ 《天盛改旧新定律令·颁律表》。
⑧ 《天盛改旧新定律令·颁律表》。

（5）大恒历院

大恒历院，西夏文做"𗱴𗋽𗏡"[1]，为中等司，掌理国之大典及一切礼仪。《番汉合时掌中珠》中为"大恒历院"，而《天盛律令》或译为"大恒历司"，或为"大恒历院"。大恒历院设有四正、四承旨、二都案、四案头等官职。

大恒历院是西夏主管天文及历法的官署。夏立国后，有太史、司天、占者分析解释天象。李元昊曾自为历日行于境内。不久，又同时使用宋历。天授礼法延祚八年（1045），施行宋崇天历年历。大安十一年（1085），施行宋奉天历。南宋绍兴元年（1131），因宋夏失和，八月宋高宗"诏以夏本敌国，毋复班（颁）历日"。（《宋史》卷四八六《夏国传下》）宋不再向西夏颁历。夏历法与中原地区一样使用干支，朔日推算也较准确。此外，又有佛历。这些都主要由大恒历院司其事。

顶直啰正，即典礼司正，《番汉合时掌中珠》有"顶赤啰"，为西夏语大恒历院的汉语注音，与"顶直啰"音近。故大恒历院也译为典礼司。《凉州重修护国寺感通塔碑》汉文："庆寺都大勾当卧则啰正兼顶直啰……卧屈皆。"[2]

（6）卜算院

卜算院，又作"𗋽𗊱𗏡"，为中等司，依事设职，大人数不定。西夏立国后，在中央政府设置"卜算院"，专门派遣一两名官吏管理佛道教以外的民间宗教信仰，仪式事务，各地方也设置有卜算。西夏政府任命的巫师称之为"官巫"。

《官阶封号表》乙种本有"卜算位"[3]，与巫位相对，下设有六个官名，应当就是卜算院所设官职。即"天观""能算""春显""夏查""秋量""冬观"[4]。

---

① （西夏）骨勒茂才，黄振华等整理：《番汉合时掌中珠》，宁夏人民出版社1989年版，第28页下。

② 《中国藏西夏文献》第18册，甘肃人民出版社、敦煌文艺出版社2005年版，第93页。

③ 李范文在《西夏官阶封号表考释》中译为"卜算位"，史金波译为"史位"。

④ 史金波：《西夏文〈官阶封号表〉考释》，《中国民族古文字研究》第三辑，天津古籍出版社1991年版，第253、266页。

从官名上看，应当是按照不同的占卜法来分职的。

（7）回夷务

回夷务，西夏文作"𗴛𗟻𗂈"，属于中等司。其应当系管理河西走廊回鹘地区某些民族或宗教事务的机构。《天盛律令》还出现有"回鹘通译"，应为通晓番语和回鹘语、专门负责转译的人员。① 设有二正、二承旨、二都案、三案头等官职。

（8）番汉乐人院

番汉乐人院，西夏文作"𗷕𗏆𘃡𗂈𘉞"，为末等司。乃西夏职司音乐的官署。所演奏有党项族音乐及汉乐。据《番汉合时掌中珠》所记，乐器有三弦、六弦、琵琶、琴、筝、管、笛、箫、筚篥、七星、大鼓、拍板等。乐人院的番汉乐器当已比较齐全。

乐人院依事设职，大人数不定，另设有二头监。卷一〇规定乐人院"依事设职，勿续转"②。机构中有大量的"番汉乐人"③。元世祖至元三十年（1293）以后，每年在大明殿前建白伞盖兴佛事时，就用河西乐。1280 年专设昭和署管理河西乐人。④ 可见西夏乐在当时很流行。

8.宫城禁卫及皇帝侍奉机构

（1）皇城司

五代时始设此官署，其长官称皇城使，以君主的亲信担任。宋代沿置。《宋史》中载："皇城司，干当官七人，以武功大夫以上及内侍都知、押班充。掌宫城出入之禁令。凡周庐宿卫之事、宫门启闭之节皆隶焉。"⑤皇城司的主要职责是宫禁宿卫、刺探监察。

---

① 《天盛改旧新定律令》卷五《军持兵器供给门》。
② 《天盛改旧新定律令》卷一〇《司序行文门》。
③ 《天盛改旧新定律令》卷二〇《罪则不同门》。
④ 史金波:《西夏文化》，吉林教育出版社 1986 年版，第 143 页。
⑤ 《宋史》卷一六六《职官六》。

皇城司，西夏文作"𗧸𗣐𗣼"①，为次等司。从《天盛律令》的条文来看，皇城司的职责较为复杂，包括：去汉地、契丹境内进行买卖；供应皇帝出行所需的骑乘骆驼。宋代皇城司掌宫城管钥、木契，以时启闭宫门；每岁给换禁卫、殿门、宫门、皇城门四色敕号及审验；亲从官、亲事官诸指挥名籍，命妇伏天朝参显承殿时颁冰块，及宫中取索、国忌修斋醮设之事等。

皇城司的西夏语音译为"卧则啰"，其长官"皇城司正"也称为"卧则啰正"，如《凉州重修护国寺感通塔碑》汉文："庆寺都大勾当卧则啰正……卧屈皆。"②

（2）内宿司

内宿司，西夏文作"𗩾𗺊𗣼"，为次等司。③从《天盛律令》中的条文来看，内宿外护等所有分抄续转时，当经过殿前司，可见其受殿前司的管制。④另外，帐门后宿分抄和革职时皆当入内宿中。

内宿司的职责主要是护卫皇帝的安全，巡查和守卫宫城、宫门、殿门；管理内宫御前殿使、管侍帐者、仆役房、厨庖、秘书监、楼上为法职者及局分人等人员的工作交接；作为皇帝与外面联系的纽带；内宿司的属官不当值时可在司内办公；管理诸帐下所属人员的名籍典册；派遣和检验皇帝住所的头项巡检等。⑤

内宿司设有六承旨、六都案、十四案头。《天盛律令·颁律表》中就出现内宿承旨讹劳甘领势、杨正黄□、嵬名盛山、浪讹心□□等人。⑥

---

① （西夏）骨勒茂才，黄振华等整理：《番汉合时掌中珠》，宁夏人民出版社1989年版，第28页。
② 《中国藏西夏文献》第18册，甘肃人民出版社、敦煌文艺出版社2005年版，第93页。
③ （西夏）骨勒茂才著，黄振华等整理：《番汉合时掌中珠》，宁夏人民出版社1989年版，第28页下。
④ 《天盛改旧新定律令》卷一二《内宫待命等头项门》。
⑤ 《天盛改旧新定律令》卷一二《内宫待命等头项门》。
⑥ 《天盛改旧新定律令·颁律表》。

（3）閤门司

閤门司，西夏文作"𗋼𗩾𘓐"，为次等司。《天盛律令》规定閤门分抄时转入御使内外侍等中，革职者转下官。閤门等有袭抄时，应依文武报中书、枢密，由宰相依据所定条件判断是否应袭抄。

閤门司的职责掌殿前传宣事宜。据《天盛律令》载：皇帝坐奏殿上，閤门奏知、奏副等除行礼可入内。皇帝坐司院内，"案头、司吏、閤门巡检等允许入内，此外则当在三门楼以外。其中有应依时节入内者，亦由閤门奏知人计议之，当使具名方可入。"[1] 其次，閤门司有作为使臣出使他国的职责。出使他国时，不许多带人、物，如违律，徒一年，引导、正副使、内侍、閤门等知之，则有官罚马一，庶人十三杖。再次，閤门司应检查中书、枢密大人、承旨是否到值。最后，閤门司掌各地库局分的新旧交接。[2]

宋代有东、西上閤门司。东上閤门司掌赴前、后殿朝会、宴集、常朝起居臣僚番客朝见、辞谢范仪与分班次、引班；例赐礼物，承受点检，承旨宣答；纠弹失仪；行幸前导；外国信使到阙授书、庆贺拜表；宣麻引案等有关吉礼事。西上閤门司掌忌辰慰礼进名、行香、临奠、问疾等有关凶礼之事。

西夏閤门司设有四奏知（告知）、四都案、四案头，还有閤门奏副、閤门巡检等。閤门告知、奏副在《天盛律令·颁律表》中出现，分别为"閤门告知白坚""合汉文者奏副中兴府正汉大学院博士杨时中"。[3]

此外《凉州重修护国寺感通塔碑》中还出现"书番碑旌记典集令批浑嵬名遇"，其中"典集"即为閤门的汉语注音，《番汉合时掌中珠》为"顶集"。[4]

（4）前宫侍司

前宫侍司，西夏文作"𘓐𗩾𗸕𘓐"，属于中等司。据《天盛律令》的条文记载，前宫侍革职入转内宫侍中。当值人员父母、子、兄弟、妻眷等死，嫁

---

[1] 《天盛改旧新定律令》卷一二《内宫待命等头项门》。
[2] 《天盛改旧新定律令》卷一七《库局分转派门》。
[3] 《天盛改旧新定律令·颁律表》。
[4] 《中国藏西夏文献》第 18 册，甘肃人民出版社、敦煌文艺出版社 2005 年版，第 93 页。

女娶妇，所有丧葬，应告于前宫侍和内宿司。边中、京师库局分三年期满临近迁转，新局分已派遣时，前宫侍、阁门臣僚等中当派能胜任之人，往实地检视新旧库局分交接，簿册当送往磨勘司核校。国内有僧人愿还俗者，"于前宫侍、阁门、帐门末宿本处纳册"①。

（5）御厨庖司

"御厨"这一宫廷饮食机构的名称出现很早，至少在唐朝时期就已经出现。②职能为掌皇帝膳食之事，由御厨使主管。宋代御厨属礼部，设勾当御厨官数人，北宋前期由膳部以外官员充任，元丰改制后由膳部官员充任。哲宗时改隶光禄寺。崇宁二年（1103）并入太官局。

御厨庖司，西夏文作"𘉅𘟙𘃝𘗙"，为次等司，负责皇帝膳食的机构，设有三大人、七案头。大约是这一机构处于内宫，西夏对该机构的人员管理也较为严格，如规定"内宫中庖人不许失刀。若违律粗心失刀时，徒三个月"③。

9. 医人院、制药司、文思院、刻字司、织绢院、京师工院、纸工院、木工院、砖瓦院、铁工院、做首饰院、造房司

（1）医人院

医人院，西夏文作"𘓄𘟙𘃝"，属于中等司。因其有较高的等级，推测当为官医管理机构。其内部"依事设职，勿续转"④。《天盛律令》规定医人应该配备战具。⑤

---

① 《天盛改旧新定律令》，卷六《抄分合除籍门》、卷一一《为僧道修寺庙门》、卷一二《内宫侍命等头项门》、卷一七《库局分转派门》。
② 张显运：《宋代御厨：以食品安全管理为中心的考察》，《中华文化论坛》2013 年第 1 期，第 65 页。
③ 《天盛改旧新定律令》卷一二《内宫待命等头项门》。
④ 《天盛改旧新定律令》卷一○《司序行文门》。
⑤ 《天盛改旧新定律令》卷五《军持兵器供给门》。

（2）制药司

制药司，西夏文作"𗰛𘔿𘟣𘟣"，位列末等司，医药生产及管理机构。规定"有匠人大人者勿续转。非匠人，其余官吏中所遣则当续转"①。

（3）文思院

唐宋直属中央官府的手工业作坊，唐文思院为内诸司之一，专为宫廷制作奢侈品。宋文思院始置于太宗太平兴国三年（978），属少府监，南宋时，并少府监入文思院，设提辖官总领之。掌以金银、犀玉等物制造天子器玩、后妃服饰、雕文错彩等工巧之物，以供皇帝、宫廷之用，规模巨大。

史料中关于西夏文思院的记载只有一条，即文思院与中书、枢密院同时设于西夏显道二年（宋明道二年，公元1033），乃西夏立国初赵元昊仿宋制所设。《天盛律令》中不载。文思院或为西夏皇室的工艺制造局，主管宫廷日常生活和礼仪制度上需用的各种工艺制品。

（4）刻字司

刻字司，西夏文作"𘓺𗁬𘟣"，为末等司。西夏文《音同》跋："今番文字者，乃为祖帝朝搜寻。为欲使繁盛，遂设刻字司，以番学士等为首，雕版流传于世。"②根据史料，刻字司应为西夏管理印版镌刻的机构，负责刻字、印刷等事务。

（5）织绢院

织绢院，西夏文作"𘟣𗼃𘔿"，为末等司，当为西夏官用丝织生产的机构。设有二头监。所辖库设有一案头、四司吏。③

（6）京师工院

京师工院，西夏文作"𘔿𘔿𘟣𘔿"，为中等司。④《天盛律令》中记载的工

---

① 《天盛改旧新定律令》卷一〇《司序行文门》。

② 史金波、黄振华：《西夏文字典〈音同〉序跋考辩》，《西夏文史论丛》（一），宁夏人民出版社1992年版。

③ 《天盛改旧新定律令》卷一七《库局分转派门》。

④ （西夏）骨勒茂才，黄振华等整理：《番汉合时掌中珠》，宁夏人民出版社1989年版，第28页。

院有四种，除京师工院外，还有北院、南院、肃州等临军司所属式院。京师工院可以算作中央机构，设二正、二副、四承旨。①

（7）纸工院、木工院、砖瓦院、铁工院、做首饰院、造（作）房司

均为末等司，纸工院、木工院、砖瓦院设有四头监。铁工院、做首饰院、造房司等"依事设职，大人数不定"②。"诸司应续转中，工、饰院等有匠人大人者勿续转。非匠人，其余官吏中所遣则当续转：铁工院、造房院、制药司、首饰院、砖瓦院、纸工院。"③

（二）独立职位

即使仅对诸多的西夏文献加以简单的翻阅，也会发现其有许多官称，虽然极像是某种职位，但却似乎找不到其所隶属的机构，甚至还不一定说得上它究竟承担了什么职事，比如"节亲主""宰相""太尉""驸马""内宫走马"等。其实，西夏确实设置了不少这种不因司所设的"职"。

如果说，"多与宋同"的西夏各级机构是承自中原王朝政治制度，尤其是唐宋因司设职的政治传统，那么这些不因司所设的职，则有不少具有浓厚的游牧民族特点。

1. 节亲主（节亲王）

西夏文献中的"𗫡𗫶𗰖"，直译为"节亲主"④，也有译为"节亲王"⑤，有时则直接做"𗫡𗫶（节亲）"。从文献中看，在西夏社会中享有极高特权的，大概除了皇帝外，就得算是"节亲主"了。如《天盛律令》明确规定"大小官员、僧人、道士诸人等敕禁：不允有金刀、金剑、金枪，以金骑鞍全盖全

① 《天盛改旧新定律令》卷一〇《司序行文门》。
② 《天盛改旧新定律令》卷一〇《司序行文门》。
③ 《天盛改旧新定律令》卷一〇《司序行文门》。
④ 《天盛改旧新定律令》卷六《军人使亲礼门》。
⑤ 《天盛改旧新定律令》卷五《军持兵器供给门》。

□，并以真玉为骑鞍"，但是其中"节亲、宰相及经略、内宫骑马、驸马，及往边地为军将等人允许镶金"①。而"鎏金、绣金线等朝廷杂物以外，一人许节亲主、夫人、女、媳，宰相本人、夫人，及经略、内宫骑马、驸马妻子等穿，不允此外人穿"②。"不准诸损毁地墓、陵、立石、碑记文等。违律时，于殿上座节亲、宰相、诸王等所属地墓上动手者徒六年，至棺椁上则徒十二年，棺椁损坏至尸者当绞杀。"③ 等。

尤其是"节亲主犯罪时，减免之法当明之。其中应受大杖者当转受细杖，应受七杖者笞三十，八杖笞四十，十杖笞五十，十三杖笞六十，应受十五杖者笞七十，十七杖笞八十，二十杖笞一百。劳役者，属能赎应赎类，则可依边等法赎之"④。可见其免罪的特权比一般的"有官人"都要大得多。

不过，"节亲主"或"节亲王"究竟是一个"职位"，还是说仅是对这一类特权者的统称？通过诸多的文献来看，西夏应当是把它纳入到了"职"的体系中。如《亥年新法》中即直称"持节亲主，中书、枢密都案等司位的大小臣僚"⑤，显然是将节亲主当作一种"司位"，也就是"职"。另外，在《天盛律令》的行文中，也常常将节亲主与其他的职位一并提及，如"节亲、宰相、诸司大人、承旨、大小臣僚、行监、溜首领"⑥，"节亲、宰相、大小臣僚等"⑦ 等，并且在诸多并列的职位中，"节亲"或"节亲主"往往排在最前。应当可以肯定，其在西夏"职"的系统中，位列顶端。就算是《同音》的编修者"节亲主、德师、中书枢密事知，执正净，文武业集孝诸巧恭敬东南族关上皇座嵬名德照"⑧ 虽然身兼数职，但也是将"节亲主"放在第一位。

---

① 《天盛改旧新定律令》卷七《敕禁门》。
② 《天盛改旧新定律令》卷七《敕禁门》。
③ 《天盛改旧新定律令》卷三《盗毁佛神地墓门》。
④ 《天盛改旧新定律令》卷二〇《罪则不同门》。
⑤ 译自《亥年新法》卷一〇（甲种本），《俄藏黑水城文献》第9册，第182页。
⑥ 《天盛改旧新定律令》卷九《行狱杖门》。
⑦ 《天盛改旧新定律令》卷九《贪奏无回文门》。
⑧ 《俄藏黑水城文献》第7册，第1页。汉译见李范文《同音研究》，宁夏人民出版社1986年版，第202页。

"节亲"在西夏语中有"近亲"之意，如西夏的连坐之法就常常连及"节亲"，诸如"伯叔、姨、侄"等皆在此列。① 那么，联系"节亲主"或"节亲王"所享有的特权及其拥有的崇高地位，推测它应当就是专门给皇帝的近亲授予的"职"。

西夏还根据亲缘关系的远近及家庭谱系中的地位高低，将诸多的"节亲"分为若干的"节"，如"皇太后之亲：太皇太后及皇太后等之曾祖父之亲兄弟、姐妹，皇太后祖父之一节伯叔子兄弟、姐妹，皇太后父之二节伯叔子兄弟、姐妹，皇太后身之三节伯叔子兄弟、姐妹"。而"皇后之亲：皇后祖父之亲兄弟、姐妹，皇后父之二节伯叔子兄弟、姐妹，皇后身之二节伯叔子兄弟、姐妹"②。遵循同样的原则，"节亲主"亦有地位之高低，如文献中即有"殿上坐节亲主""诸节亲主"，二者地位有所差别，在"国中诸人转送筵礼、亲戚礼物"时，"殿上坐节亲主、宰相等三十缗，诸节亲主、次、中等臣僚等二十缗"。③

西夏虽然并未实行分封制，但诸多的"节亲主"作为西夏最具权势的群体，仍然被广泛地驻派于全国各地，《亥年新法》中即提及"京师、川地等二处节亲主所属地界分明"④。被封于各地的节亲主应当领有不少的土地，如《天盛律令》在提及"僧人、道士、诸大小臣僚等因公索求"土地时，就专门提及节亲主土地的处措问题。

节亲主可以兼带其他官职，比如前引《同音》的编撰者"嵬名德照"即属于此例。不过《天盛律令》中对此还有更为详细的规定："节亲宰相遣别职上提点时，当报中书、枢密，然后当置诸司上。"并且还规定"节亲、宰相之外，其余臣僚往为地边正统时，当报中书、枢密、经略司等，然后置诸司上"⑤。也就是说节亲主任边地正统甚至可以不用报中书、枢密、经略司等。事

① 《天盛改旧新定律令》卷一《谋逆门》。
② 《天盛改旧新定律令》卷二《八议门》。
③ 《天盛改旧新定律令》卷六《军人使亲礼门》。
④ 译自《亥年新法》卷一〇（丁种本），原始图版见《俄藏黑水城文献》第 9 册，第 291 页。
⑤ 《天盛改旧新定律令》卷一〇《司序行文门》。

实上，前述节亲主往往派驻一地，其直接担任当地的军事将领也是自然而然的事情。

2. 诸王

西夏文献中"诸王（薿席）"是一个多次出现的职官，如《天盛律令》规定"自造诸王、中书、枢密大人等之矫手记，刻行伪印等徒12年，使用真手记则徒五年"[①]，"不准诸损毁地墓、陵、立石、碑记文等。违律时，于殿上座节亲、宰相、诸王等所属地墓上动手者徒六年，至棺椁上则徒十二年，棺椁损坏至尸者当绞杀。"[②] 可见诸王也同样享有诸多的特权。

从西夏法律规定的"皇太子之弟者，长成升时，国王、三公、诸王等应得何位名，依时节朝廷分别实行"[③] 的情况来看，"诸王"即为专门给皇子所设的"位名"，即"职"。并且"三公诸王银重二十五两"，也是"官印"中分量最重的一个。

不过既然称为"诸王"，应该不止是一个官职，《官阶封号表》乙表[④] 中，位于上等之上的"诸王位"中有四个具体的职位，分别为"南院王、北院王、西院王、东院王"。有学者指出，在《天盛律令》中所列的"撰定者"中，居于首位的"北王兼中书令嵬名地暴"[⑤]，其首职"北王"也就是"北院王"。[⑥] 此说应当不差。不过，在《亥年新法》中还出现过一个"南王"，应当也就是"南院王"，"诸寺所有常住地及南王奉旨所予田畴等，若圣旨或若银艺初至，或已予圣旨上谕为验，则徭役赋税得全免或半免。"[⑦] 不仅有"奉旨所予"的"田

---

① 《天盛改旧新定律令》卷一一《矫误门》。

② 《天盛改旧新定律令》卷三《盗毁佛神地墓门》。

③ 《天盛改旧新定律令》卷一○《司序行文门》。

④ 《俄藏黑水城文献》第9册《官阶封号表〈乙种本〉》，第368—370页。

⑤ 《天盛改旧新定律令·颁律表》。

⑥ 史金波：《西夏文〈官阶封号表〉考释》，《中国民族古文字研究》第三辑，天津古籍出版社1991年版，第248页。

⑦ 赵焕震：《西夏文〈亥年新法〉卷一五〈租地夫役〉条文释读与研究》，宁夏大学2014年硕士学位论文，第28页。

畴"，而且还有免税的特权，甚至于在所列的"诸寺庙"中，还有"南王"① 所专有的寺庙。

不过，西夏东、南、西、北四院王的设置除了会使人联想到或许是承自辽代制度中的"两大王院"中的"南院大王"与"北院大王"② 的设置外，就不免与西夏东、南、西、北四院监军司相联系起来。西夏政府在晚期明确规定了各级官员见面后的礼仪，而"失礼"之后，"丞相、平章事、郡公等处失时罚五缗"，而"天子诸王等处失时，至来时罚判实行"③。足以说明，诸王并不常在京师。那么很有可能，至少在西夏的中后期，东、南、西、北四院王即长期驻扎于东、南、西、北四院监军司之地，虽然监军司别有官署以负责军政合一体制的正常运转，但四院王则镇守四地，以统摄西夏的全境。

3. 皇太子、宰相、国相、太尉、三公、驸马、内宫走马、平章事、光禄大夫等

元代史官在评价辽代的政治制度时，认为其"汉制则沿名之风固存也"④，指的就是诸多的职官沿袭汉"名"而又"名"不副实的一类现象。⑤ 不过，这类现象似乎并不仅限于辽代，而是在诸多的少数民族政权中，常常可以见到的"通病"。比如西夏，虽然其职能机构的设置"多与宋同"，但那些游离于机构之外不少的"虚职"，却常常借用汉制中的官称，这些借用官称一般不具备其本身所应有的职事或属性，我们在文献中常常看到的有"皇太子""宰相""国相""太尉""太傅""三公""驸马""内宫走马""平章事""光禄大夫"等。

---

① 赵焕震：《西夏文〈亥年新法〉卷一五〈租地夫役〉条文释读与研究》，宁夏大学 2014 年硕士学位论文，第 31 页。

② 《辽史》卷五《世宗纪》。

③ 译自《亥年新法》卷一〇（甲种本），原始图版见《俄藏黑水城文献》第 9 册，第 180 页。

④ 《辽史》卷四五《百官志一》。

⑤ 葛兆光、徐文堪、汪荣祖等：《殊方未远：古代中国的疆域、民族与认同》，中华书局 2016 年版，第 138 页。

　　"皇太子"在西夏并不仅仅是一个称号，而是一个"位"，也就是"职"，这是《天盛律令》在"皇帝之子位名"中明确记载："皇帝之长子者，年幼时曰皇子，长成时依次升顺：国王、太子等应令取何名，依时节朝廷计行。"① 西夏的皇太子地位应该是西夏"职"这一系统中的最高位，其所握"司印"，"金重一百两"，明显比之后的"中书、枢密银重五十两"规格要高出很多。其实，以皇太子作为"职"居于百官之首的做法，虽然在中原王朝很少见，但在北方民族却极为常见，如元代皇太子不仅是"职"，还常常强烈地干预政治。②

　　"宰相"在中国历代王朝都不是一个固定的官名，而是对某一类职官的通称。③ 而将宰相作为职官的，不仅有辽代，还有西夏。"宰相"在李元昊"官分文武班"④ 时，就已经出现。只是自此以后，再不见于传世史籍的记载。很可能，传世文献中的"国相"，指的就是此职。张元⑤、任得敬⑥、李遇昌⑦等担任过此职。

　　西夏文文献中经常出现"宰相"职位，其地位一般排在"节亲主"之后，如"节亲、宰相、大小臣僚等"⑧ 即指代了西夏从上到下的所有官僚。不仅如此，在"及授"官的官印中"宰相铜上镀银重二十两，其余铜十五两"⑨。远较其他官员要重。并且西夏末期，西夏政府规范了上下级官员的见面礼仪，虽然"（低位者）下马行礼时，高位者亦下马回礼"，但是"与持丞相以上位者

---

① 《天盛改旧新定律令》卷一〇《司序行文门》。
② 高仁：《元代詹事院新考》，《宋史研究论丛》2016年第1期。
③ 葛兆光、徐文堪、汪荣祖、姚大力等：《殊方未远：古代中国的疆域、民族与认同》，中华书局2016年版，第137页。
④ 《宋史》卷四八五《夏国传上》。
⑤ "盖夏国相张元正用事也"，见（宋）王得臣《麈史》卷中《度量》，上海古籍出版社1986年版，第29页。
⑥ "乾道三年五月，夏国相任得敬遣间使至四川宣抚司"，见《宋史》卷四八六《夏国传下》。
⑦ "夏人乘虚遣太子及其国相李遇昌诱三瓜诸部兵合二十余万人寇怀德军"，见《三朝北盟会编》卷六一《靖康中帙三六》。
⑧ 《天盛改旧新定律令》卷九《贪奏无回文门》。
⑨ 《天盛改旧新定律令》卷一〇《官军敕门》。

相遇，下马行礼时，持大位者不下马，马上回礼"①。足见宰相居于百官顶端的地位。而同样，在"失礼"时，宰相所受到的惩罚也更重，"下等司正，中等司正处失时罚三缗，次等司正处失时罚五缗，内宫走马，驸马，殿上坐经略等处失时罚七缗，丞相处失时罚十缗。"②

前述诸多节亲主所享有的人身特权，宰相也常常享有，如对其棺椁的保护，"转送筵礼"的数量，配金刀、金剑、金枪等的特权，手记不允许被伪造等，前文已有陈述，兹不赘述。

但与节亲主不同的是，宰相在用人选任上，似乎掌握着较大的权力，如"内侍、阁门等有袭抄者时，当与管事人上奏呈状。人实可遣，当依文武次第来中书、枢密管事处，宰相面视其知文字、晓张射法、貌善、人根清洁、明巧可用，是应袭抄，则当令寻知情只关担保者，度其行而奏报袭抄"③。再如"每年春开渠大事开始时，有日期，先局分处提议，俟事小监者、诸司及转运司等大人、承旨、阁门、前宫侍等中及巡检前宫侍人等，于宰相面前定之，当派胜任人"④。总体来说，文献中的种种迹象表明，丞相确实是居于西夏国家权力较为中心的地位。

"太尉"是自秦代开始设置的高级武职，与宰相、御史大夫并称为"三公"。不过，自曹魏开始，就已渐入虚衔。而西夏的"太尉"则亦属于地位极高的"虚职"。西夏"太尉"同样也是李元昊在"官分文武班"⑤的时候就已设置。被授予这一职位的人物也常在史籍中出现。如李元昊上书宋朝要封野利旺荣为太尉，宋臣庞籍就认识，"太尉，天子上公，非陪臣所得称，使旺荣当之，则元昊不可复臣矣。"⑥再如宋康定元年"环庆路副都总管任福等

---

① 译自《亥年新法》卷一〇（甲种本），原始图版见《俄藏黑水城文献》第9册，第180页。
② 译自《亥年新法》卷一〇（甲种本），原始图版见《俄藏黑水城文献》第9册，第179页。
③ 《天盛改旧新定律令》卷一〇《官军敕门》。
④ 《天盛改旧新定律令》卷一五《催租罪功门》。
⑤ 《宋史》卷四八五《夏国传上》。
⑥ 《续资治通鉴长编》卷一三八，仁宗庆历三年十二月乙丑条。

破贼白豹城，烧庐舍、酒税务、仓草场、伪李太尉衙，及破荡骨咩四十一族帐，兼烧死土埒中所藏蕃贼不知人数，又擒伪张团练及蕃官四人，麻魁七人，杀首领七人，获头级二百五十，马牛羊骆驼七千一百八十，器械三百三，印记六"①。再如，"西界内附伪太尉兴博为太子左清道率府率，余十八人各补三班奉职。"②此外，在西夏陵出土的诸多陶瓷残片中，亦有两件上面存有清晰的"太尉"两字。③

不过比较奇怪的是，这一官职在主要成书于西夏中后期的西夏文文献中，如《天盛律令》《亥年新法》中却从未出现，在各类社会文书中也没有出现。推测该职应当到西夏中期就已经取消了。

"三公（鈒鞯）"通常指代三个高级职位，但在历朝历代并不一致，在秦代到西汉前期，"三公"指丞相、太尉、御史大夫；西汉哀帝时，改为"大司马、大司空、大司徒"；曹魏时置三公为太尉、司徒、司空，但三公渐为加官之虚衔，隋、唐、五代、辽、宋因之；至宋政和二年改制，将三公改为太师、太傅、太保。

西夏的"三公"，《天盛律令》明确说，"皇太子之弟者，长成升时，国王、三公、诸王等应得何位名，依时节朝廷分别实行。"④并且"三公诸王银重二十五两"⑤，可见其与诸王有着大体相等的地位。

但是，西夏的"三公"究竟是哪三个职位，却的确是一个极难回答的问题。虽然西夏确有丞相、⑥太尉、御史大夫三职，但西夏真的可以跨越千年，直追秦汉之制，似乎缺乏现实的可能性。不过，其若承自宋政和二年的"太师、太傅、太保"倒是极有可能。事实上，文献中所出现的无论是西夏任得

---

① 《宋会要辑稿》兵一四。
② 《续资治通鉴长编》卷一五五，仁宗庆历五年四月丙午条。
③ 《中国藏西夏文献》第 19 册，甘肃人民出版社、敦煌文艺出版社 2005 年版，第 313、328 页。
④ 《天盛改旧新定律令》卷一〇《司序行文门》。
⑤ 《天盛改旧新定律令》卷一〇《官军敕门》。
⑥ 西夏文"𩲁𗵘"在《天盛律令》中译为宰相，但在《类林》中亦译为"丞相"，见史金波、黄振华、聂鸿音《类林研究》，宁夏人民出版社 1993 年版，第 201 页。

敬所授的"太师上公"①，还是蒙夏在兀刺海城大战中被俘的"太傅西壁氏"②，都是西夏中晚期的事，晚于宋朝政和二年改设"三公"。

不过，无论是任得敬还是西壁氏，也无论他们权势有多大，但他们终归不是西夏的皇族，更不用说皇子的身份了，显然与《天盛律令》记载三公为授予"皇太子之弟"不符。是否是因为后来西夏又扩大了这一职位的授予范围也未可知。总之，因为文献的缺乏，又留给了西夏史研究中难以破解的谜团。

"驸马"顾名思义，即皇帝的女婿，但西夏却将其拉入了"职位"系统中；"内宫骑马"（或译为"内宫走马"）具体的性质不明，很可能跟内宫宿卫有关。两者都是"虚职"中级别较低者，但即使如此，他们相较在机构中任职的官员仍有着较高的地位，如《亥年新法》规定"失礼"后的惩罚时，职位越高，所受处罚越重，"末等司正、下等司正处失时罚二缗，中等司正处失时罚三缗，次等司正处失时罚五缗，内宫走马、驸马、殿上坐经略等处违犯时罚七缗。宰相处违犯时罚十缗。"③可见它们的地位仅仅是次于宰相。同样，"中等司正与次等司正相遇，下马行礼时，次正司正亦下马回礼。与持内宫走马以上位者相遇，下马行礼时，位高者不下马，马上回礼。"④亦反映这一情况。

"平章事""光禄大夫"皆由西夏文转译，为"𗁯𗖻𗥤"与"𗑗𗤻𗲼𗆟"，它们皆出现于西夏末期法典《亥年新法》中，除了"光禄大夫"在西夏陵出土的陶瓷残片上还有所出现，⑤其他文献中再无法找到。有理由相信，它们是西夏末期新置的职位。

因为资料极度缺乏，现已无法搞清二者的具体性质，但能够得知他们有

---

① 见俄藏黑水城文献 TK124《金刚般若波罗蜜经》经末的发愿文记"太师上公总领军国重事秦晋国王"。
② 《元史》卷一《太祖纪》。
③ 译自《亥年新法》卷一〇（甲种本），原始图版见《俄藏黑水城文献》第9册，第179页。
④ 译自《亥年新法》卷一〇（甲种本），原始图版见《俄藏黑水城文献》第9册，第180页。
⑤ 参见史金波《西夏陵园出土残碑译释补拾》，《西北民族研究》1986年，第161页。

极高的地位。《亥年新法》即记"内宫走马及驸马、殿上坐御史大夫、观文殿大学士、经略等与光禄大夫相遇，下马行礼时，光禄大夫等亦下马回礼"①。可见其位在内宫走马、驸马和经略以上。而其"失礼"之后，按照"位"越高，受罚越重的原则，其与宰相相当，"光禄大夫、丞相等处失时十三杖、徒三个月，市场木上缚三天。"②可见"光禄大夫"这一使用中原王朝文散官的名字而设的"职"竟然是与宰相地位相当的。

"平章事"的地位也不低，从其"失礼"之后受罚的标准来看，其亦与宰相相当。③

4. 国师、上师、德师、仁师、忠师、法师、禅师

《天盛律令》载："皇帝之师监承处：上师（𗼨𗗅）、国师（𗼨𗗅）、德师（𗼨𗗅）。皇太子之师：仁师（𗼨𗗅）。诸王之师：忠师（𗼨𗗅）。"并规定了他们与五等司相较的位阶，"上师、国师及德师等与上等位当"，"皇太子之师仁师者，与次等位当。诸王之师忠师者，与中等位当。"④另外，一些文献中还出现"法师""禅师"⑤等。可见西夏诸多的"师"，就是专门为皇帝、太子、诸王等传授各种"学问"的职务。只不过，与中原王朝制度不同的是，有不少是与宗教有关的职务。

（1）国师

前揭西夏的"国师""同上等位"，并且常常还兼以"在家功德司"和"出家功德司"的长官"功德司正"。两大功德司中，皆有6名国师。

我国古代"国师"往往是授予地位崇高僧人的一个"封号"，如北齐文宣

---

① 译自《亥年新法》卷一〇（甲种本），原始图版见《俄藏黑水城文献》第9册，第181页。
② 译自《亥年新法》卷一〇（甲种本），原始图版见《俄藏黑水城文献》第9册，第181页。
③ "丞相等、平章事、郡公等处失时罚五缗。"译自《亥年新法》卷一〇（甲种本），原始图版见《俄藏黑水城文献》第9册，第181页。
④ 《天盛改旧新定律令》卷一〇《司序行文门》。
⑤ 《天盛改旧新定律令》卷一〇《失职宽限变告门》。

帝封法常为"国师";唐封澄观为"清凉国师"。不过,西夏在使用国师之时,一方面将国师纳入到了"职"的系统中,给予其"同上等位"的地位,而另一方面又保留其"封号"的特性如有"五明国师""显密国师""宗律国师"之类的称呼。西夏文献中"国师"是一个经常出现的职位。在系统地梳理西夏文、汉文文献后,我们大约可以看到西夏的 28 位国师,他们分别是:

景宗时主持译经的国师白法信,他从西夏立国伊始便主持译经。

惠宗时主持译经的安全国师白智光,继白法信后主持译经,在《西夏译经图》中高坐正中,甚至于当时主政的梁太后与皇帝皆位于其下方。

崇宗时建卧佛寺的嵬名思能国师,他掘得古涅槃佛,在甘州兴建卧佛寺。

嵬名思能之师燕丹国师。

仁宗时参加传译佛经的天竺僧人五明显密国师胜喜(拶耶阿难捺)曾传译《胜相顶尊总持功德依经录》《圣观自在大悲心总持》《圣胜慧到彼岸功德宝集偈》《佛说阿弥陀经》等。他有西天大师大波密坦五明国师功德司正的职称,有"善式"官位,为下品(第四品)文阶第九阶。

仁宗时校译佛经的兰山觉行国师沙门德慧,后又被封为智昭国师,曾奉敕译传《圣佛母般若心经诵持顺要论》《佛说圣大乘三归依经》《七佛所说神咒经》《忏罪千种供养奉顺中已集当许文》等。

仁宗时集经的兰山通圆国师沙门智冥。

仁宗时在大度民寺作大法会的宗律国师,他还在桓宗时作大法会。

仁宗时在大度民寺作大法会的净戒国师。

仁宗时在大度民寺作大法会的大乘玄密国师,他还在桓宗时作大法会,后升号为大乘玄密帝师。

大度民寺的觉照国师法狮子,他传作多种要论,如《魔断问答要论》《道之中禁绝顺要论》《金刚亥母随处施食奉顺要论》《中有身要论》《死亡回拒要论》,是一位藏族僧人。

翻译《胜相顶尊总持功德依经录》的国师周慧海。

传作佛经的寂照国师，曾传《净土求生顺要论》，集《净国求生礼佛高赞偈》后成为帝师。

大度民寺的慧照国师，曾作《双供顺略集要论》。

译经的慧净国师法慧，又有金解国师封号，传译《佛说阿弥陀经》，作《吉有令净恶趣本续之干》。

西夏晚期译经的番汉法定国师。

奉敕译经的讲经律论国师德源，他是皇族嵬名氏，曾译《菩提勇识之业中人顺》《等持集品》等。

大度民寺的法显国师鲜卑宝源，他曾重校《金刚经》。

传译《佛说阿弥陀经》的至觉国师慧护。

校《圣慧到彼岸要论学禁现量解庄严论显颂》的藏解国师杨智幢。

传译《身中围上依以四主受顺广典》的觉照国师任集立。①

西夏鲜卑国师像

榆林窟第 29 窟绘有供养像的西夏高僧真义国师鲜卑知海。

武威亥母寺洞遗址乾定申年典糜契约中放贷的讹国师。②

流传佛经的苏木国师。③

大方广佛华严经中传译经者救脱三藏鲁布智云国师，在西夏译经图为助译者。

大方广佛华严经中开演疏钞

---

① No. 944、588、3843、6761、7909、5130、822。

② 孙寿龄：《西夏泥活字版佛经》，《中国文物报》1994 年 3 月 27 日。

③ HHB. No.944、588、3843、6761、7909、5130、822。

久远流传卧利华严国师。

大方广佛华严经中传译开演自在喻哶海印国师。

大方广佛华严经中开演流传智弁无碍颇尊者觉国师。

当然，这些佛经中出现的国师并不会是西夏国师的全部，不过，这足以反映，西夏国师之多。从这部分国师的部分传法、译经活动中已经可以了解到他们或管理佛教功德司事务，或传译佛经，或主持法事，在西夏佛教事务中有举足轻重的地位，发挥着重要作用，在西夏社会中也有重要影响。

不少存世的艺术品，更为直观地保留了西夏时期"国师"的形象，我们可以从中更为深刻地去了解"国师"。

黑水城出土的西夏文《鲜卑国师劝世集》前有木版画一页，仅余半幅；又有西夏文《鲜卑国师贤智集》，前有木版画，也仅余半幅。两图正好组成一完整的《鲜卑国师说法图》。①

鲜卑国师说法图

---

① No. 3706、2538。

　　图版左侧偏上有竖条形方框，内书四个西夏文大字"𗴂𗦲𗷻𗏹"，汉译为"鲜卑国师"。这应当就是图版的署题。

　　图中有山石、芭蕉树叶和飞鸟，应当是夏季园林的场景。图版中心的国师鲜卑宝源面相丰腴，体型富态。他身穿宽袖僧袍和袈裟，头戴云纹翻边山形冠，盘腿坐于宽大的四出头大官帽椅（佛教中也称"禅椅"）上，神情和蔼，嘴中似念念有词。宝源身后站立一位头戴结角帕头的络腮髯须老者侍从，环眼高鼻，手持孔雀纹饰的大型华盖，正在为那位胖国师遮避暑热。其身边各有一位穿宽袖交领佛衣的侍从站侍两旁：左边为僧人，面相年轻，双手合十，正在侧脸聆听；右边的头像已残缺，正手捧某种宽颈器皿。宝源国师面前摆放一张四脚镶框无仓长桌，上面有熏香炉、灯盏和净瓶等佛教供养物品。供桌前簇拥并跪拜着六位身着不同服装，梳着各种发式的男女信众，旁有西夏文榜题"𗏹𘜶𗫂"，汉译为"听法众"。其中，最前边为一额前髡发男子，穿圆领袍；他右手边一人，戴介帻，似乎穿开衩袍、袴；其后三人：中间一人高鼻深目、头发前秃后披，头束发带，内穿圆领袍、外罩翻领袍，左手边一人为女性，似梳堕马髻、对襟褙子，右手边一人长脸尖额，戴帕头，穿大袖袍衫；最后排一人，装扮为秃发长眉、深目高鼻，内穿圆领袍，似乎外罩交领衣或袈裟。

　　而榆林窟第29窟的西夏窟中，亦有一幅西夏国师的画像。图中国师坐床于方形束腰须弥座，头戴山形冠，内穿右衽交领短袖衫袍，领襟和袖口有宽边，左肩斜披袈裟，袒右小臂，一手拈花供养，头有圆光、跏趺而坐。旁有西夏文榜题，下托莲花，上覆荷叶榜题译文为"真义国师西壁智海"，"西壁"也就是西夏的番姓"鲜卑"。旁有供桌，上有诸色供品。床下有10名僧人围绕礼拜供养。国师后有侍者头扎巾持伞盖，显示出类似帝王的尊贵地位。

西夏译经图

　　国家图书馆藏《现在贤劫千佛名经》卷首有一幅《译经图》，^①则又是一副以国师为主题的画像。图中，一位形象高大的高僧端坐于正中，内着短袖花衣，外披袈裟，跏趺端坐，高僧面部表情严肃，不怒自威。高僧坐于高位，似乎正在开口讲解，右手以手势相辅助，显示出主尊的身份和神态。其前置一书案，上有经书一册，墨砚一台，毛笔两支。高僧的左右两侧各有僧俗八人，分前后两排落座，僧前俗后，共16人。图中前排左右每四位僧人面前有长案一条，上置经卷及笔、墨、纸、砚，八位僧人身穿短袖素衣，比肩而坐。其中六人右手执笔，左手有的持经卷，有的将经卷置于案上，另两人两手作不同的手势，毛笔和经卷皆置于案上。16人老幼不同，形态各异。后排八人着世俗衣冠，他们或合十敬礼，或仰视听讲，或凝神思索。图的下部正中前

---

　　①《中国藏西夏文献》第5册，甘肃人民出版社、敦煌文艺出版社2005年版，第187页。

后有两部桌案，后者离译者较近，桌上置经书、经页等物。前者置供品，桌两侧各有人物四个。左面一女身坐像较大，头饰别致，手持香炉，雍容华贵。其后立黄门侍从三人较小，手持团扇等物。右面一男身坐像较大，手持鲜花，穿着华美，余三人较小，亦为黄门侍者一类，手持金瓜等物。

经学者研究，这幅画作真实再现了一千年前西夏的译经盛况，图中主译、助手款识明确，助手形态、动作各异，表示出各有所司、分工细密，他们大体是笔受、度语、证义、润文等人员，分管记录、翻译、核定译文、润色词句等事；左第三人面前展开的经卷上还能看出笔画曲折像篆符的文字，左第二人桌案上有一树叶状图形，可能代表了译经时所参照的贝叶经。[1]

这幅图中以西夏文刻有僧、俗人名 25 个，另有西夏文款识 12 条，标明图中重要人物的身份和名字，其中高僧的款识为"都译勾管作者安全国师白智光"。高僧左右两侧各有僧俗四人，僧前俗后，共十六人。其款识为：北却慧月、赵法光、嵬名广愿、吴法明、曹广智、田善尊、西玉智园、鲁布智云。译经图的下部左边桌案前的女性为"母梁氏皇太后"，右面桌案前的男性为"子明盛皇帝"。可见当时主政的皇太后梁氏与小皇帝李秉常也出席了译场，不仅如此，他们竟然还屈尊于译场的次要地位，而将主角让给了国师白智光。可见西夏的统治者给予国师尊崇的地位是可想而知的。

事实上，无论是图画中所反映"国师"居于讲经、译场的核心地位，甚至是被当作"偶像"来供奉，都无不反映"国师"在西夏的佛教事业及各类佛事活动中所发挥的核心性的作用，以及因此他们所享有的崇高地位。

（2）上师

同为皇帝之师，上等位的"上师"[2]与广泛参与西夏佛事活动的"国师"相比，则要沉寂得多。不过，遍梳史料，还是能够发现若干西夏"上师"活动的迹象。如，西藏萨迦派第三代祖师札巴坚赞（1149—1216）的弟子迥巴

---

[1] 史金波：《〈西夏译经图〉解》，《文献》1979 年第 1 期，第 218—219 页。
[2] 《天盛改旧新定律令》卷一〇《司序行文门》。

瓦国师觉本，曾被西夏主奉为上师。载有"上师"名号的有俄藏黑水城出土文献中的西夏文手写本《心习顺次》，其题款中有"三乘知解须弥上师口善行慧明番译"，又有西夏文《金刚王默有毋随智烧施为顺要论》，其题款中有"按上师语传"①。又据《嘉靖宁夏新志》记载："永济尚师，河西人，通五学，为西夏释氏之定，称为祖师。"②"尚师"也即上师，永济尚师的佛学水平甚高，正与作为西夏皇帝之师的师名相等。成吉思汗征服西夏时，曾向西夏王的上师、后藏人通古娃，旺秋扎西请问佛法。

总体来看，上师虽参与的佛事不如"国师"那么多，但其仍是个参与佛事，有着较高的地位的宗教职务。

（3）法师

西夏的"法师"（禓彭）在《天盛律令》中是有所提及的，③虽然并未在《司序行文门》以及《位阶表》中列出。

事实上，西夏的法师还是常常会参与到各种佛事活动中，所以今天还是能在文献中找到诸多的"法师"活动的踪迹。

《圣胜慧到彼岸功德宝集偈》的汉译者诠教法师鲜卑宝源（此人后被封为法显国师）；

《圣胜慧到彼岸功德宝集偈》番译者显密法师周慧海（此人后被封为国师）；

《圣胜慧到彼岸功德宝集偈》梵译者演义法师遏啊难捺吃哩底；

汉文《大方广佛华严经普贤行愿品疏序》中的诠义法师；

作《三十五佛随忏悔要论》、参加传《佛说阿弥陀经》的觉行法师德慧（此人后被封为国师）；

---

① 俄罗斯圣彼得堡东方学研究所手稿部藏黑水城文献 ИHB.No.5923、8011。
② 《嘉靖宁夏新志》卷二。
③ "国师、法师、禅师、功德司大人、副判、承旨、道士功德司大人、承旨等司中有职管事限度者一日起至十日，寺检校、僧监、众主二十日期间当报所属功德司，使定宽限度，二十以上则当告变。"《天盛改旧新定律令》卷一〇《失职宽限变告门》。

参与传《佛说阿弥陀经》的圆混法师；

译《如来一切之百字要论》的义干法师；

译《伏藏变化解键》的知解三藏番羌语才法师郭法慧；[1]

对译西域、东土《大方广佛华严经》十种法行动赞随喜一切法师；

贺兰山云岩寺流通忏法护国一行慧觉法师（后为国师）。[2]

虽然《天盛律令》中没有详细交代法师的设置，但从诸多的序跋提记来看，法师的地位低于国师。在同一题款中，国师任功德司正，而法师任功德司副。但法师常常可进封为国师。

（4）禅师

"禅师"与"法师"相同，都是在《天盛律令》中有所出现，[3]但却未在《司序行文门》中列出的职官。但是同样，禅师也常常参与诸多的佛事活动，如译定《密咒园因往生集》的兰山崇法禅师金刚幢。[4]

西夏文《如来一切之百字要论》题款中有"功德司正至觉禅师李□汉译"，李禅师亦兼有功德司正的职务，很可能其地位也接近国师。[5]另一例即前述证义佛经的叵智满，他也有功德司正的职衔。西安市藏汉文《大方广佛华严经》的押捺题款中有贺兰山佛祖院的平尚重照禅师，他是夏末元初的西夏高僧。[6]

（5）德师、仁师、忠师

与"国师""上师"地位相当，[7]"同上等位"[8]的"德师"，在其他文献中只见到一例，即西夏文字典《同音》序言中记载主持重校《音同》的"节亲主、

---

① 史金波：《西夏佛教史略》，宁夏人民出版社 1988 年版，第 45 页；俄罗斯圣彼得堡东方学研究所手稿部藏黑水城文献 MR N0. 880、6761、7 工 65、282 工。
② （元）一行慧觉录：《大方广佛华严经海印道场十重行愿常遍礼忏仪》卷四二。
③ 《天盛改旧新定律令》卷一〇《失职宽限变告门》。
④ 《大正新修大藏经》第四六卷，第工 007 页。
⑤ 俄罗斯圣彼得堡东方学研究所手稿部藏黑水城文献 ИHB.N0. 7165。
⑥ 史金波、白滨：《西安市文管处藏西夏文物》，《文物》1982 年第 4 期，第 38 页。
⑦ 《天盛改旧新定律令》卷一〇《司序行文门》。
⑧ 参前《位阶表》。

德师、中书、知枢密事、嵬名德照"①。这位德师是皇族，从其职务看已是位极人臣了，地位并不比"国师"或"上师"低。

此外，西夏还设有仁师、忠师，《天盛律令·司序行文门》记载："皇太子之师：仁师。诸王之师：忠师。"并且"皇太子之师仁者师，与次等位当。诸王之师忠师者，与中等位当"②。并且两个职位在《位阶表》(《官阶封号表（乙表）》)中亦有出现。在诸多西夏文文献中的题记、序跋中，却从未出现过"仁师"与"忠师"这两个职位。

现存的题记、序跋绝大多数为佛教文献中所存，而佛教文献中无此三师——德师嵬名德照所主持重校的《音同》是一部世俗文献——恰恰说明，它们与佛教没有关系。"仁师""忠师"与前"德师"颇有的一比，德、仁、忠都是儒家所倡导的精神品质，而三师都未在任何佛教文献中出现，很可能此三师与儒学有关，只是三者辅导儒学的对象不同——皇帝、皇太子、诸王，决定了他们地位各有高低。

其实，这种辅导皇室成员儒学的"师"在中原王朝制度中非常常见，"仁师""忠师""德师"异于其他诸师，体现了西夏制度的多种渊源。

5. 帝师

西夏佛教封号制度中最重要也是最高的师号就是"帝师（𗾖𗙏）"。以前都认为，这种封藏族高僧为帝师的制度是从元世祖忽必烈至元七年（1270）封八思巴为帝师开始，此后元代累朝皇帝都供奉帝师，各帝师都是乌思藏佛教流派之一萨迦派的高僧。当时帝后妃主都接受帝师灌顶（洗礼）。帝师来去京师，百官隆重迎送。生时受大量布施、赠赏，死后赙金可达上千两黄金、上万两银和上万匹缯帛。帝师的子弟和门徒中很多人被封为国师、司空、司

---

① 《俄藏黑水城文献》第 7 册，上海古籍出版社 1997 年版，第 1 页。汉译见史金波《西夏社会》，上海人民出版社 2007 年版，第 304 页。
② 《天盛改旧新定律令》卷一〇《司序行文门》。

徒、国公，这些高级僧侣也享有种种特权。帝师地位极高，如八思巴的封号为"皇天之下、一人之上、开教宣文、辅治大圣、至德普觉、真智佑国、如意大宝法王、西天佛子、大元帝师、班弥怛拔思发（八思巴）帝师"。

但其实在元朝封设帝师一个世纪之前，西夏早已有帝师之设。虽然在《天盛律令·司序行文门》以及《位阶表》中，我们没有看到这一设置，但诸多文献中还是保存了这一职位。如西夏汉文本《杂字》官位第十七中即列有帝师、法师、禅师等。不仅如此，从诸多的佛教文献中，我们还可以看到存有真名实姓的 5 位西夏帝师。

第一位贤觉帝师，名为波罗显胜。在北京房山云居寺的汉藏文合璧《圣胜慧到彼岸功德宝集偈》的汉文题款为"贤觉帝师、讲经律论、功德司正、偏袒都大提点、嚷卧勒沙门波罗显胜"。前文已经提及，其所受"官""卧勒"是最高品级的官阶，西夏很少有人能够受此殊荣，足见其所受的宠信和所享有的崇高地位。

在黑水城出土文献中可见贤觉帝师有更多的佛事活动：其中西夏文刻本《圣胜慧到彼岸功德宝集偈》[①]经末题款中有与上述房山云居寺汉文佛经题款相对应的西夏文题款，贤觉帝师的职称、官位、封号、人名完全一致，证明云居寺所藏汉藏合璧佛经，原有西夏文本。在刻本西夏文《佛说阿弥陀经》题款中有"贤觉帝师沙门显胜"。"显胜"即帝师波罗显胜的简称。贤觉帝师在西夏传著了多部经典，这些著作中都有"贤觉帝师传"的字样，如《一切如来百字要论》《圣观自在大悲心依烧施法事》《圣观自在大悲心依净瓶摄受顺》《默有自心自恋要论》《禁绝顺要论》《疾病中护顺要论》《默有者随胜住令顺要论》《奉敕修行者现在及转身利缘佛顶尊胜佛母依千种供养奉顺中共依略忏悔文》等多种。有的文献署名"贤觉菩萨传"或"贤觉菩萨作"，如《忏

---

① 罗昭：《藏汉合璧〈圣胜慧到彼岸功德宝集偈〉考略》，《世界宗教研究》1983 年第 4 期。

罪千种供养奉顺中已集当许文》《等持集品》等。① 贤觉菩萨即贤觉帝师，在《忏罪千种供养奉顺中已集当许文》中题"贤觉菩萨传，兰山智明国师沙门德慧译"，而在《奉敕修行者现在及转身利缘佛顶尊胜佛母依千种供养奉顺中共依略忏悔文》题"贤觉帝师传，兰山智明国师沙门德慧译"，两种经典译者相同。又《等持集品》是贤觉菩萨作，仁宗译经；《奉敕修行者现在及转身利缘佛顶尊胜佛母依千种供养奉顺中共依略忏悔文》是贤觉帝师传，仁宗验定；《圣胜慧到彼岸功德宝集偈》是贤觉帝师传，仁宗验定。

贤觉帝师名波罗显胜，不会是汉人。其撰著要经过别的高僧译成西夏文，如德慧国师曾译贤觉帝师的《忏罪千种供养奉顺中已集当许文》《奉敕修行者现在及转身利缘佛顶尊胜佛母依千种供养奉顺中共依略忏悔文》等，可见贤觉帝师也不是党项人。贤觉帝师所传译的佛经皆为藏传佛教经典，他应是西夏的吐蕃族高僧。

甘州黑水建桥碑的汉、藏文合璧碑铭中也有贤觉菩萨的记载。该碑系仁宗乾祐七年（1176）立，碑文为仁宗御制，其汉文碑铭记载："昔贤觉圣光菩萨哀悯此河年年暴涨，飘荡人畜，故以大慈悲，兴建此桥，普令一切往返有情咸免徒涉之患，皆沾安济之福。……朕昔已曾亲临此桥，嘉美贤觉兴造之功，仍罄虔恳，躬祭汝诸神等。"② 这里的贤觉圣光菩萨应是贤觉菩萨，也就是贤觉帝师。可能贤觉菩萨曾在藏族人较多的甘州黑水河上建桥，作功德善事，后与贤觉帝师关系密切的仁宗亲临此桥，嘉美贤觉兴造之功，仁宗又于乾祐七年立碑撰文。碑文一面汉文，另一面藏文，也可知贤觉帝师是吐蕃人的参证。

第二位慧宣帝师。在黑水城出土的俄藏西夏文文献中新发现另一个帝师，

① 俄罗斯圣彼得堡东方学研究所手稿部藏黑水城出土文献 Him. N0. 598、6761、7165、6778、5989、7196、6213、816。参见［俄］克恰诺夫《俄罗斯科学院东方学研究所西夏佛教文献目录》，No. 292、507、566、567。
② 史金波、白滨、吴峰云：《西夏文物》，文物出版社1988年版，图105—107；史金波：《西夏佛教史略》，宁夏人民出版社1988年版，第19—20页。

法名慧宣。慧宣帝师撰著的佛经也不少，有其题名的如《风身上入顺》中有五种要论，每一种要论的名称后都有"中国……帝师沙门慧宣"的题名。① 慧宣也有大波密坦（即博通五明学者）的头衔。他的著作也由智明国师德慧译成西夏文。值得注意的是慧宣帝师的题名前都有"中国"二字。前述"中国"二字在这里不是指中原地区的王朝，也不是指距中原地区很近的西夏，而是专指吐蕃民族。在黑水城的很多佛教文献作者、译者题款前冠有"中国"二字者，都不是党项人，而是吐蕃人。② 然而他们是在西夏的吐蕃人，所接受的封号帝师、国师、法师等都是西夏的封号，他们所在的寺庙是西夏寺庙，所以应把他们视为西夏人。慧宣帝师的著述目前所见都是写本，多为草书或行书，未见刻本。

第三位大乘玄密帝师。有一部由清宫流传出来的汉文本《大乘要道密集》，经研究，里面有一些文献是西夏时译传的。其中第 6 篇《解释道果语录金刚句记》，题款为"北山大清凉寺沙门慧忠译，中国大乘玄密帝师传，西番中国法师禅巴集"③。大乘玄密帝师是西夏的帝师。在《俄藏黑水城文献》中虽未见大乘玄密帝师的题名，但有大乘玄密国师的记载。西夏文、汉文两种乾祐二十年（1189）印施的《观弥勒菩萨上生兜率天经》御制发愿文中，记在大度民寺作大法会的高僧有宗律国师、净戒国师、大乘玄密国师，这些都是藏族僧人。④ 在天庆元年（1194），为刚刚去世的仁宗皇帝所作法会中，又有大乘玄密国师参与。他的名称前面也冠有"中国"二字。⑤

大乘玄密国师后来升号为大乘玄密帝师。在汉文本《大乘要道密集》第 66 篇《大手印巨伽陀支要们》的师承次第中，也记载着大乘玄密帝师，他是

---

①　俄罗斯圣彼得堡东方学研究所手稿部藏黑水城出土文献 NHB. N0. 3708、63440。

②　据沈卫荣考证，"中国"即"卫藏"之意。

③　陈庆英：《西夏大乘玄密帝师的生平》，《西藏大学学报》2000 年第 3 期，第 6 页；陈庆英：《西夏及元代藏传佛教经典的汉译本——简论〈大乘要道密集〉（〈萨迦道果新编〉）》，《西藏大学学报》2000 年第 2 期。

④　《俄藏黑水城文献》第 2 册，上海古籍出版社 1996 年版，第 47—48 页。

⑤　俄罗斯圣彼得堡东方学研究所手稿部藏黑水城出土文献 HHB. No. 592。

噶举派著名祖师米拉日巴的再传弟子。上述"北山大清凉寺"应是北五台山大清凉寺，这是西夏的五台山，又称为北五台山，以区别南面中原地区的五台山。

第四位寂照帝师与第五位新圆真证帝师。在夏末、元初僧人一行编辑的《大方广佛华严经海印道场十重行愿常遍礼忏仪》(简称《华严忏仪》)关于华严宗系谱中特别提及大夏国弘扬华严诸师，其中有"《大方广佛华严经》中令观门增盛者真国妙觉寂照帝师"、"《大方广佛华严经》中流传印造大疏钞者新圆真证帝师"。二位帝师在西夏华严宗中有先后的传承关系。其中寂照曾为国师，传藏传佛教的经典《净土求生顺要论》，此要论被译成西夏文，并刻印流传。①

除了出土文献外，藏传史籍中还提到了西夏的最后两位帝师，他们是藏波巴和热巴。藏波巴，意为"宝狮子"，他是藏传佛教噶玛派的创始人都松钦巴的弟子。仁宗皇帝曾召请都松钦巴从拉萨西北的粗朴寺到西夏去，都松钦巴本人未能前往，便派弟子藏波巴前往。藏波巴后在西夏被奉为帝师，他在仁宗皇帝去世后不久离职。

藏波巴离职后，热巴继任了西夏帝师，也是西夏的末代帝师。② "热巴"是一个绰号，意为"身着棉布的皇帝的老师"，他原名为霍扎，生于藏北牧区巴察地区四大部落之一的达雪那尔摩，1188 年受戒后得法名喜饶森格，从小多接触吐蕃高僧，13 岁见到上师宝八融巴，15 岁在蔡巴拜见了香仁波切，受香仁波切加持，在叶巴谒见桑杰贡巴，桑杰贡巴为其赐名"谢惹桑波"，意为"慧狮子"，后来又拜见过达隆塘巴、止贡仁波切等多位高僧，并受沙弥戒、受近圆戒，最终成为拔绒噶举创始人达玛旺秋的弟子。

一天，有一位身着披肩，头戴高毡帽，名叫色香的老人与茶商结伴来

---

① 俄罗斯圣彼得堡东方学研究所手稿部藏黑水城文献 HHB. No. 6904。
② 帝师热巴生平见 (西夏) 热巴噶布:《上师仁波切众生性主帝师热巴传》，见 Dhihlha Idam. lam yig phyogs. Hongkong: krung go'i shes rig dpe skrun khamg, 2018, pp.263—365.

到西藏，他告诉热巴，在西藏的东北方向，有一个强大的西夏王国，西夏皇帝供养着多位来自卫藏地区的喇嘛。热巴听后，怦然心动，于西夏天庆七年（1200），当他 37 岁时，来到西夏境内的甘州，遇到帝师藏波巴。西夏应天元年（1206）他被任命为国师。光定七年（1217），热巴至临洮主持了帝师藏波巴的丧礼。光定八年（1218）回到首府，在为皇帝灌顶后，皇帝赠予他"帝师"的头衔。他本人还称，惟有替皇帝灌顶者方受"帝师"之名。

热巴还曾在蒙古入侵时，主持过修持《遮止军队》的仪轨，在蒙古第一次入侵西夏时，热巴还是国师，他与当时的帝师藏波巴一同参加，而第二次与第三次入侵时，他则以帝师的身份亲自主持仪轨。蒙古前三次入侵未能拿下西夏，在西夏统治者眼中，他自然有着盖世的功劳。但就在蒙古即将第四次入侵西夏，西夏统治者准备再次进行仪轨时，帝师热巴却突然失踪，杳无踪迹。

原来，这位在西夏待了 27 年的高僧，已经率领他的弟子离开西夏，返回康区。据称，他在一次净观中突然体悟到西夏由于过去业力的关系，将摆脱不了灭亡命运，这不是他个人的修持所能扭转的，因此他选择了不辞而别。但他仍认为，如果他继续修持，会令蒙古军队一次次败退下去，而拿不下西夏。[①] 显然，这是不科学的，蒙古军队第四次进攻时他已经逃离了，但西夏照样还是让蒙古军队败退了。

通过以上情况来看，西夏帝师的地位崇高，甚至能够获得一品官阶，足见西夏皇帝对其宠幸。不过，《天盛律令》及《位阶表》(《官阶封号表(乙表)》) 中未出现"帝师"一职，说明该职位并不是常设。由于文献中还未见到在同一传作的文献出现过两个帝师，可能西夏王朝同时只封一名帝师，帝师圆寂后，再封一位帝师。不过，目前来看，西夏帝师的主要职能还仅仅是停留在宗教层面，而不像蒙元的"帝师"那样，在管理西藏地区政务方面发挥强大

---

① （元）蔡巴·贡噶多吉著，东嘎·洛桑赤列校注，陈庆英、周润年译：《红史》，西藏人民出版社 1988 年版。

的作用。

　　总之，西夏封设帝师明显地借鉴和发展了藏族地区佛教与政权的关系，这一政教关系的重大调整，不仅对西夏佛教的发展，而且对中国佛教、中国政治制度的发展产生了重大影响。

6. 谏臣

　　《天盛律令》中明确记载，西夏设有"谏臣"一职，西夏文作"𗣼𗾝"，并且"皇帝之谏臣者，当与次等司平级"[1]。而在《位阶表》（《官阶封号表》乙表）中，亦明确有"谏师位"，谏臣即位列其中，且"同次等位"，与《天盛律令》的记载完全一致。

　　由于再也无法找到其他材料，我们无法详究其具体如何运作。但是西夏设置谏臣，倒真的可以和宋代制度作一比较了。

　　宋制中，有"纠察官邪，肃正纲纪"[2]的御史台，而亦在天圣元年"于门下省置谏院"[3]，"掌规谏讽谕。凡朝政阙失、大臣至百官任非其人、三省至百司事有违失，皆得谏正。"[4] 御史台和谏院共同构成了宋朝的"台谏"。

　　前文已述，西夏置有御史（或御史台），但没有谏院，而是将其改为谏臣，由一个职位来行使本由一个机构发挥的作用。但无论如何，其还是形成了形式上台谏分离的局面。

　　不过，在宋代，台官与谏官有合流的趋势，[5]虽然两者在形式上保持着分离的状态，但两者在职能上日渐趋同，两者还互相兼带官职。不过，从前对西夏御史台的考察来看，御史台的职能仍集中于监察与弹劾，并未见有涉及进谏的内容，推测西夏谏官也是相同，不会涉及御史台的事务。应该说，在

---

① 《天盛改旧新定律令》卷一〇《司序行文门》。
② 《宋史》卷一六四《职官志四》。
③ 《续资治通鉴长编》卷一〇〇，仁宗天圣元年四月丁巳条。
④ 《宋史》卷一六一《职官志一》。
⑤ 虞云国：《宋代台谏制度研究》，上海人民出版社 2014 年版，第 36 页。

当时台谏合流的大潮中，西夏制度反而与之相反。

7. 统军

虽然说，西夏设有统军司，[①] 但诸多迹象表明，统军司可能并非是一个常设的机构，"统军（𗱕𗵐）"在大多数时候是一个非司属职位。《天盛律令》中虽然多次出现"统军"[②]，但在《司序行文门》中并没有"统军司"的出现。无论是从《天盛律令》本身，还是从其他文献中看，《司序行文门》中有不少职位是没有在列的，但对于大大小小的机构，则无不在列于五等司之中及五等外诸司中，除非是在《天盛律令》成书的年代根本就没有设置的机构，比如"飞龙院"[③] 就是这种情况。

其实，在《位阶表》（《官阶封号表》乙表）中，"统军"就是被当作一个独立的职位来对待的，其所处的"位"为"权位"，并且"同次等位"[④]。

"统军"的职能没有文献直接说明，但诸多的事例无不说明，"统军"即统兵之将，统兵作战是其最主要的职能。

在宋夏频繁的交战中，我们可以见到史籍文中出现的诸多西夏的"统军"，如"元符元年十二月，泾原折可适掩夏西寿统军嵬名阿埋、监军妹勒都逋，获之"[⑤]。再如哲宗绍圣四年，"副总管王愍统制诸将入界，二十九日至宥州，其洪、宥、韦三州总都统军贺浪啰率众迎战。"[⑥] 元丰四年"又至啰逋川，追袭酋首嵬名、统军人多唛丁人马，斩获千级，生擒百余人，虏牛羊孳畜万计"[⑦]。元丰五年："环庆经略司言：'斩西贼统军嵬名妹精嵬、副统军讹勃遇，得铜印、

---

① （西夏）骨勒茂才著、黄振华等整理：《番汉合时掌中珠》，宁夏人民出版社 1989 年版，第 28 页。

② 《天盛改旧新定律令》卷一三《执符铁箭显贵言等失门》。

③ 《宋史》卷四八五《夏国传上》。

④ 《俄藏黑水城文献》第 9 册《官阶封号表〈乙种本〉》，第 368—370 页。

⑤ 《宋史》卷四八六《夏国传下》。

⑥ 《续资治通鉴长编》卷四九〇，哲宗绍圣四年八月丙戌条。

⑦ 《宋会要辑稿》兵一四。

起兵符契、兵马军书，并获蕃丁头凡三十八级。"① 等等。

在蒙夏战争中，西夏的"统军"也经常出现，只不过其常常作为音译的词汇"钤部""甘卜""敢不"出现。2013 年 9 月河北省邯郸市大名县陈庄村出土《宣差大名路达鲁花赤小李钤部公墓志》，为元代唐兀人昔里氏的墓志。该墓志背面存十一个西夏文字，为"𗼎𗼰𗃽𗗙𗹭𗏵，𗆜𗝢𗿒𗗙𗗨𗱷"，可译为："田氏夫人阿母，小李统军大"。② 其中"小李统军大"正好可以与正文的"小李钤部公"相对应。事实上，按《番汉合时掌中珠》，"𗏵𗗙（统军）"的汉语对音为"遏暮"③，而依照宋代西北方音可分别拟音为 ga 和 bIv④，"钤部""甘卜""敢不"等，皆指的是西夏的"统军"。

在元人王恽的文集《秋涧集》中，即收有《大元故大名路宣差李公神道碑铭》，记载了昔李氏的家世，"显祖府君历夏国中省官，兼判枢密院事。皇考府君用级爵受肃州钤部。其后因以官称为号，丧乱谱亡，遂逸名讳。公昆弟四人，独公少负气节，通儒释，洞晓音律，以荫儓直宫省，积劳调沙州钤部。"⑤ 其中写得很明确，其"皇考"为"肃州钤部"，而其本人为"沙州钤部"，即分别为肃州、沙州的"统军"。

《蒙古秘史》中还出现一位著名西夏将领"阿沙敢不"。"阿沙"为吐谷浑的分支阿柴族的姓氏，⑥ 而被认为是"称号"的"敢不"现在看来，也就是"统军"这一职位了。⑦ 从《蒙古秘史》中看，阿沙敢不可以说是西夏朝中坚定抗蒙派，在成吉思汗西征时要求西夏协同出征时，"不儿罕（西夏皇帝）还没说

---

① 《续资治通鉴长编》卷三二七，神宗元丰五年六月辛亥条。
② 朱建路：《元代〈宣差大名路达鲁花赤小李钤部公墓志〉考释》，《民族研究》2014 年第 6 期。
③ （西夏）骨勒茂才著，黄振华等整理：《番汉合时掌中珠》，宁夏人民出版社 1989 年版，第 28 页。
④ 李范文：《宋代西北方音——〈番汉合时掌中珠〉对音研究》，中国社会科学出版社 1994 年版，第 73 页。
⑤ 《王恽全集汇校》卷第五一《大元故大名路宣差李公神道碑铭并序》，中华书局 2013 年版，第 2377—2378 页。
⑥ 余大钧译：《蒙古秘史》，河北人民出版社 2001 年版，第 438 页。
⑦ 余大钧译：《蒙古秘史》，河北人民出版社 2001 年版，第 460 页。

话，阿沙敢不先说道：'兵力不足，做什么大汗！'"①而在蒙古西征之后，蒙古派使者前往西夏，阿沙敢不又称："如今你们蒙古人以为惯战而欲来战，我们阿拉筛（阿拉善）②营地有撒帐房和骆驼的驮包，就请你们到阿拉筛来与我们交战吧。如果需要金银、缎匹和财物，就请你们到中兴府、西凉府来吧！"后来"成吉思汗遂直趋贺兰山，与阿沙敢不交战，打败了阿沙敢不，围困他于贺兰山上的寨子里，擒获了阿沙敢不，把他的有撒帐房、有骆驼驮包的百姓，如拂灰般地俘虏了"③。

《位阶表》中"统军""同次等位"，而传世典籍中也反映出其具有较高的地位。虽然诸如"贺浪罗"④"叶悖麻""咩吡埋"⑤"嵬名妹精嵬"⑥"叶悖麻""咩吡埋"⑦等人物已经无法考其生平，但就仅对于可考的来说，已显示其具有较高的地位。如"夏西寿统军嵬名阿埋"⑧即为"夏人桀黠用事者"；而元丰四年，宋夏在"堪哥平"的战役中，与宋将刘昌祚作战的"统军"，就是西夏的"国母弟梁大王"⑨；而身为"夏国右厢统军"⑩的人多保忠，更是继其父人多唛丁之职⑪而为，他们是系"久据西南部落，素为桀黠"⑫的地方酋豪；而敢于顶撞成吉思汗的阿沙敢不，更是直接领军与蒙军交战。以上例子无不表明西夏的统军是一个手握兵权、地位崇高的职务。

由于西夏普遍实行的部落兵制，不仅军政合一，寓兵于牧（农），而且兵

---

①　余大钧译：《蒙古秘史》，河北人民出版社 2001 年版，第 438 页。
②　原译为"贺兰山"，其实"阿拉筛"应当指阿拉善。
③　余大钧译：《蒙古秘史》，河北人民出版社 2001 年版，第 460 页。
④　《续资治通鉴长编》卷四九〇，哲宗绍圣四年八月丙戌条。
⑤　《宋史》卷三四九《刘昌祚传》。
⑥　《续资治通鉴长编》卷三二七，神宗元丰五年六月辛亥条。
⑦　《宋史》卷三四九《刘昌祚传》。
⑧　《宋史》卷四八六《夏国传下》。
⑨　《续资治通鉴长编》卷三一七，神宗元丰四年十月乙丑条。
⑩　（宋）李复：《潏水集》卷三《又上章丞相书》，文渊阁四库全书影印本 1121-23。按：今人多取《宋史·夏国传》记载，以仁多保忠为"夏国卓罗右厢监军"，但该职系崇宁三年时保忠的职位，此时的保忠应当已经被削过一次兵权，故不取。
⑪　"父唛丁死，侄保宗代为统军"，《续资治通鉴长编》卷五〇三，哲宗元符元年十月丙戌条。
⑫　《续资治通鉴长编》卷四六七，哲宗元祐六年十月甲戌条。

力与空间相统一，因为才有了西夏的"点集"之制，所谓"每有事于西，则自东点集而西；于东，则自西点集而东；中路则东西皆集"[①]。而统军行统兵之权也有一定的空间范围，这也是西夏的统军往往前面会加上地名，如"西寿统军""肃州钤部""沙州钤部""右厢统军"等，指的就是他们在一定的区域行使他们的统兵之权。

西夏文献中所出现的非司属职官并不限于以上所述，文献中还有若干其他非司属职官，如《位阶表》(《官阶封号表（乙表）》)中的"坦行"[②]等。以上职位也就是西夏的非司属职位，虽然它们常常在西夏职官制度的研究中被忽略，但它们是西夏职官体系的重要组成部分，发挥着重要作用。

（三）小结

西夏中央官制体系大体可以分为三类，第一类为司属职位，即在各级机构中任职的职位。

第二类虽然不隶属于某个机构，但它依然独立地行使着某种职权，如帝师、国师、上师等诸师，再如统军、谏臣等。不仅如此，这些职位大体上也有着与五等司相对应的"上、次、中、下、末"等位（帝师除外）。

第三类即不隶属于某个机构，同时他也似乎并不见有什么具体的职能，如"皇太子、宰相、国相、诸王、太尉、三公、驸马、中书令、枢密使、内宫走马、平章事、光禄大夫"，但它们的地位却比一般的职位要高，甚至是远远高出"上等位"的中书、枢密诸官。

前两类的官职有的在机构任职，有的不在机构任职，但二者均有着上、次、中、下、末相应的地位，要么独自，要么通过机构来承担着具体的职事。可以说，二者共同构成了西夏政权得以正常运转的国家机器。这一机构的实质是遵循着专制主义中央集权制度金字塔式阶序化的基本模式，并且绝大多

① 《宋史》卷四八六《夏国传下》。
② 《俄藏黑水城文献》第 9 册《官阶封号表〈乙种本〉》，第 368—370 页。

数的机构能够在宋代，尤其是宋初制度中找到原型，并保留着其所继承机构的基本职能。应该说，这都是西夏对中原王朝政治制度学习与模仿的痕迹。

虽然西夏官制"多与宋同"，但相比较宋代，其职司设置明显要简单得多，但也同时很少见机构臃肿、职能重叠的现象，这也体现出西夏的政治较为清简，风气较为质朴。

同时西夏还设有皇太子、宰相、国相、诸王、太尉、三公、驸马、中书令、枢密使、内宫走马、平章事、光禄大夫等位，他们不附属于某个机构，却有着超越五等司以上的崇高地位。担任此职位者，都是朝中权势滔天的人物，如西夏前期担任"枢密使"的嵬名山遇，[①] 任"国相"的张元[②]、梁乙埋，任"国相"[③] 又任"太师上公"[④] 的任得敬，任中书令的"嵬名令公"[⑤] 等。也就是说，这些高位的"虚职"看似不承担具体的"职事"，但其实他们的权力大到足以干涉任何部门的任何"职事"。

事实上，任这些"虚职"的人物俨然构成了一个庞大的权力群体。如果说五等位下，分文武班的"职"与"司"构成了西夏运转中的国家机构，那么这一群体毫无疑问就是操作这个机器的"手"。

其实我们再反观《宋史·夏国传》描述西夏职官初设的情形：其官分文武班，曰中书，曰枢密，曰三司，曰御史台，曰开封府，曰翊卫司，曰官计司，曰受纳司，曰农田司，曰群牧司，曰飞龙院，曰磨勘司，曰文思院，曰蕃学，曰汉学，[⑥] 自中书令、宰相、枢使、大夫、侍中、太尉已下，皆分命蕃

---

① （北宋）司马光撰，邓广铭、张希清点校：《涑水记闻》卷一二，中华书局 1989 年版，第 220 页。

② （北宋）苏轼注，李之亮笺注：《苏轼文集编年笺注》卷二八《奏议二十首》，巴蜀书社 2011 年版，第 11 页。

③ 《宋史》卷四八六《夏国传下》。

④ 参见俄藏 TK124《金刚般若波罗密经》经末的发愿文记"太师上公总领军国重事秦晋国王"，参见史金波《西夏"秦晋国王"考论》，《宁夏社会科学》1987 年第 3 期。

⑤ 《元史》卷一《太祖纪》。

⑥ 此处原为"。"，现改为"，"。通过以上叙述，不难看出，此处"命蕃汉人为之"的，就是所分的官的文武班。

汉人为之。文献说得很明白，"分命蕃汉人为之"，被分为文武班，任职于中书、枢密、三司等机构之内的百官，皆是在中书令、宰相、枢使、大夫、侍中、太尉等"已下"。文献要表达的正是西夏职官制度这种双层的权力结构。

不过，这一权力群体是由什么人构成的呢？似乎西夏一朝时代不同，情况也不一样。比如李元昊时，有身为汉人的"相国"张元，攻"攻呐厮啰"被执的苏奴儿[①]，有宗室"嵬名山遇"兄弟任枢密[②]，有野利氏兄弟为"天都王"、"野利王"，[③] 有汉人，有宗室，亦有大族"酋豪"。而在两位梁太后先后主政时，梁氏宗族大量地进入到了西夏统治集团内部，如梁乙埋、梁乙逋。不过至少到了仁宗朝，这种位居五等司以上的职位就基本上由宗室占据了，诸如"皇太子""节亲主""诸王""驸马"等无不透露他们宗室的身份。不仅如此，宗室还开始普遍地在高级的职司内任职，比如在《天盛律令·颁律表》中不仅身为高级职位的"北王"和"中书令"是嵬名氏，中书、枢密中任职的"正官"中，亦绝大多数为嵬名氏，足见宗室在西夏中后期势力的庞大。

---

① 《宋史》卷四八五《夏国传上》。
② 《涑水记闻》卷一二，中华书局1989年版，第220页。
③ 《涑水记闻》卷一一，中华书局1989年版，第206页。

六、地方官制

西夏疆域"东尽黄河，西界玉门，南接萧关，北控大漠"，乃盛唐时期"河西陇右"之故土。但安史之乱后，唐王朝尽失其地，包括"兰、渭、原、会，西至临洮，东至成州，抵剑南西界"以及"黄河以北，从故新泉军，直北至大碛，直南至贺兰山骆驼岭为界"①以西。这里的社会经济也随之发生了游牧化的过程，至唐末、五代时，分布在这里的吐蕃、党项等诸多的游牧部族"族种分散，大者数千家，小者百十家，无复统一矣"②，"其帐族有生户、熟户，接连汉界、入州城者谓之熟户，居深山僻远、横过寇略者谓之生户。其俗多有世仇，不相来往，遇有战斗，则同恶相济，传箭相率，其从如流。虽各有鞍甲，而无魁首统摄，并皆散漫山川，居常不以为患"。③在这种情况下，关陇地区在唐朝实行的乡、里制，渐渐演化为部落制。④

因此，在西夏建立后，对于地方的行政管理，没有再继续使用州—县二级管理体制。而是出现了监军司，以及府、军、州、郡、县、城、寨等诸多互不统属的行政单位，它们分别以不同的方式统辖着不同的区域，管理着不同的群体。

① 《旧唐书》卷一九六下《吐蕃传下》。
② 《宋史》卷四九二《吐蕃传》。
③ 《宋史》卷二六四《宋琪传》。
④ 参见李昌宪《西夏疆域与政区考释》，《历史地理》第十九辑，上海人民出版社 2003 年版。

如果说，"多与宋同"尚可概括西夏中央职官设置的表现特征，那么西夏地方职官的设置，则与唐、宋等中原王朝相较，则真可算得上风格迥异了。

（一）司设职官

1. 经略司

经略司在西夏前期的史料中没有记载，而大约在宋仁宗时代，西夏的行政区域较之前做了较大的调整，不仅将全国疆域划分为京师、地中、地边、边中①，原先的监军司亦增置、改置，或变换名称，数量为十七个②，兹不赘述。而此时的监军司由一个被称为"经略司（𗧓𗆤𗾑）"的机构来管理。

经略司承自宋代西北"掌一路兵民"③的"经略安抚使"④，但二者职权差距甚大。经略司虽然没有在《天盛律令·司序行文门》中所列五等司中出现，但其仅比位于上等司中的"中书、枢密低一品"，并且还"大于诸司"⑤。其所掌印信为"银重二十五两"，大小"二寸三分"，在诸司中仅次于"中书""枢密"二司的"银重五十两""长宽各二寸半"。⑥

经略司大体管领着除了啰宠岭监军司以外的十六个监军司。⑦如边中诸军职官员任免亦"当报边中一种所属监军司，经经略使处，依次变转"⑧。而已任职的"边中正副统、刺史、监军、习判及任其余大小职位等完限期时，至

---

① 京师指首都兴庆府及临近的二县、五州辖地，地边指边界区域，地中指介于二者之间的区域，边中是地中和地边的统称，指京师以外的所有区域。参见潘洁《〈天盛律令〉中的地边、地中、边中》，《〈天盛律令〉研究》，上海古籍出版社 2014 年版，第 446 页。

② 张多勇：《西夏监军司的研究现状和尚待解决的问题》，《西夏研究》2015 年第 3 期。

③ 《文献通考》卷六二《职官考十六·经略使》。

④ 刘双怡：《西夏地方行政区划若干问题初探》，《宋史研究论丛》第十六辑，河北大学出版社 2015 年版。

⑤ 《天盛改旧新定律令》卷一〇《司序行文门》。

⑥ 《天盛改旧新定律令》卷一〇《官军敕门》。

⑦ 西夏中后期边中监军司共十七个，但啰宠岭监军司不属于经略司管。参见《天盛改旧新定律令》卷一七《物离库门》。

⑧ 《天盛改旧新定律令》卷一〇《官军敕门》。

二十日以内者，所属经略应酌计宽限期"①。监军司更换武器装备时，"每年正月五日以内，当告经略使处，经略使当一并总计而变。"②士兵所配给的"官马、坚甲、杂物、武器季校"等，则"当行文经略司所属者，当由经略大人按其处司所属次序，派遣堪胜任人使为季校队将"③；各地"巡检勾管者捕何盗诈、遣送何司、是何局分等，一个月一番，属经略当报于经略"④。

其长官为"经略史"如《金史·交聘表》载：金世宗大定十七年（1177）"十二月甲午，夏遣东经略使苏执礼"使金。⑤《天盛律令》亦有规定，使军因犯罪而戴铁枷时，原判处当增记簿册上，边中向经略使引送。⑥《天盛律令·颁律表》中亦有"东经略使、副枢密承旨、三司正、汉学士赵□"⑦。经略司中还设有诸多吏员，如"案头、司吏"等，《天盛律令》中规定"诸边经略使……遣案头十名"⑧。"诸边经略使监军司全部一律当遣五十"。⑨在经略司任职的，则多为汉臣，如之前提到的东经略使"苏执礼""赵□"等，以及西经略使的都案"刘仲达""刘纯仁"等。

经略司总领其辖境内的军政与民政，诸多府、军、郡、县等非军事性质的行政单位亦纳入其管辖。如在经济方面，如边中诸司的官畜、谷、物的借领、供给、交还、偿还、催促损失以磨勘，皆"当经经略使处依次转告"⑩；在司法方面，诸司"应获死、无期之人"，"劳役、革职、军、黜官、罚马"等，刑审之后，"报经略职管司等，当待谕文"⑪，"经略人亦再查其有无失

---

① 《天盛改旧新定律令》卷一〇《失职宽限变告门》。
② 《天盛改旧新定律令》卷四《修城应用门》。
③ 《天盛改旧新定律令》卷五《季校门》。
④ 《天盛改旧新定律令》卷一三《派大小巡检门》。
⑤ 《金史》卷六一《交聘表中》。
⑥ 《天盛改旧新定律令》卷二《戴铁枷门》。
⑦ 《天盛改旧新定律令·颁律表》。
⑧ 《天盛改旧新定律令》卷一〇《司序行文门》。
⑨ 《天盛改旧新定律令》卷一〇《遣边司局分门》。
⑩ 《天盛改旧新定律令》卷一七《库局分转派门》。
⑪ 《天盛改旧新定律令》卷九《事过问典迟门》。

误"。①边中"刺史""审视推察""枉法、稽缓、受贿、徇情"等情况，亦须"一个月一番报于经略"②。不过，值得注意的是，经略司大约为中央的派出机构，其对边中诸司并非强制性的领导，而大体发挥着上传下达的职能，应当属于中央的派出机构。经略司分为"东南经略使"与"西北经略使"③，而《亥年新法》亦有一残页，存"𗓲𗾈𗟲𗤱𗼕𗤋𗋽□𗿒𗓲𗾈𗟲"等字，可译为"二经略京畿及？□东二经略"④，印证了西夏有两个经略司。西夏的这两个经略司亦在其他文献中出现，亦作东经略司与西经略司，如《金史·交聘表》中有："东经略使苏执礼"；⑤《天盛律令·颁律表》中有"东经略使"名为"赵□"。⑥而甘肃武威市西郊林场所发现的西夏墓葬中，1号墓题记存"故亡考西路经略司兼安排官□两处都案刘仲达"；2号墓题记存"西经略司都案刘纯仁"的，时间是桓宗"天庆七年"。⑦此外，带有"西经略司"字样的题记出土于武威，也就是当时的凉州。

2. 监军司

由于以"逐水草而居"为基本生产形式、以骑射术为基本生产技术，再加上长于掠夺，游牧人群具有较强的军事性，且常常形成军政合一的政治体制。⑧

在北方游牧民族中，军政合一常常通过普遍实行"千户""万户"等领户的分封来实现。而在西夏，诸多的部落"首领，各将种落之兵"⑨，被吸纳

---

① 《天盛改旧新定律令》卷九《诸司判罪门》。
② 《天盛改旧新定律令》卷九《行狱杖门》。
③ 《天盛改旧新定律令》卷四《修城应用门》。
④ 《俄藏黑水城文献》第9册《亥年新法》，上海古籍出版社1999年版。
⑤ 《金史》卷六一《交聘表中》。
⑥ 《天盛改旧新定律令·颁律表》。
⑦ 《中国藏西夏文献》第18册，甘肃人民出版社、敦煌文艺出版社2005年版，第263页。
⑧ 蔡凤林：《游牧民族军事性形成原因初探——以游牧经济生活为主线》，《中国边疆史地研究》1996年第4期。
⑨ 《续资治通鉴长编》卷一三二，仁宗庆历元年五月戊戌条。

到国家的体制中。大约在景祐二年，李元昊在"悉有夏、银、绥、宥、静、灵、盐、会、胜、甘、凉、瓜、沙、肃"等地的基础上，"置十二监军司，委豪右分统其众"①，西夏的监军司就是一个有着广阔辖区，统领着诸多游牧部族，集军事及行政于一体的地方机构。

监军司，西夏文作"𗥔𗥦𗧠"，诸多的"边中监军司"位列西夏的中等司，是西夏独有的机构。

李元昊所置的十二监军司"曰左厢神勇、曰石州祥祐，曰宥州嘉宁、曰韦州静塞、曰西寿保泰、曰卓啰和南、曰右厢朝顺、曰甘州甘肃、曰瓜州西平、曰黑水镇燕、曰白马强镇、曰黑山威福"②。部分监军司名称在嘉祐七年有所改亦，"又改西寿监军司为保泰军，石州监军司为静塞军，韦州监军司为祥祐军，左厢监军司为神勇军。"③监军司名称还存在着一名多译的情况，比如西寿监军司，又称"锡硕克监军"④、西市监军；韦州监军司，又作威州监军司；白马强镇监军司称为"娄博贝"。

十二监军司所统的部民亦为边防的军队，常常在对外战争中发挥重大作用，文献中多有出现，如宋神宗熙宁四年（1071）"近诸处觇西贼聚十二监军司人马及取齐地名，皆有考据"。神宗元丰四年（1081）谞言："捕获西界伪枢密院都案官麻女吃多革，熟知兴、灵等州道路、粮窖处所，及十二监军司所管兵数。已补借职，军前驱使。"同年，诏沈括："闻贼会十二监军司兵萃于灵武，内外拒捍官军。缘庆、渭之军暴露日久，人饥力疲，须得外来生兵为助，杀逐救援贼马，通活粮道，未论攻城利害，且全两路之师，整阵南归，已为上计。"神宗元丰五年（1082）鄜延路经略司言："据捕获蕃部策木多伊克称，本弓箭手，十年前为西贼所俘，隶牙头、祇候殿直屈埋下，昨闻牙头

---

① 《宋史》卷四八五《夏国传上》。
② 《宋史》卷四八六《夏国传下》。
③ 《宋史》卷四八五《夏国传上》。
④ 《续资治通鉴长编》卷五〇五，哲宗元符二年正月壬戌条。

点集十二监军司兵，欲往鄜延。"①

　　至仁宗天盛初年，西夏监军司已成为 17 个。按照派遣官员数量的不同而分为两类，均属于中等司。一类十二监军司，为石州（𗥔𗯿）、东院（𗼨𗟚）、西寿（𗂸𗅠）、韦州（𘊝𗡞）、卓啰（𗼃𗥔）、南院（𗗙𗟚）、西院（𘃸𗟚）、沙州（𗰜𗿓）、啰庞岭（𗥜𗂧𘄡）、黑山（𗼻𗥜𗏹）、北院（𗑗𗟚）、年斜（𗸍𗯿）等；一类五种，肃州（𘝞𗿓）、瓜州（𗵽𗿓）、黑水（𗼻𗇟）、北地中（𗑗𗉖𗴺）、南地中（𗗙𗉖𗴺）等。

　　《天盛律令》中记载了监军司所设属官情况。一类十二监军司，设二正、一副、二同判、四习判等 9 人，另各设三名都案。一类五监军司，设一正、一副、二同判、三习判等 7 人。②另外，设有若干司吏。汉文文献中出现的监军司属官有正、副监军使，简称监军、副监军、正监军等。如西寿监军"妹勒都逋"③。

　　关于监军司所设官员与部落首领的关系，《宋会要辑稿·兵》中有载，其中"大首领谓正监军……次首领谓副监军……小首领谓钤辖、都头、正副寨主之类"④。这说明，大首领可以为正监军，次首领可以为副监军。《天盛律令》"如所属首领、族父等同意，自有二十抄者可设小首领一人，十抄可设舍监一人"⑤。

　　监军使掌司印、符牌、兵符等，《天盛律令》卷一〇规定了各司司印，监军司属于中等司，司印为铜镀银十二两，长宽各二寸。《天盛律令》卷一三"诸监军司所属印、符牌、兵符等当记之，当置监军司大人中之官大者处。送发兵谕文时当于本司局分大小刺史等众面前开而合符"⑥。并规定"发兵谕

---

　　① 《续资治通鉴长编》卷二二〇，神宗熙宁四年二月丁巳条；卷三一八，神宗元丰四年十月丙寅条；卷三二〇，神宗元丰四年十一月庚戌条；卷三二八，神宗元丰五年七月辛卯条。
　　② 《天盛改旧新定律令》卷一〇《司序行文门》。
　　③ 《东都事略》卷九七《列传八十》。
　　④ 《宋会要辑稿》兵一一八。
　　⑤ 《天盛改旧新定律令》卷六《行监溜首领舍监等派遣门》。
　　⑥ 《天盛改旧新定律令》卷一三《执符铁箭显贵言等失门》。

文等中，符皆不合者，需要兵力语是真实，则刺史、监军同官当发兵"①。这里的同官，对应西夏文为"𗧁𗭏"，第一个字具有爵的意思，第二个字是汉语借词，音义均为同。从字面意思理解，"𗧁𗭏"很有可能指的是刺史与监军司大人拥有相同的官爵。

各监军司有其驻地，其职权的行使，主要就是在其辖区范围之内。从职能上看，监军司其军政合一的特征非常明显。

第一，从诸多的文献中看，其有统之权，发兵时须合符。宋元丰四年（1081）十一月，诏"闻贼会十二监军司兵萃于灵武，内外拒捍官军"②。宋元丰五年（1082）七月，"昨闻牙头点集十二监军司兵，欲望鄜延。"③宋元丰八年（1085）十二月，"谍报西贼集九监军司人马欲犯兰州。"④宋元祐二年（1087）八月，"夏国主乾顺尽召十二监军兵屯会州天都山西南"。⑤宋绍圣四年（1097）三月，泾原路经略司言西夏起甘州等六经略司军马。⑥此处的"贼""牙头""西贼"均为宋对西夏的称呼。

第二，管理军籍，每年畿内三月一日，地中四月一日，地边六月一日等三种时间交纳军籍。"按所属次第由监军司人自己地方交纳籍者，年年依时日相互缚系自□□□。当派主监者使集中出检，与告状当□□来交纳。"⑦

第三，接待外国使者，安置他国投诚而来的僧、道及其他人等。《天盛律令》卷一三规定："他国使来者，监军司、驿馆小监当指挥，人马口粮当于近便官谷物、钱物中分拨予之，好好侍奉……又来京师者，送使人者应执符，则送以符，不应执符者，监军司当送以骑乘。"⑧

---

① 《天盛改旧新定律令》卷一三《执符铁箭显贵言等失门》。
② 《续资治通鉴长编》卷三二〇，神宗元丰四年十一月庚戌条。
③ 《续资治通鉴长编》卷三二八，神宗元丰五年七月辛卯条。
④ 《续资治通鉴长编》卷三六二，神宗元丰八年十二月甲戌条。
⑤ 《续资治通鉴长编》卷四〇四，哲宗元祐二年八月戊戌条。
⑥ 《宋会要辑稿》兵八之三三。
⑦ 《天盛改旧新定律令》卷六《纳军籍磨勘门》。
⑧ 《天盛改旧新定律令》卷一三《执符铁箭显贵言等失门》。

《天盛律令》卷一一规定："他国僧人及俗人等投奔来，百日期间当纳监军司，本司人当明晓其实姓名、年龄及其中僧人所晓佛法、法名、师主为谁，依次来状于管事处，应注册当注册，应予牒当予牒。"[1] 他国投诚人员在一定数额以内，由监军司安置，令寻担保者，三个月以内告奏京师，应安置则安置。[2]

第四，民事诉讼、牲畜管理、囤积粮食等。"诸人因互相争讼而投奔地边，经略使上职管者因种种公事当告原先所属监军司。"[3] 黑水城因地处边远，依律校畜时，当由"监军、习判中一人前往校验，完毕时，令执典册、收据种种及一局分言本送上"。且所养牲畜"患病时，当告监军司验视"[4]。《续资治通鉴长编》卷五〇五：章楶曰"西界诸处缺草，盖缘去年夏国点聚诸监军人马践踏食用，兼闻诸监军地分窖藏斛斗"[5]。且《天盛律令》卷一五有关条文规定："地边、地中纳粮食者，监军司及诸司等局分处当计之。"[6]

3. 府、军、郡、州、县、城、寨

除了监军司以外，在各类史书中还出现有府、郡、州、军、县、城、寨等行政单位。

虽然说，除了"城、寨"以外，诸多行政单位都是可以在中国古代其他王朝中见到的。但是，西夏的这些行政建制的组织方式与唐、宋州—县二级的行政体制并不相同。宋代诸多种类的"州"以上设置"路"一级的派出机构，州下又统有县。但西夏的这些行政单位似乎并不相统属，分列于除上等司外的四等司中。详见下表：

《天盛律令·司序行文门》中的行政单位等级：[7]

---

[1] 《天盛改旧新定律令》卷一一《为僧道修寺庙门》。
[2] 《天盛改旧新定律令》卷七《为投诚者安置门》。
[3] 《天盛改旧新定律令》卷九《越司曲断有罪担保门》。
[4] 《天盛改旧新定律令》卷一九《校畜磨勘门》。
[5] 《续资治通鉴长编》卷五〇五，哲宗元符二年正月己酉条。
[6] 《天盛改旧新定律令》卷一五《纳领谷派遣计量小监门》。
[7] 杨蕤：《西夏地理研究》，人民出版社 2008 年版，第 141 页。

等级	单位名称
上等司	无
次等司	中兴府（[illegible]）、大都督府（[illegible]）、西凉府（[illegible]）、府夷州（[illegible]）、中府州（[illegible]）
中等司	鸣沙军（[illegible]）、华阳县（[illegible]）、治源县（[illegible]）、五原县（[illegible]）、虎控军（[illegible]）、威地军（[illegible]）、大通军（[illegible]）、宣威军（[illegible]）
下等司	定远县（[illegible]）、怀远县（[illegible]）、临河县（[illegible]）、保静县（[illegible]）、灵武郡（[illegible]）、甘州城司（[illegible]）、永昌城（[illegible]）、开边城（[illegible]）、真武县（[illegible]）、西宁（[illegible]）、孤山（[illegible]）、魅拒（[illegible]）、末监（[illegible]）、胜全（[illegible]）、边净（[illegible]）、信同（[illegible]）、应建（[illegible]）、争止（[illegible]）、龙州（[illegible]）、远摄（[illegible]）、银州（[illegible]）、合乐（[illegible]）、年晋城（[illegible]）、定功城（[illegible]）、卫边城（[illegible]）、富清县（[illegible]）、河西县（[illegible]）、安持寨（[illegible]）
末等司	绥远寨（[illegible]）、西明寨（[illegible]）、常威寨（[illegible]）、镇国寨（[illegible]）、定国寨（[illegible]）、凉州（[illegible]）、宣德堡（[illegible]）、安远堡（[illegible]）、讹泥寨（[illegible]）、夏州（[illegible]）、绥州（[illegible]）

通过上表来看，“府”和“军”的建制，前者为次等司，后者为中等司，地位较高。州、郡、县、城、寨等地位也不等，如在宋代建制较低的“县”，在西夏“华阳县、治源县、五原县”等甚至位列中等司，而党项故地的夏州、宥州虽为“州”却位列末等司。甚至在宋代谈不上有什么建置的“城”“寨”等，在西夏“开边城、安持寨”，甚至位列于下等司。

事实上，由于丧失了州—县二级管理制这一大的行政背景，西夏虽然保留了府、军、郡、州、县等名称，但它们只不过是一个个大小不等，发挥着军事驻防、贸易集散、交通枢纽等功能性的城、堡、寨而已。虽然或大或小的城寨确为独立的行政单位，但并不存在着逐级统属的关系。

（1）府

从《司序行文门》中看，"府"应当是诸多行政建制中级别最高的一种，皆位于次等司之列。但诚如前文所述，其地位虽高，但并不领州、县，这与唐宋制度完全不同。《司序行文门》中记载了"中兴府、大都督府、西凉府"等，不过除此之外，史籍中还有西平府、宣化府、神堆府等出现。

兴庆府是西夏的首都，初为怀远镇，宋天禧四年（1020），"德明城怀远镇为兴州以居。""后升兴庆府，又改中兴府。"① 然而，《金史·交聘表》就出现了中兴尹（1176—1186）的官名。

中兴府为西夏的中央政府所在地，集政治、经济、文化为一体。除了管理京城的日常事务以外，还参与京师诉讼案件的审理。如《天盛律令》中有所规定："诸人有互相争讼陈告者，推问公事种种已出时，京师当告于中兴府、御史，余文当告于职管处，应取状。"②

中兴府属于次等司，设有八正、八承旨、八都案、二十六案头等官职。中兴府正、中兴府副，在《天盛律令·颁律表》中有所出现，为"中兴府正杨时中"、"中兴府副嵬名盛山"，作为律令的编纂参与者。③ "中兴尹"，在《金史》中多次出现，金大定十五年（1175）"十二月丙午，夏遣中兴尹讹罗绍甫、翰林学士王师信等谢横赐"。二十五年（1185）"十一月丙申，夏国以车驾还京，贺尊安使御史大夫李崇懿、中兴尹米崇吉、押进瓯匣使李嗣卿等朝见"④。"知中兴府""知中兴府事"亦有所出现，如金大定六年（1166），"贺万春节"的"押进知中兴府赵衍等"；明昌五年（1194），"贺天寿节"的"押进知中兴府野遇克忠等"；承安五年（1200）"谢恩"的"知中兴府高

---

① 《元史》卷六〇《地理志三》。
② 《天盛改旧新定律令》卷九《越司曲断有罪担保门》。
③ 《天盛改旧新定律令·颁律表》。
④ 《金史》卷六一《交聘表中》。

永昌"，泰和六年（1206），"入见"的"押进知中兴府梁德枢等"①。明昌六年（1195），"谢赐生日"的"知中兴府事郝庭俊等"；承安二年（1197）八月，"奏告榷场"的"知中兴府事李德冲等"，以及十二月"谢复榷场"的"知中兴府事高德崇"等；泰和二年"谢横赐"的"知中兴府事杨绍直等"。②此外还有"知中兴府通判"，金泰和五年（1205）"知中兴府通判刘俊德来谢横赐"③。事实上，史料中出现的中兴府正、中兴府副、中兴尹、知中兴府、知中兴府事、知中兴府通判等官职，应当就是《司序行文门》的中兴府"八正"的官职。

西凉府（今甘肃武威市）系于宋咸平六年（1003）继迁首次攻取，④宋仁宗天圣六年（1028）李元昊复取。宋宝元元年（1038）李元昊改元称帝时，"自诣西凉府祠神，仍遣使以借号来告。"⑤西凉府在西夏有着重要的军事地位，如皇祐二年（1050）三月辽军伐夏，北路军的目标就直指西凉府。⑥西夏末期，西夏面对蒙古接连的军事打击，西凉成为了首都兴庆府的后方，如金兴定二年（1218）正月"乙酉，陕西行省获归国人，言大元兵围夏王城，李遵顼命其子居守而出走西凉"⑦。1174年"（成吉思汗）伐西夏，围其王城，夏主李遵顼出走西凉"⑧。

西凉府驻凉州，属于五等司中的次等司，设六正、六承旨、六都案、七案头等官职。在编号 инв. No. 352B《西凉府签判》的黑水城出土西夏文书中还出现有"榷场使兼拘榷官西凉府签判"一职。⑨

大都督府驻地灵州。灵州在唐代为朔方军节度使的驻所，唐肃宗在灵州

---

① 《金史》卷六一《交聘表中》；卷六二《交聘表下》。
② 《金史》卷六二《交聘表下》。
③ 《金史》卷六二《交聘表下》。
④ 《宋史》卷四八五《夏国传上》。
⑤ 《续资治通鉴长编》卷一二二，仁宗宝元元年十月甲戌条。
⑥ 《续资治通鉴长编》卷一六八，仁宗皇祐二年三月庚子条。
⑦ 《金史》卷一五《宣宗纪中》。
⑧ 《元史》卷一《太祖纪一》。
⑨ 《俄藏黑水城文献》第6册《西凉府签判》，上海古籍出版社2000年版，第285页。

即位后将其升为大都督府。西夏仿宋制设大都督府。并设有转运司，掌管催促水地、渠干之租，催缴京师界冬草、条椽等；大都督府还有派遣京师界的巡检勾管的职责。下设租院、卖曲税院、踏曲库、渡口等机构。各设小监、出纳，掌钥匙、栏头等官职管理事务。

大都督府属于次等司，设六正、六承旨，一刺史、六都案、七案头等官职。史料中还出现有大都督府所属其他官职，如后来的西夏神宗皇帝李遵顼，在宋嘉定四年（1211）八月，"始以宗室策试进士及第，为大都督府主"。①"高智耀，河西人，世仕夏国。曾祖逸，大都督府尹"。②《天盛律令·颁律表》中的纂定者中，有"汉学士大都督府通判芭里居地"③，大都督府主、大都督府尹、大都督府通判，应当也同样属于"六正"中的官职。

驻地甘州。《元史》卷六〇《地理志》载："甘州路，上。唐为甘州，又为张掖郡。宋初为西夏所据，改镇夷郡，又立宣化府。"④ 史书中对于宣化府的设置极其简略，对其属官无载。有人认为宣化府"应是一种民族宣抚机关，便于就地处理有关回鹘、吐蕃等族事务，以纾统治者西顾之忧"⑤。而又有人认为镇夷郡、宣化府就是府夷州。⑥

（2）州、县

西夏"州"的数量很多。在西夏前期，史载："元昊既悉有夏、银、绥、宥、静、灵、盐、会、胜、甘、凉、瓜、沙、肃，而洪、定、威、龙皆即堡镇号州，仍居兴州，阻河依贺兰山为固。"⑦ 加上兴州（《长编》多作怀州）为20州。

西夏中期所编定的《天盛律令》中有府夷州、中府州、绥州、银州、夏

---

① 《宋史》卷四八六《夏国传下》。
② 《元史》卷一二五《高智耀传》。
③ 《天盛改旧新定律令·颁律表》。
④ 《元史》卷六〇《地理志三》。
⑤ 吴天墀：《西夏史稿》，广西师范大学出版社2006年版，第162页。
⑥ 史金波：《西夏社会》，上海人民出版社2007年版，第708页。
⑦ 《宋史》卷四八五《夏国传上》。

州、甘州、凉州、肃州、瓜州、沙州、韦州、宥州、龙州、西宁州等。汉文本《杂字》有隆州，临河、保静、怀远、定远、定边等。

而到了西夏后期"河之内外，州郡凡二十有二。河南之州九：曰灵、曰洪、曰宥、曰银、曰夏、曰石、曰盐、曰南威、曰会。河西之州九：曰兴、曰定、曰怀、曰永、曰凉、曰甘、曰肃、曰瓜、曰沙。熙、秦河外之州四：曰西宁、曰乐、曰廓、曰积石"①。共22州。

大体说来，早期诸州有夏（今陕西省靖边县红墩界镇白城子遗址）、银（陕西省横山县东）、绥（今陕西省绥德县）、宥（今内蒙古鄂托克旗南）、静（今宁夏永宁县南望洪乡）、灵（今宁夏吴忠市利通区内）、盐（今陕西省定边县）、会（今甘肃省靖远县西南）、胜（今内蒙古托克托县西南）、甘（今甘肃省张掖市西北）、凉（今甘肃省武威市）、瓜（今甘肃省瓜州县东南）、沙（今甘肃省敦煌市西南）、肃（今甘肃省酒泉市）、洪（今陕西省靖边县西南）、定（今宁夏平罗县姚伏镇）、威（今宁夏同心韦州镇）、龙（今陕西省靖边县南）、怀（今宁夏银川市东南黄河西或在永宁县东北）、兴州（今宁夏银川市）等二十个州，后期较前期有所变化，石（今陕西省横山县东北）、永（今宁夏永宁县附近）、西宁（今青海西宁市）、乐（今青海乐都县南湟水南岸）、廓（今青海贵德县）、积石州（今青海贵德西黄河南岸）等为后期所设，而静（今宁夏永宁县任存乡）、洪（今陕西省靖边县西中山涧乡）、龙（今陕西省靖边县龙州乡）、胜、绥州（今陕西省绥德县）为后期所无。所以，西夏后期所设州数为26。最后考证了并、代、麟（今陕西神木县北）、丰（今内蒙古鄂尔多斯准格尔旗沙圪堵镇西南武字湾古城遗址）、兰（今甘肃省兰州市）、顺（今宁夏青铜峡市邵岗堡西）、容、环（今甘肃环县）、伊和□州等10个有争议的州与西夏的关系。②

此外，史料中还有一些未被人所知的州：

---

① 《宋史》卷四八六《夏国传下》。
② 章巽：《夏国诸州考》，《开封师范学院学报》1963年第1期，第56页。

宁州:《元史·朵儿赤传》:"朵儿赤字道明,西夏宁州人。"①

承平州:西夏天授礼法延祚九年(宋庆历六年,公元1046)九月辛卯,"夏国主言,先以兵马收获承平州分水向西一带境土,既分赏得功将校,今边臣故有所争,未协累年之议。甲午,遣刑部员外郎张子奭往保安军,与夏国所遣人面议之,仍以诏谕夏国主。"②

南平州:西夏大安七年(宋元丰四年,公元1081)十一月癸未朔,"高遵裕言,以环庆兵趋灵州,是日次南平州,距城三十里遇贼接战"。③南平州,遵裕传以为南平泺,今从张舜民墓志及南迁录。

《天盛律令》所载县有华阳(𗆮𗀔)、治源(𗥃𗀔)、五原(𗱕𗀔)、定远(𗥦𗀔)、怀远(𗦲𗀔)、临河(𗼊𗵐)、保静(𘓺𘎑)、真武(𗏆𗼻)、富清(𗭴𗄩)、河西(𗏁𗁲)等。《元史·太祖纪》:西夏宝义元年(元太祖二十一年,公元1226)"秋,取西凉府搠罗、河罗等县,遂逾沙陀,至黄河九渡,取应里等县"④。

《天盛律令》中详细规定各个州县所设官吏的数量:

府夷州(𗆬𗱕𗤋)、中府州(𗥷𗆬𗤋)判护司设一正、一副、一同判、一经判、二都案、六案头。

华阳县(𗆮𗀔𗙎)、治源县(𗥃𗀔𗙎)设四大人、二都案、四案头。

定远县、怀远县、临河县、保静县(𗥦𗀔𗙎、𗦲𗀔𗙎、𗼊𗵐𗙎、𘓺𘎑𗙎)设二城主、二通判、二经判、二都案、三案头。

夏州(𗏁𗤋)、凉州(𗉼𗤋)设一寨主(𗹡𗀊)、一寨副(𗹡𘃨)、一行主(𗣼𗀊)。

宥州(𘓺𗤋)城司设一城主。

鸣沙(𗣼𗫦)城司设一城主、一副、一通判、一城守。

---

① 《元史》卷一三四《朵儿赤传》。
② 《续资治通鉴长编》卷一五九,仁宗庆历六年九月辛卯条。
③ 《续资治通鉴长编》卷三一九,神宗元丰四年十一月癸未条。
④ 《元史》卷一《太祖纪一》。

永便（□□）、孤山（□□）、魅拒（□□）、西宁（□□）、边净（□□）、末监（□□）、胜全（□□）、信同（□□）、应建（□□）、争止（□□）、甘州（□□）、龙州（□□）、远摄（□□）、合乐（□□）、真武县（□□□）、年晋县（□□□）、定功城（□□□）、卫边城（□□□）、折昌城（□□□）、开边城（□□□）、富清县（□□□）、河西县（□□□）、安持寨（□□□）等 23 种地边城司设一城主、一通判、一城观、一行主。① 可见，西夏的州主要设有城主（州主）、通判等官职。

西夏州县官员的设置与所处司等有关，而宋朝州县官的编制主要是根据所辖户口的多少及其职务的繁简程度而制订的，② 主要设有知州、通判、幕职、诸曹官、都监、监押、巡检、州学教授、监当官等官，县一般设有知县、主簿、县尉等官员。西夏所设官职大致也遵守五等司的原则，《天盛律令》中对此有明确的规定，如府夷州、中府州地位较高，就设有设一正、一副、一同判、一经判，二都案、六案头等官吏 12 名。华阳县、治源县次之，设有四大人、二都案、四案头等官吏 10 人。定远县、怀远县、临河县、保静县又次之，设有二城主、二通判、二经判、二都案、三案头等官吏 11 人。而同属于下等司的甘州、年晋县、真武县、银州、富清县、河西县六个州县官吏设置又有不同，除甘州、银州没有设官记载外，其他四县设一城主、一通判、一城观、一行主共 4 人。夏州、凉州仅设一寨主、一寨副、一行主 3 人，而同属于末等司的宥州没有设官记载。

虽然说，西夏府、军、郡、州、县、城、寨皆为独立的行政单位，互不统属，但具体行政单位地位的高低确是有一定规律的。比如：

第一，"府"建制较高，皆为次等司；军的建制次之，皆为中等司；州与县不等，城与寨不等，但总体上州、县要高于城寨。

第二，将所有的府、军、州、县、城、寨按地理位置排布，则能够发现，

---

① 《天盛改旧新定律令》卷一〇《司序行文门》。
② 苗书梅：《宋代州级属官体制初探》，《宋史研究论文集》，河北大学出版社 2002 年版。

通常离首都兴庆府越近的，地位越高，而反之则地位越低。如府夷州、中府州皆位于京畿地区，属于次等司，而夏州、绥州虽为党项故地，但其处于"边中"地区，仍位列于末等司。

第三，一些行政单位的地位也会受到经济、军事等要素的影响，比如西凉府，虽然地处"边中"，远离兴庆府，但却高列于次等司，主要是由于西凉府对于首都兴庆府的重要屏卫作用。所谓"西夏势成而灵州永固矣。盖平夏以绥、宥为首，灵州为腹，西凉为尾，有灵州则绥、宥之势张，得西凉则灵州之根固。况其府库积聚，足以给军事，调民食，真天府之国也"①。再如，鸣沙军、五原县，前者因御仓"天丰仓"在此，而后者有盐池，也皆位列于中等司，相反"怀远县""保静县"虽然离首都兴庆府很近，但仍然位列于下等司。②

4. 迁溜、军抄

西夏是一个多元经济结构的社会，其基层也存在着乡里与部落两种基本组织形式，分别对应着农业人口与游牧人口。不过，这两种形态下的人群都被西夏纳入到了称为"迁溜（𗾲𗕻）"基层组织之下进行管理。

虽然说西夏有农迁溜，有牧迁溜，但西夏在立国之初系"衣皮毛，事畜牧"③，以畜牧立国，牧迁溜应当系其主体，即使在西夏后期，农业有了长足的发展，《亥年新法》中却依然还有"十迁九牧"④之说。事实上，西夏迁溜本身就源于游牧经济下的部落组织。据史书记载，"西贼（西夏）首领，各将种落之兵，谓之'一溜'，少长服习，盖如臂之使指，既成行列，举手掩口，然后

①　《西夏书事》卷七。
②　刘双怡：《西夏地方行政区划若干问题初探》，《宋史研究论丛》第十六辑，河北大学出版社2015年版。
③　《宋史》卷四八五《夏国传上》。
④　《俄藏黑水城文献》第9册，上海古籍出版社1999年版，第203—204页。

敢食，虑酋长遥见，疑其语言，其整肃如此。"① 有理由相信，这就是西夏迁溜的最初来源，而西夏就是凝聚了诸多这样的部族南征北战，进而建立了政权。

不过，随着时代的发展，西夏的迁溜并不能够继续维持这种"原始"的状态，西夏官府不仅给部落首领颁发首领印，对部落中的人员进行任职，还在诸部落之上任命职官以达到有效的管理，使诸多的游牧民既成为勤劳的生产者，亦成为英勇的战士。

（1）军抄

在阐述西夏迁溜的基本建制之前，有必要首先明确西夏最基本的生产、战斗单位——抄（矗）。

我们知道，在游牧社会中，最小一级的单位就是家族，而"帐"就是游牧社会称呼家庭的数量单位。而西夏的抄最初就是来源于游牧人群的家庭，所谓"其民一家号一帐，男年登十五为丁，率二丁取正军一人，每负赡一人为一抄"②。

不过，关于军抄的构成，夏、汉史书中的记载并不一致，如上文所引《宋史》为正军、负赡，而《隆平集》《辽史》又将"负赡"记为"负担"。而西夏的各类文献中则又记载不同，为"矗稦、矗稅、矲猝"三个词，分别被学者们译为正军、辅主、负担。这些名词纷繁复杂，但好在今有学者已将其大体梳理清楚，"正军"各类文献中都有记载，没有异议；而"负赡"也就是西夏文献中的辅主，③ 其包括正辅主和"矲猝"，"矲猝"虽多被学者们以《隆平集》的记载而译为"负担"，但它其实仅仅是"负赡"的错讹而已，其称为负担并不合适。综上，西夏的军抄由正军、辅主（包括正辅主和负赡）组成。

西夏"新生子男十岁以内，当于籍上注册"④，而"年十五当及丁，年至

---

① 《续资治通鉴长编》卷一三二，仁宗庆历元年五月辛巳条。
② 《宋史》卷四八六《夏国传下》。
③ 彭向前：《释"负赡"》，《东北史地》2011 年第 2 期。
④ 《天盛改旧新定律令》卷六《抄分合除籍门》。

七十入老人中"①，十五至七十岁的男子皆为"丁"，依据《宋史》中记载，"率二丁取正军一人，每负赡一人为一抄。……四丁为两抄，余号空丁。"②也就是说，西夏每一个家庭中，最多可以组成两抄，如果一家之中多于4人，超出4人的，就是空丁。

正军，并没有太大的疑问，是西夏军队中主要的作战人员。配备最好的战具，大致包括官马、驼、甲、披、弓、箭等。"发兵时大小首领、正军、辅主按律令当携官马、坚甲，本人亲往，不许停留。"③"凡正军给长生马、驼各一"。④"种种大小臣僚、待命者、军卒、独诱等，正军有死、老、病、弱时，以其儿子长门者当为继抄。"⑤

辅主，也就是《宋史》中的"负赡"，则作为军队的辅助人员而存在，所谓："辅：军头众全；辅者辅军也，辅主也，正军之佑助者也。"⑥"主者，牧农主、家主、辅主等之谓"。⑦"负赡者，随军杂役也。"⑧

辅主的来源《宋史》有所交代，除了由不入正军的"丁"组成，还"愿隶正军者，得射他丁为负赡，无则许射正军之疲弱者为之"⑨。可见，正军可以以其他成丁男子为负赡，也可以以正军中疲弱者为负赡。所谓疲弱者，"诸人丁壮目盲、耳聋、躄挛、病弱等者，本人当于大人面前验校，医人当看验，是实，则可使请只关、担保者，应入转弱中。"⑩"军卒一种孤人，正军本处自愿，当允许二人结为一抄，何勇健者当为正军。"⑪"前所革待命职者，若系独

---

① 《天盛改旧新定律令》卷六《抄分合除籍门》。
② 《宋史》卷四八六《夏国传下》。
③ 《天盛改旧新定律令》卷六《发兵集校门》。
④ 《宋史》卷四八六《夏国传下》。
⑤ 《天盛改旧新定律令》卷六《抄分合除籍门》。
⑥ 史金波等：《文海研究》，中国社会科学出版社1983年版，第192、441页。
⑦ 史金波等：《文海研究》，中国社会科学出版社1983年版，第239页。
⑧ 《宋史》卷四八六《夏国传下》。
⑨ 《宋史》卷四八六《夏国传下》。
⑩ 《天盛改旧新定律令》卷六《抄分合除籍门》。
⑪ 《天盛改旧新定律令》卷六《抄分合除籍门》。

人，当转同院中族式甚少处为辅主。"① "单丁"，在宋代常指没有兄弟的成年男丁。

不过，由于西夏人口较少，为了保证更多的丁入正军，其他诸多的人口皆可以为辅主。

第一，来源于叛逃后被捕的"使军"。使军、妇女叛逃时，"若以问解明者，当送守边城中无期徒刑，做苦役，当依法给正军。"这说明叛逃的使军等被捕后送往边境做苦役，有可能成为正军的附属。

"使军"可为辅主。"有使军已纳辅主中注册者，不得为正军，同类族式甚少处他人处当为辅主"。② "使军、奴仆者，当入牧农主中，无期服役。"③ "牧、农、舟、车主等四类人及诸人所属使军、奴仆等。"④ "诸人属使军丁壮隐瞒不注册时，诸人当举发"。⑤ 这些资料表明，全军是牧、农、舟、车等四类人的附属，可以是战争俘虏，"我方人将敌人强力捕获已为使军、奴仆……"⑥ 文献表明，使军的所有者可以典当、买卖使军，也可以作为陪嫁。因而，使军与所有者具有较强的人身依附关系。

第二，可以是来自敌国的投诚者或者俘虏。《天盛律令》卷七《为投诚者安置门》"一敌人真来投诚者，地边、地中军内及他人辅主等，愿投奔处当办理"⑦。《隆平集》卷二〇载西夏得汉人"骁勇则刺为军"⑧。此处的军有可能是辅主。"其任重投诚者中，有先于内宫中任职者，各自入抄，不许任内宫职往来，当做同院同职愿去处之辅主，此外当受杂职。"⑨

第三，革职的九类人可以为同抄的辅主，这九类人均为内宫待命。这也

① 《天盛改旧新定律令》卷六《抄分合除籍门》。
② 《天盛改旧新定律令》卷六《抄分合除籍门》。
③ 《天盛改旧新定律令》卷一《背叛门》。
④ 《天盛改旧新定律令》卷二《戴铁枷门》。
⑤ 《天盛改旧新定律令》卷六《抄分合除籍门》。
⑥ 《天盛改旧新定律令》卷七《为投诚者安置门》。
⑦ 《天盛改旧新定律令》卷七《为投诚者安置门》。
⑧ 《隆平集》卷二〇。
⑨ 《天盛改旧新定律令》卷七《为投诚者安置门》。

说明辅主并不都是疲弱、年老者。"九类人革职者转为同抄之辅主：部上内宿、后卫、神策、内宫侍、臣僚、裨官、巫、阴阳、医者。"① 内宫待命者可以为辅主，"待命者入辅主中，一律不许出入内宫"②。

第四，非婚生子、通奸生子及官家之女人所生子，只能为辅主。"诸人父母门下女未嫁及女已嫁而赎归等，与非其夫诸人行淫而养杂子女者，不许以赐使军，当给另外种种部类中母所愿处他人之辅主，当著于册上。"③ "官家之女子、阁门帐下女子、织绣绢、结线□□沙州女子等未有丈夫，本二人愿□□生子女者，女当从母随意而嫁，男则随男相共而出。是官人根则辅主中注册，是使军则不许为使军，所愿处当为官人辅主中。"④

总之，辅主除来源于"抄"中不为正军的男子外，其他诸多下层民众也皆成为其主要来源，其对正军有着强烈的人身依附关系。

事实上，正是这一个一个由两丁所组成的"抄"，成为了构成西夏强大军事力量的基石。俄藏编号 Инв. No. 4196 的军籍文书就较为完整地反映出了西夏军抄的实际情状。⑤ 这件文书记录首领的名字为律移吉祥有，我们知道，首领是军溜的首长，是军籍中最重要的人物。文书还记录了首领以下西夏军抄的人员构成，主要就是上文提到的正军和辅主，每一军溜人数是各抄的正军加辅主的总和。文书登记着军丁的姓名和年龄，从姓氏上看，黑水城地区的军卒基本是由党项族构成，汉族所占数量极少；从士兵年龄来看，文书中最年轻的"强有宝"25 岁，最长者"吉祥有"甚至已经 82 岁，这不得不让我们怀疑，如此高龄是否具备实际作战能力。

事实上，西夏将一溜之中所有正军、辅主拥有的披、甲、马、印等配给物资皆登记在册，正体现西夏政权系统领着诸多这样的"抄"来实现其军事

---

① 《天盛改旧新定律令》卷六《抄分合除籍门》。
② 《天盛改旧新定律令》卷八《烧伤杀门》。
③ 《天盛改旧新定律令》卷八《侵凌妻门》。
④ 《天盛改旧新定律令》卷八《为婚门》。
⑤ 录文见本章末的附录。

行动。只不过，这件文书的时间为应天元年，此时西夏虽然尚未遭到蒙古的入侵，但其也已经日薄西山。文书中，正军"吉祥"已经年八十二岁，但仍然未能"入老"还承担兵役，足见此时西夏人员的缺乏，而按《天盛律令》的规定，正军皆须配披、甲、马，但仅八十二岁的律移吉祥一抄中配齐为"三种有"，58岁的律移吉祥（两人应当是重名）为"一种有"，其他两抄皆"无有"，也就是三种装备一样都没有，足见西夏此时物资的匮乏。也难怪在即将到来的蒙夏战争中，西夏一触即溃。

（2）迁溜

前述"西贼（西夏）首领，各将种落之兵，谓之'一溜'"[1]。而西夏即将这样的迁溜纳入了政权体制之中，并授予部落中各级头领以各种职位。到了西夏中期以后，一个迁溜中也形成了较为严格的阶序。

比如一溜之中，就有"瓤祿㳠㴱孩"，正副溜首领，一般直接简称为"瓤祿㳠（正副溜）""㳠㴱孩（大小首领）"等等，也就是一个部落的首领。瓤、祿㳠㴱孩（骟、正首领）。

依规定"正首领不论有官无官，一律箭一百五十枝"[2]。并且普遍配发有印，所谓"铜重九两"，"长宽各一寸七分"[3]。虽然说，早在宋康定元年（1040），即夏天授礼法延祚三年，宋朝就有缴获西夏首领印的记载[4]，但就史金波先生整理目前出土的西夏首领印来看，除了一枚桓宗天庆八年（1201）的印外，其他皆为崇宗与仁宗两朝，最早的为贞观二年（1102），最晚的是乾祐二十四年（1193），那也就是说明，西夏绝大部分首领印皆为这一时期配发的。如果说首领印代表着国家对于部落的授权，那上述现象无疑表明崇、仁两朝是国家权力向基层部落渗透力度最强的时代。

---

① 《续资治通鉴长编》卷一三二，仁宗庆历元年五月辛巳条。
② 《天盛改旧新定律令》卷五《军持兵器供给门》。
③ 《天盛改旧新定律令》卷十《官军敕门》。
④ "杀首领七人，获头级二百五十、马牛羊橐驼七千一百八十、器械三百三、印记六。"（《续资治通鉴长编》卷一二八，仁宗康定元年九月壬申条）。

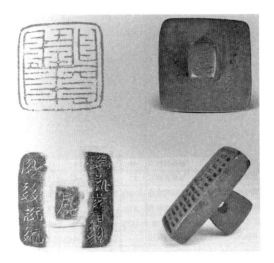

西夏贞观四年首领印

在小首领之下，有"𘒐𘓺"（末驱），其具体职责目前无法从资料中获悉，推测可能是首领的副手。陈炳应先生将其译为"押队"，推测其大约发挥着"督战"的作用①。小首领与末驱之下有"𘋘𘎑"（舍监），大体上"自有二十抄者可设小首领一人，十抄可设舍监一人"②，"每五军抄应于隐蔽□供给一木牌"③。而再往下就是正军与辅主了。

西夏似乎并没有限制部落的规模，这大概由于游牧部族一直有着"分家"的习俗，尤其西夏境内诸多的"党项吐蕃诸族"，本来就属于西羌属的"种落"，据王明珂先生的解释就是西羌一夫多妻制下，以父名母姓为种号，强则分种，种类繁复无比。④西夏迁溜中有大、小首领的存在本身也是这种"种落"的体现，这种"种落"很难做大，因而也就是"散漫山川"⑤、"种落不相统一"⑥

---

① 陈炳应：《贞观玉镜将研究》，宁夏人民出版社 1995 年版，第 70 页。
② 《天盛改旧新定律令》卷六《行监溜首领舍监等派遣门》。
③ 《天盛改旧新定律令》卷五《军持兵器供给门》。
④ 王明珂：《游牧者的抉择：面对汉帝国的北亚游牧部族》，上海人民出版社 2018 年版，第 230 页。
⑤ 《续资治通鉴长编》卷三五，太宗淳化五年正月甲寅条。
⑥ 《续资治通鉴长编》卷一三二，仁宗庆历元年五月己亥条。

的情况。从《天盛律令》中看，西夏不仅不限制部落规模的上限，反而限制其下限，抄数过少是不能够成立新部落的。比如"诸首领所领军数不算空缺，实有抄六十以上者，掌军首领可与成年儿孙共议，依自愿分拨同姓类三十抄给予"。但若是"若违律分与外姓类及不足六十抄而分时，则据转院法判断，当回归原军"①。而投降来的部落，"部落引领本族部来投诚，自共统摄者，若统摄十抄以上，则当为所统摄军首领。十抄以下则与其他部落合并。"②

通过诸多的法律条文中的规定来看，迁溜具有以下性质。

第一，驻守城堡营垒，巡查边界，监视敌情。如"大小检人对敌人盗寇者来已监察，当告先所属军溜及两相接旁检人等，其相接旁检人亦当告自己营垒堡城军溜等"③。"检人已监察，先知敌人入寇者来，当告所属营垒军溜堡城，相接旁检等，检人于长□边界上当监视军情，敌军改道别地往时，军情所向处当重派告者。"④"大小检人地底未放逸，敌军盗贼入寇者来，监察先知，新接检人以及局分军溜报告之功。"⑤

"沿边盗贼入寇者来，守检更口者知觉，来报堡城营垒军溜等时，州主、城守、通判、边检校、营垒主管、军溜、在上正、副溜等，当速告相邻城堡营垒军溜，及邻近家主、监军司等，当相聚。"⑥

第二，追捕所辖地区盗窃者，尤其是关于牲畜的盗窃案件。"前述三种畜中堕谷内、患病死等，当告附近司中，距司远则当告巡检、迁溜、检校、边、管等处。"⑦"有在大小巡检、迁溜、检校、边、管等所属之地方内盗窃牛、骆驼、马、骡、驴而杀者，则当捕，举告赏当按他人告举法得。"⑧因醉酒误拿

---

① 《天盛改旧新定律令》卷六《行监溜首领舍监等派遣门》。
② 《天盛改旧新定律令》卷六《行监溜首领舍监等派遣门》。
③ 《天盛改旧新定律令》卷四《边地巡检门》。
④ 《天盛改旧新定律令》卷四《边地巡检门》。
⑤ 《天盛改旧新定律令》卷四《边地巡检门》。
⑥ 《天盛改旧新定律令》卷四《敌军寇门》。
⑦ 《天盛改旧新定律令》卷二《盗杀牛骆驼马门》。
⑧ 《天盛改旧新定律令》卷二《盗杀牛骆驼马门》。

他人财物，酒醒后，"当经附近巡检、迁溜、诸司等，向属者只关，不允旁人告举、接状。"① "家主中持拿盗窃者时，邻近家主当立即协助救护。若协助救护不及，不往报告时，城内城外一律所属大人、承旨、行巡、检视等徒一年，迁溜、检校、边管、盈能、溜首领、行监知觉，有位人等徒六个月，此外家主徒三个月。"②

卷三《杂盗门》："盗窃时被强力驱迫，随从于所盗窃处出力助盗□时，但为他人动手，紧紧驱迫，报告处来不及者，当赦盗窃罪。报告来不及则当告近处有司巡检、迁溜、检校、边、管等处。"③

第三，监管辖境内罪犯，出工典押时，意外致死当告军首领、迁溜处。"因罪戴铁枷者日未满，此处擅自专解开，□向自己属者当向管处付嘱。附近无属者主管处，与犯罪人不接近处实任职按近接所属远近之迁溜、检校、边、管等，谁在附近当一同拘缚，当于中间检查。"④ 卷一一《出典工门》"诸人自己情愿于他处出工典押，彼人若入火中、狗咬、畜踏、着铁刃、染疾病而死者，限期内，人主人边近则当告之，人主人边远则当告司中及巡检、军首领、迁溜检校等之近处"⑤。

第四，统计辖区逃人情况，检校官马。卷一三《逃人门》"逃人于主人之军首领、正军、迁溜检校、交管等院中辅主人等□□局分迁院时□□，则住家主人、迁溜检校等当火速起行，十个月期间当委托，在处属者视近远，则当告交边中监军司、京师界殿前司等"，报告逃人的逃跑时间、路途远近、人数等情况。⑥

统计官人、私人逃跑数量、时间、住址等，卷一三《逃人门》："官人为

① 《天盛改旧新定律令》卷三《妄劫他人畜驮骑门》。
② 《天盛改旧新定律令》卷三《追赶捕举告盗赏门》。
③ 《天盛改旧新定律令》卷三《杂盗门》。
④ 《天盛改旧新定律令》卷二《戴铁枷门》。
⑤ 《天盛改旧新定律令》卷一一《出典工门》。
⑥ 《天盛改旧新定律令》卷一三《逃人门》。

逃人，所管处首领、正军、迁溜检校、交管等当明外逃人之姓名、人数、列名、往住址，未明当令明，于十个月期间告局分人，住处明则当催促断罪，托付所管处。"[1]

第五，审理案件时，派遣传唤被告。卷一三《遣差人门》"往传唤、催促被告人者，近便边近，则所属军首领、迁溜检校、交管、巡检、监军司等当派遣。若军首领、监军司等地边远而不近便，则迁溜检校、交管等当派遣"[2]。

第六，管理全溜的人员进行生产，并负责迁牧、迁耕事宜，"我方家主人迁居未全往，单独行，彼处与敌盗入寇者遇，而失败，畜、人已入他人之手，因畜主人先□溜中未来，所丢失畜皆当罚，勿得罪。边管、检校因在彼人迁溜中未禁止，未受贿十三杖，受贿则徒六个月。守更口者依法判断。"[3]"不允迁家牲畜主越地界之外牧耕、住家。……军溜、边检校、检主管等当使返回，令入地段明确处，按所属迁溜、检校等只关。"[4]

所以，西夏虽然没有施行过像其他游牧民族一样的"十进制"法，但其实到了仁宗时期，其内部同样形成了严格的阶序，并将他们纳入到了西夏政权，不仅首领对其部众如"臂之使指"，而更高一级的将领在统领这些部落兵时，亦可有同样的效果。

（3）农迁溜

西夏的迁溜虽然最初来源于游牧的部落，但随着社会的发展，农业人口不断增加，也就出现了农迁溜（𘂋𗣼𘅤）。

农迁溜如何组织，《天盛律令》中有所交代："一名租户家主由管事者以就近结合，十户遣一小甲，五小甲遣一小监等胜任人，二小监遣一农迁溜，当于附近下臣、官吏、独诱、正军、辅主之胜任、空闲者中遣之。"这种以保甲之法所组织起来的迁溜，一直延续到西夏末期，并适时做了调整，如《亥

---

① 《天盛改旧新定律令》卷一三《逃人门》。
② 《天盛改旧新定律令》卷一三《遣差人门》。
③ 《天盛改旧新定律令》卷四《边地巡检门》。
④ 《天盛改旧新定律令》卷四《边地巡检门》。

年新法》所规定：一于《律令》（即《天盛律令》），虽各租户家主由管事者以就近结合，十户遣一小甲，五小甲遣一小监，二小监遣一（农）迁溜等，然十迁①九牧，城人数众多，家民受侵扰者多，不利也。若减半合理也。此后边中、京师地以内所住小甲数皆减，小监、（农）迁溜等派遣当依《律令》所定实行。②应当指的是小甲的人数减半，即 5 人为一小甲，这应当是西夏末期人口缺乏的一个体现。

农迁溜下是否与牧迁溜一样，以抄基础？答案是肯定的。黑水城出土的西夏 8203 号文书就是一件西夏农迁溜中袭抄的文书。文书中移合讹千男即被其叔移合讹吉祥山收为养子，叔父生前职为"执法转运"，现其继承其叔父的职位、抄位和财产。③

黑水城出土编号 Инв. No. 4196④ 与 8203⑤ 两件文书就反映了西夏农抄的基本形态，移合讹家的男丁组成了一抄，但这一抄并不是在游牧的部族之上建立的。移合讹千男所继的财物中，有地、牲畜和物，但毫无疑问，共 27 石的土地是其最为核心的生产资料。黑水城地区常有以撒种子数量计地亩的习

---

① 原译为"十羊九牧"，现据图版改。

② 安北江：《西夏文献〈亥年新法〉卷十五（下）释读与相关问题研究》，宁夏大学 2017 年硕士学位论文，第 44 页。

③ 魏淑霞、陈燕：《西夏官吏酬劳——封爵、俸禄及致仕》，《西夏研究》2012 年第 3 期，第 57 页。

④ 该文书录文：黑水属军首领律移吉祥有……告 / 先自院薄告纳，天 / 庆乙丑十二年六 / 月一日始，至应天 / 丙寅元年五月底，/ 抄无减，已定。十一 / 正军四 / 官马二 / 甲一 / 披一 / 印一 / 辅主二强 / 一抄三种有 / 一抄马有 / 一抄无有 / （一抄）首领律吉祥有独人三种有 / 正军吉祥有八十二 / 番杂甲（略）/ 番杂披（略）/ 一抄律移吉祥为人员二人马一种有？/ 正军吉祥为五十八 / 辅主一强有宝二十五 / 一抄律移为狗人员二人无有 / 正军为狗三十六 / 辅主一强势有盛三十六一抄赵肃……无有 / 应天丙寅元年六月吉（祥有）/ 黑水属主薄命屈盛……/ 黑水属？？命屈？……/ 案头命屈有长。译文参见史金波《西夏军抄文书初释》，杜建录：《西夏学论集》，上海古籍出版社 2012 年版，第 118 页。

⑤ 该文书录文：一人移讹千男原本与前内侍正军移合讹吉祥犬兄 / 千父等是一抄，先因羸弱，在行 / 监嵬移善盛下共旧抄，千父 / 及军首领嵬移吉祥山下嵬移般若 / 宝三人为一抄，千男现今叔 / 执法转运移合讹吉祥山死之养 / 儿子。所有畜物已明，如下列：/ 地：/ 一块接新渠撒七石处。/ 一块接律移渠撒六石处。/ 一块接习判渠撒七石处。/ 一块场口杂地撒七石处。

人：/ 年四十年二十五年五岁 / 男大幼二祥和吉成犬七月乐 / 年三岁 / 十月犬 / 女大 / 年五十年三十年二十五 / 吉妇吉金三姐 / 畜：/ 骆驼三二大一小 / 牛大小十四大六小 / 羊大小八十 / 物：/ 一条毯二卷纤。译文参见史金波《西夏经济文书研究》，社会科学文献出版社 2017 年版，第 457—460 页。

惯，按西夏亩制，撒 1 石（斛）种子的地约合 10 亩（2.4 宋亩）左右耕地，[1] 27 石也就是 64.8 宋亩的土地，应该不是一个小数目。虽然该家庭也有牲畜，但数量并不是特别多，十三大畜与八十只羊，与该家庭的三丁、其他人口来算，人均也就一大畜、八小畜而已。有理由相信，该家庭的牲畜牧养并不会是专业化的游牧，而是主要依靠土地的作物秸秆并辅以家庭附近的有限牧草而喂养，即中国传统农业社会中的"农牧结合"的经济模式。因而可以肯定，这一军抄即是建立在农业家庭之上，而不是游牧家庭。这应该说是西夏社会发展的产物。

综上，西夏将对游牧人口的管理经验，移植农耕人口之上，同样组织了具有军民一体性质的农迁溜。但是，其具体的管理措施则应当是一定程度借鉴了宋代王安石新法所推行的保甲法。应该说，这是两种制度结合的产物。但不管怎么样，西夏也有效地将农业人口同样纳入到了国家体制之中，亦使其成为服从国家调度的战士。

（4）官牧场中的部落组织

前文已叙，群牧司下管领有分散在全国各地大大小小的官牧场。虽然群牧司及对各地牧场的监管明显地参照了唐宋的监牧之制。但其层组织结构却与唐宋的"牧监"毫不相同，但却与军溜[2] 颇为相似，牧场为：牧人、牧监（大、小）、末驱、首领、盈能、头监；而军溜则为：士兵（正军、辅主、负担）、舍监、末驱、首领（大、小）、盈能、头监。[3] 二者唯一的差别就是牧场有牧人、牧监，而军溜有军卒、舍监。这样的相似显然也不会是偶然现象，而是因为二者都来源于部落组织。

西夏政权吸纳了诸多"种落不相统一"[4] 的部族，使"西贼（西夏）首领，

---

[1]　参见史金波《西夏社会》，上海人民出版社 2007 年版，第 160 页。

[2]　即西夏军政合一政治体制下的基层军事组织，参见史金波《西夏社会》，上海人民出版社 2007 年版，第 326 页。

[3]　军溜设置见翟丽萍《西夏职官制度研究—以〈天盛革故鼎新律令〉卷十为中心》，陕西师范大学 2013 年博士学位论文，第 197—199 页。

[4]　《续资治通鉴长编》卷一三二，仁宗庆历元年五月己亥条。

各将种落之兵，谓之'一溜'，少长服习，盖如臂之使指，既成行列，举手掩口，然后敢食，虑酋长遥见，疑其语言，其整肃如此"①，成为了西夏的迁溜。而同样地，将它们作为生产单位纳入到了国家的生产领域，也就由此组成了西夏的官牧场。

不过，《天盛律令》中有关官牧场管理的条文规定更加详细，其组织结构也因此更加清晰。《天盛律令》规定，在官畜蒙受损失后，相关人员承担赔偿与惩罚，所涉人员由低到高分别为牧人、牧监、末驱、首领，地位越低，所受的惩罚越重。应该说，以上即构成了牧场中的一个部落，他们是官牧场中与生产直接相关的人员。

牧人是牧场最直接的劳动生产者，他们大体上是要听从"牧监管事者之指挥言语者"②，但他们与唐宋受雇于政府的"牧子"③不同，他们中的"胜任"者自群牧司处领取牲畜，在牧场中牧养，并每年缴纳羔、犊、驹以及酥、绒等畜产品。他们对所领养的官畜直接承担责任，如果牲畜非正常死亡、丢失，他们也是第一赔偿人。④并且，不得将官畜转借他人⑤，不得私相调换⑥，否则将受到法律的制裁。

"牧监"是西夏文的直译⑦，译后虽然与唐、宋在诸地所设的"牧监"名称相同，但其实两者并不相关。《天盛律令》中记有"各牧监所属牧人户"，道出了牧人对其的从属关系，牧监属于"管事者"，并且牧人"不听牧监管事者之指挥言语者"⑧，就要受到惩罚。通过文献来看，"各牧监本人处放置典册"⑨，其职责应当就是将所管牧人的牲畜一一记录在册。牧监对于牧场的官

---

① 《续资治通鉴长编》卷一三二，仁宗庆历元年五月甲戌条。
② 《天盛改旧新定律令》卷一九《贫牧逃避无续门》。
③ 乜小红：《唐五代畜牧经济研究》，中华书局 2006 年版，第 36 页。
④ 杜建录：《西夏经济史》，中国社会科学出版社 2002 年版，第 112—113 页。
⑤ 《天盛改旧新定律令》卷一九《官畜驮骑门》。
⑥ 《天盛改旧新定律令》卷一九《官私畜调换门》。
⑦ 汉译本《天盛律令》中有时译为"牧主"，当统一一改为牧监。
⑧ 《天盛改旧新定律令》卷一九《贫牧逃避无续门》。
⑨ 《天盛改旧新定律令》卷一九《畜利限门》。

畜负有间接责任，如牧人无力偿还非正常死亡、丢失的官畜时，首先就需要牧监偿还。并且在"大验"中，如果牧人有"索借重验"①"不依齿偿"等违规行为，除牧人接受惩罚外，"大小牧监"也要"依从犯法判断"。②

西夏政府授予"牧监"，很可能依据部落固有的组织秩序，授予"牧团"③的头领。条文说"畜大校处所使用人，于牧监子弟未持取畜者中，可抽出十五人使用，不许多抽使用"④。"大校"可以从牧场抽调其子弟，可见他们并不是政府下派，而其本身就安家于此；而"未持取畜者"一言，并非指牧监的家庭中没有牲畜，而应当指的是没有领取官畜而无利害关系者，则又从反面说明不少牧监的家庭也是持有官畜的，可见他们既是监管者，也是生产者。又有条文："诸大小牧监获有期⑤劳役而不失牧监者，其子弟当代为检校"，⑥可见即使牧监不能检校，检校官畜的职权仍保留在其家庭成员的范围内，足见其家庭在部落生态中举足轻重的地位。

"首领""末驱"位在"牧监"之上。他们在生产中承担的职责较轻，但仍然要为官畜承担责任，如前述牲畜非正常死、失，若牧人与牧监皆无力偿时，就需要首领、末驱来赔偿，如果无力偿还一样"当置命"，并且在马超过五十，牛超过六十，羖羘超过七十的情况下，"当绞杀"。⑦

总的说来，官牧场中的部落组织比起"如臂之使指"的军溜，诸多牧场中的部落则管理较为松散，这也恰恰是军事性的部落组织与非军事化部落组织的差别。

---

① 《天盛改旧新定律令》卷一九《校畜磨勘门》。
② 《天盛改旧新定律令》卷一九《牧盈能职事管门》。
③ 王明珂：《游牧者的抉择：面对汉帝国的北亚游牧部族》，广西师范大学出版社 2008 年版，第 47 页。
④ 《天盛改旧新定律令》卷一九《校畜磨勘门》。
⑤ 直译为"期明"，汉译本译为"短期"，现译为"有期"，原始图版见《俄藏黑水城文献》第 8 册，第 362 页。
⑥ 《天盛改旧新定律令》卷一九《校畜磨勘门》。
⑦ 《天盛改旧新定律令》卷一九《校畜磨勘门》。

（二）刺史

"刺史"是西夏地方官制中不因司所设的职位，其在地方行政管理中发挥的作用巨大，其不仅在地方国家机器运行中充当监督者，也常常参与地方行政事务以实行其监管之责。

"刺史"一职的设置，源远流长。始置于西汉武帝元封五年（公元前10）"掌奉诏条察州"。西汉成帝绥和元年（公元前8），"罢部刺史，更置州牧"[①]，即改中央监察官为地方行政官。[②] 东汉建武十八年（42）"罢州牧，置刺史"[③]，除了掌监察之外，还兼有"录囚徒、考殿最"[④]、救济灾荒、安抚流民、劝课农桑、兴修水利等职责。[⑤] 隋开皇三年（583），罢郡，以州统县，"自是刺史之名存而职废。后虽有刺史，旨太守之互名，理一郡而已，非旧刺史之职。"[⑥] 至唐代，刺史同样为郡守。贞观三年（629），唐太宗谓侍臣曰"朕每夜恒思百姓，阅事或至夜半不寐。唯思都督、刺史。堪养百姓，所以前代帝王，称共治者，惟良二千石耳。虽文武百僚，各有所司，然治人之本，莫如刺史最重也"[⑦]。概括来说，在西夏以前，"刺史"一职在不同时期，分别行使着地方上的两种职权，一掌监察，二为行政长官。

刺史应当是西夏少有的直接从定难军承袭而来的职官，"唐兴，初未暇于四夷，自太宗平突厥，西北诸蕃及蛮夷稍稍内属，即其部落列置州县。其大者为都督府，以其首领为都督、刺史，旨得世袭"。[⑧] 唐太宗为招抚周边各民族，授予党项部族首领刺史一职，"贞观三年，南会州……酋长细封步赖举部

---

① 《汉书》卷一〇《成帝纪》。
② 陈仲安、王素：《汉唐职官制度研究》，中华书局1993年版，第161页。
③ 《后汉书》卷一下《光武帝纪》。
④ 《文献通考》卷六一《职官考十五》。
⑤ 陈仲安、王素：《汉唐职官制度研究》，中华书局1993年版，第161页。
⑥ 《通典》卷三二《职官一四》，中华书局1988年版。
⑦ 《唐会要》，中华书局1960年版。
⑧ 《新唐书》卷四三下《地理七下》。

内附，太宗降玺书慰抚之。步赖因来朝，宴赐甚厚，列其地为轨州，拜步赖为刺史。……其后，诸姓酋长相次率部落旨来内属，请同编户，太宗厚加抚慰，列其地为崛、奉、岩、远四州，各拜其首领为刺史。"① 沿至宋代，吐蕃、党项之族内附，"其大首领为都军主、百帐已上为军主，都虞候、指挥使、副指挥使、军使、副兵马使。以功次补者为刺史、诸卫将军、诸司使、副使、承制、崇班、供奉官至殿侍"。②

据《天盛律令》记载，西夏刺史根据所在地域不同，大致可分为边上刺史、边中刺史、边境刺史三类，③ 而根据刺史所在部门的不同，又分为监军司刺史和其他职司刺史两类，所谓："诸人监军司之刺史者……诸方监军司以外，其他与其同类诸司之刺史在，其巡检告奏法亦使与监军司刺史人遣行法相同。"④ 设有刺史地方有"东院、五原郡、韦州、大都督府、鸣沙郡、西寿、卓啰、南院、西院、肃州、瓜州、沙州、黑水、啰庞岭、官黑山、北院、年斜、南北二地中、石州"⑤，主要为监军司，也有府、州、郡，大体上都是至少为中等司及以上的政区建制。

通过诸多的条文来看，西夏的刺史的职责十分庞杂：

在军事方面，其须要处理诸多边境事务，一是严防接壤国百姓通过防线，"与沿边异国除为差派外，西番、回鹘、鞑靼、女直相和倚持，我方大小检引导过防线迁家、养水草、射野兽来时，当回拒，勿通过防线，刺史、司人亦当检察"；⑥ 二是接待投诚人员，"边境上敌人投诚者已出，消息已说是实，则守城溜、更口者，现在军马力总计□□□为者，依法实行以外，增力新军

---

① 《旧唐书》卷一九八《党项羌传》。
② 《续资治通鉴长编》卷一三二，仁宗庆历元年六月己亥条。
③ 《天盛改旧新定律令》卷九《诸司判罪门》；卷一〇《司序行文门》；卷一五《纳领谷派遣计量小监门》。
④ 《天盛改旧新定律令》卷二〇《罪则不同门》。
⑤ 《天盛改旧新定律令》卷一〇《司序行文门》。
⑥ 《天盛改旧新定律令》卷四《边地巡检门》。

□□□□说者本人、刺史、监军司当□□□□□应计量……"①还需负责、发兵、管理符牌，所谓："边上敌人不安定，界内有叛逃者，应立即急速发兵，求取兵符。奏报京师而来牌。发兵谕文等中，符皆不合者，需要兵力语是真实，则刺史、监军同官当发兵。"②"诸监军司所属印、符牌、兵符等当记之，当置监军司大人中之官大者处。送发兵谕文时当于本司局分大小刺史等众面前开而合符"。③亦须向朝廷上报军事人员遴选事宜，如监军司选派"盈能、副溜"等，"入选者为谁确定后，当经刺史、司，一齐上告改，正副将、经略等依次当告奏枢密，方可派遣。"④

在司法方面，有审判复查之权，如"国境中诸司判断习事中，有无获死及劳役、革职、军，黜官，罚马等，司体中人当查检，明其有无失误。刺史人当察，有疑误则弃之，无则续一状单，依季节由边境刺史、监军司等报于其处经略，经略人亦再查其有无失误，核校无失误则与报状单接"⑤。亦有管理囚犯之责，如"囚人染疾病不医，不依时供给囚食，置诸牢狱不洁净处，及应担保而不担保等，疏忽失误而致囚死时，依四季节，诸司所属囚亡若干，刺史司体等当依次相互检视"。⑥"边中诸司都巡检等处现拘囚中，有以枉法、稽缓、受贿、询情而遣放之等，所属刺史人当每十日一番审视推察之，当登记于板簿上。"⑦

在经济民事方面，其监察官粮的管理，"诸边中有官粮食中，已出于诸分用处，监军司谕文往至时，当明其领粮食解斗者为谁，刺史处知觉当行。……领粮食处邻近，则刺史当自往巡察，若远则可遣胜任巡察之人，依数分派。所予为谁，分用几何，当行升册。完毕时，现本册当送刺史处磨勘，同时令

---

① 《天盛改旧新定律令》卷四《敌动门》。
② 《天盛改旧新定律令》卷一三《执符铁箭显贵言等失门》。
③ 《天盛改旧新定律令》卷一三《执符铁箭显贵言等失门》。
④ 《天盛改旧新定律令》卷六《行监溜首领舍监等派遣门》。
⑤ 《天盛改旧新定律令》卷九《诸司判罪门》。
⑥ 《天盛改旧新定律令》卷九《行狱杖门》。
⑦ 《天盛改旧新定律令》卷九《行狱杖门》。

库局分、巡察者等当一并只关。未有虚杂，谕文、本册等相同无碍，则当还监军司，并告出谕文之局分处，以索注销。"①还负责地租、耕牛等簿册的检校管理，"边中、畿内租户家主各自种地多少，与耕牛几何记名，地租、冬草、条橼等何时纳之有名、管事者一一当明以记名。中书、转运司、受纳、皇城、三司、农田司计量头监等处，所予几何，于所属处当为簿册成卷，以过京师中书、边上刺史处所管事处检校。完毕时，依据属法当取之。"②

其对位高权重的官员还有监察之责，"诸人监军司之刺史者，当坐所隶属大人以上位，所辖地方有位有尊之人等，不闻敕书、律条，与官事相背，曲量律法，懈怠公事，贪饮食物，判断不公，狱囚瘦死，又倚势凌弱，无理摊派，若有疑公事不好好□□□□□怒时，无罪罚判而喜时，无功□□，又有位有尊人等之□□，势力□□，于诸局分处□□□□□地方内□□相现，另有其他未置语等，一等等何所闻见数，隶属于经略使者当告经略使，不隶属经略使者，当依文武分别告中书、枢密。当分别依律法遣送，应遣行本人则遣行本人，应奏报则奏报。其中经略使本人已涉错恶，有所说谓，则刺史当亲自于六个月以内来奏京师。"③

从以上四大类西夏刺史的职能来看，西夏的刺史延续了汉、唐刺史地方监察的职能，作为监察地方民事、司法、行政、军事的长官。虽然刺史在中原王朝已渐渐不再担负监察职能，但是西夏的刺史仍保持汉代设置刺史的初衷，负有监察之职，可监察位高位尊之人的规定与西汉刺史颇为相似。

总体来说，西夏的刺史随着西夏立国，各级行政机构不断完善，其性质也由唐宋时期的部落酋长转变为地方官或部门长官，主管民事、军事等诸多要事，同时还保留了刺史的监察职能。

---

① 《天盛改旧新定律令》卷一五《纳领谷派遣计量小监门》。
② 《天盛改旧新定律令》卷一五《纳领谷派遣计量小监门》。
③ 《天盛改旧新定律令》卷二〇《罪则不同门》。

（三）转运司

转运司是西夏所设的地方财政机构，较为明显地承自宋代。

唐开元二十一年，在江南、淮南始置有转运使，掌江淮物资水运。代宗以后，置盐铁转运使，以宰相兼任。而转运使司（也常简称为转运司）则始置于宋代，"掌经度一路财赋，而察其登耗有无，以足上供及郡县之费；岁行所部，检察储积，稽考帐籍，凡吏蠹民瘼，悉条以上达，及专举刺官吏之事。"①

西夏的"边中转运司"属下等司，地位并不算高，共在十地设置，分别为沙州（𗼨𗊬）、黑水（𘝦𗊬）、官黑山（𗣼𗣪𗊬）、卓啰（𗢭𘉞）、南院（𗁅𗴿）、西院（𗽓𗴿）、肃州（𘁜𗊬）、瓜州（𘇂𗊬）、大都督府（𗂧𗣼𗣼𗴼）、寺庙山（𘃪𗊖𗣪）②其中南院转运司应当规模最大，设有"四正、六承旨"，其次为西院、大都督府，为"四正、四承旨"，再次为官黑山，为"二正、四承旨"，其他均为"二正、二承旨"。③

虽然一般认为西夏的转运司为地方财政机构，但从《天盛律令》中的诸多条文来看，其职能主要是一地的水利管理及农业赋税的监管，因而可以理解其为一地农政的管理机构。也正因为如此，从前述"边中转运司"所设地点来看，其并没有覆盖西夏"边中"的所有区域，但大体上能够涵盖西夏的农业区。

在水利管理方面，先由下属水利部门上交提案，然后由转运司与伕事小监、监司、阁门、前宫侍及巡检前宫侍人等水利、财政官僚，在宰相面前开会定夺。开渠事宜虽由中书派遣官员实施，但转运司确有审议之权，"每年春开渠大事开始时，有日期，先局分处提议，伕事小监者、诸司及转运司等大

---

① 《宋史》卷一六七《职官志七》。
② 《天盛改旧新定律令》卷一〇《司序行文门》。
③ 《天盛改旧新定律令》卷一〇《司序行文门》。

人、承旨、阁门、前宫侍等中及巡检前宫侍人等，于宰相面前定之，当派胜任人。"① "一诸人有开新地，须于官私合适处开渠，则当告转运司。"②

转运司还负责指挥一地赋税的征缴工作，如："租户家主纳冬草、条等时，转运司大人、承旨中当派一库检校，当紧紧指挥库局分人，使明绳捆长短松紧，当依法如式捆之。"③ 转运司有时也亲自上阵，租户家主的租地河水断流，水利设施无法发挥灌溉作用时，转运司大人、承旨至少一人前往视察。土地所有权的改变也须转运司过问，如："又先已注销，后其地中所种可生，及为舍处又损而他迁等，不许随意种之，当告转运司而种之，种种租傭草当依拓新地法纳之。"④ 再如："诸人无力种租地而弃之，三年已过，无为租傭草者，及有不属官私之生地等，诸人有曰愿持而种之者，当告转运司，并当问邻界相接地之家主等，仔细推察审视，于弃地主人处明之，是实言则当予耕种谕文，著之簿册而当种之。"⑤

不少的条文还能够反映出，转运司具有管理和监察地方赋税簿册之权，"催促地租者乘马于各自转运司白册□□盖印，家主当取收据数登记于白册。其处于收据主人当面由催租者为手记，十五日一番，由转运司校验，不许胡乱侵扰家主取贿等。"⑥ 再如："诸郡县转交租，所属租傭草种种当紧紧催促，收据当汇总，一个月一番，收据由司吏执之而来转运司。"⑦

值得一提的是，西夏在农业地区设转运司，掌一地的农业财政，但与此同时，在中央还设有都转运司，总掌各地的转运司。应该说，这是西夏财政机构设置较为特别的地方。

---

① 《天盛改旧新定律令》卷一五《催租罪功门》。
② 《天盛改旧新定律令》卷一五《渠水门》。
③ 《天盛改旧新定律令》卷一五《渠水门》。
④ 《天盛改旧新定律令》卷一五《地水杂罪门》。
⑤ 《天盛改旧新定律令》卷一五《取闲地门》。
⑥ 《天盛改旧新定律令》卷一五《地水杂罪门》。
⑦ 《天盛改旧新定律令》卷一五《地水杂罪门》。

七、选举、磨勘及其他

（一）选举

1. 袭官

西夏的袭官制度应当是来自于其早期党项部落首领的世袭，但是西夏建国后，世袭制度更是扩大到了西夏的官僚选任之中。可以说，袭官是西夏官员最主要的途径。

西夏的世袭制很复杂，不同阶层，世袭继承的条件、顺序都不相同。

西夏《天盛律令》对于袭官的基本原则有很明确的规定。[①] 主要有：

一、长门优先袭，幼门不许袭[②]。如果官、军、抄等子孙，违律幼门袭时，还会受到一定的惩罚。如"有官罚马一，庶人十三杖"。只有在长门自愿的特殊情况下方可转袭与同族至亲，即在"共抄不共抄中赐亲父、亲伯叔、亲兄弟、亲侄、亲孙等五种"。

二、亲子优先继承，即有亲生子者，不许以继子承袭官爵，而杂子则根本没有继承权，"一诸人与大小侄妇混房生子时，不许袭抄、官、军，当以自

---

① 《天盛改旧新定律令》卷一〇《官军敕门》。

② 原译文"长门"译为"大姓"，"幼门"译为小姓，现据文意统一改译。

亲子袭。"

三、绝户，可由其他亲属依节亲顺序，由亲父、伯叔、兄弟、侄、孙承袭；在无直系亲属的情况下，非直系亲属也有袭官的资格。法律规定"一等种种待命独诱等者，同部院中□亲伯叔、兄弟、侄孙等五等人可袭。若同部院中无袭者，则依待命等是轻职，部司院首领等不同中，亦有亲父、伯叔、兄弟、侄、孙，则可袭之"。

事实上，不仅是诸多的"官"与"军"可袭，抄亦可袭，所谓袭抄，也就是承袭军抄中的职位。如"一种种大小臣僚、待命者、军卒、独诱等，正军有死、老、病、弱时，以其儿子长门者当为继抄。若为幼门，则当为抄宿"①。

不过，以上西夏袭官的原则并非一成不变，在许多情况下是允许变通的，如在袭抄中"辅主强，正军未长大，当以之代为正军，待彼长成，则本人当掌职。其案头、司吏之儿子长门不识文字，则当以本抄中幼门节亲通晓文字者承袭案头、司吏抄官。若违律应袭抄官而不使袭抄官时，则袭者、命袭者有官罚马一，庶人十三杖。其应袭抄者袭抄"②。

当原有官者因罪革职时，法律规定"父、兄弟等五亲不许袭任。若违律袭官时，与不应袭官而袭官罪相等。袭军者，袭者、使袭者同不同部院，一律按不应互为袭抄军转院法判断"③。

此外，袭抄者自身的条件也是其能否顺利获得任用的一个重要因素。有袭抄者时，管事人要先将名单和基本信息上呈朝廷，如果初步判定为可用，袭抄者可以分别来中书、枢密管事处报到，由"宰相面视其知文字、晓张射法、貌善、人根清洁、明巧可用，是应袭抄"，然后令知情者作为担保人，上奏袭抄。若"不晓文字、张射法等，愚暗少计，非人根清洁，貌亦丑陋"④，那

---

① 《天盛改旧新定律令》卷六《抄分合除籍门》。
② 《天盛改旧新定律令》卷六《抄分合除籍门》。
③ 《天盛改旧新定律令》卷七《番人叛逃门》。
④ 《天盛改旧新定律令》卷一〇《官军敕门》。

就只能按照分抄时的顺序依法注册，以待后用。

可见，西夏袭官以近亲为上的原则亦因具体情况有所变动，如条文所反映出袭者自身的素质，原有官者犯罪，所袭特殊职务等。

同样，所袭官也享受"官"的待遇，可以"官"抵罪，如规定"诸人应袭官未袭而犯罪时，与减罪次第相抵，以所应袭上论其罪"①。

前引西夏文第 8203 号文书袭抄的文书：

一人移讹千男原本与前内侍正军移合讹吉祥犬兄 / 千父等是一抄，先因赢弱，在行 / 监嵬移善盛下共旧抄，千父 / 及军首领嵬移吉祥山下嵬移般若 / 宝三人为一抄，千男现今叔 / 执法转运移合讹吉祥山死之养 / 儿子。所有畜物已明，如下列：

……（后略）②

文书中移合讹千男即被其叔移合讹吉祥山收为养子，叔父生前职为"执法转运"，现其继承其步的职位和财产。③

事实上，西夏前期是一个宗族社会，氏族贵族有着较大的权力，并几度威胁皇权。这些"酋豪"的权力，正是通过世袭来得以延续的，其中最为典型的例子就是时为"夏国右厢统军"④ 的人多保忠，其族"久据西南部落，素为桀黠"⑤，而其职位即系"父唉丁死，侄保宗代为统军"⑥。

西夏梁氏一族中，曾"一门二后""一门两相"，夏拱化五年（1067），谅祚卒，子李秉常立，"时年七岁，梁太后摄政。"⑦任其弟梁乙埋为宰相，悉以国政委以乙埋。谅祚立梁氏为后时，许诺梁乙埋宰相之职世袭，夏大安十一

---

① 《天盛改旧新定律令》卷一〇《官军敕门》。
② 译文参见史金波《西夏经济文书研究》，社会科学出版社 2017 年版，第 457—460 页。
③ 魏淑霞、陈燕：《西夏官吏酬劳——封爵、俸禄及致仕》，《西夏研究》2012 年第 3 期。
④ 《潏水集》卷三《又上章丞相书》，文渊阁四库全书影印本 1121-23。
⑤ 《续资治通鉴长编》卷四六七，哲宗元祐六年十月甲戌条。
⑥ 《续资治通鉴长编》卷五〇三，哲宗元符元年十月丙戌条。
⑦ 《宋史》卷四八六《夏国传下》。

年（1085），梁乙埋死，子乙逋自为相。①

崇宗亲政后，大族首领的势力受到了打压，而皇亲则占据了西夏官僚队伍中的上层而世袭罔替，如在《天盛律令·颁律表》中所出现的中书、枢密下的"正"官，几乎皆为"嵬名"氏所占据。

2. 任命

从各种法律文献中看，西夏所袭者，不过"官""军""抄"，但并未见"职"是可以袭的。对于诸多的低级官吏，遴选和推举之法是常常被用作选任的基本制度，而对于高级官员如何选任，史书中没有交代，在律令中也没有见到相关的任职条文。那么推测，西夏对高职位者可能系由皇帝直接任命。

西夏有着直接任命官员的传统，如李元昊时期的张元、吴昊也是通过征辟制为官的。华州张元、吴昊自认有才，因在宋累举不第，前途无望，来投西夏，希望得到李元昊的重用，结果得元昊赏识，为其所重用，其中张元被任命为中书令、相国。陕西人景询，"小有才，得罪应死，亡命西奔，立荐之，李谅祚爱其才，授学士"。②类似的还有汉人苏立，李谅祚见其有才，便授以官职。另外，崇宗李乾顺时的李世辅、仁宗李仁孝时的宗室士李崇德都是。夏大德三年（1137），李世辅奔西夏，见乾顺，乾顺授其静难军承宣使、鄜延岐雍等路经略安抚使。③

西夏的"职"不能袭，那么皇帝任命职位的依据很大程度上就是所袭的"官"的大小。

3. 遴选

所谓遴选，即指择优选拔之意，通常通过对业绩、能力的考量，由低级

---

① 梁乙埋之子为梁乙逋，而不是梁乙逋，西夏陵出土的 M108：6+13 记载有"……后之舅梁乙逋等豪恶行行以器［难盛］"。

② 《西夏书事》卷二一。

③ 《西夏书事》卷二五。

官吏中选拔相对较高级官吏。

史载，夏崇宗时期，李乾顺"命选人以资格进"，规定"凡宗族、世家议功、议亲，俱加蕃汉一等，工文学者，尤以不次擢"①，其中西夏宗室李仁忠、李仁礼，因先世之功"，又"通蕃汉文字，有才思，善歌咏"，都被进宫封王。

崇宗一朝是西夏政治发展的一个转折点，其借辽国之手，除掉了秉持朝政的母后，并压制了大族"酋豪"的势力。其亲政后所推行了擢优之法，虽摆脱不了宗族世家的影响，但也一定程度动摇了固化了的阶级体制。

到了仁宗时期，从《天盛律令》中看，西夏普遍地实行了遴选制度，尤其是针对诸多低职位的官吏。

其首先是将遴选制度普遍地运用于各司吏员的选任之中，尤其是都案、案头、司吏三大文吏的选任之中。如《天盛律令》中对于都案（𗣼𗤒）、案头（𗣼𗤒）的遴选就有详细的规定，要求都案人选不仅要具备较高的文字处理能力，还要处事干练、通晓律法、善于沟通、为人亲善。"一中书（𗣼𗤒）、枢密（𗣼𗤒）、经略使（𗣼𗤒𗣼）、次中下末等司都案者，遣干练、晓文字、知律法、善解之人"。

至于具体的遴选次序，则应当遵循：一等中书、枢密等应遣都案者，当于本司正案头及经略、次等司正都案等中遣；一等经略、次、中、下、末五等司应遣都案者，当量其业，依本司所属军马、公事、钱谷等事务多少，当派遣晓业者；经略使处都案者，于中书、枢密正案头及次等司都案、经略本司正案头等中遣；次等司都案者，于中书、枢密、经略使正案头、中等司正案头、本司正案头等中遣；中等司都案者，于次等司正案头派正都案及权案头，中书、枢密司吏等派权都案等。彼权案头及司吏等于所遣都案处依律令三年毕续转时，称职而无住滞，则当遣往平级司中任正都案及下属司中案头等有缺额处；下等司都案者，于中等司正案头、中书、枢密司吏等派正都案

---

① 《西夏书事》卷二二。

及中等司权都案、次等司司吏等派权都案；末等司都案者，于下等司、本司等正案头、次等司司吏（㫰㫰）等派正都案及权案头，中等司司吏等派权都案。

案头属于诸司中的高等吏员，据《天盛律令》记载"诸司所判写文书者，承旨（㫰㫰）、习判（㫰㫰）、都案等当认真判写，于判写上落日期，大人、承旨、习判等认真当落，不许案头、司吏判写及都案失落日期"[1]。可见其有权参与文书的判写。条文明确地规定了不同等级机构遴选案头的细则，足见西夏政府对这一职务的重视。

条文所反映出西夏都案的选拔有着繁杂的方案，参见下表。

西夏"都案"选拔来源表

	上等司	经略司	次等司	中等司	下等司	末等司
上等司都案	案头	都案	都案	——	——	——
经略司都案	案头	案头	都案	——	——	——
次等司都案	案头	案头	案头	案头	——	——
中等司都案	——	——	正、权案头	——	——	——
中等司权都案	司吏	——	——	——	——	——
下等司都案	司吏	——	——	案头	——	——
下等司权都案	——	——	司吏	——	——	——
末等司都案	——	——	司吏、权案头	——	案头	案头
末等司权都案	——	——	——	司吏		

从以上选拔方案来看，五等司中选拔要求各不等同，似乎杂乱无章。但

---

① 《天盛改旧新定律令》卷九《事过问典迟门》。

综合来看，还是能够总结出一定的规律：五等司中一等比一等差一级；都案、案头、司吏三者依次差一级；权职比正职差一级；经略司较为特殊，其介于上、次两等司之间，其比上等司低一级、比次等司高一级，但上、次两等司之间仍然是只差一级，而不是二级。而西夏在派遣都案时，无论任职机构、职位、权正如何变换，而在级别相加减后，升降大体只在一级之间。比如：通过上表看，末等司都案可由次等司司吏遣，末等司将次等司差三级，而都案比司吏高两级，其实质上降了一级。不过这依然应当是看作升迁，而不是降职，因为所属司是可以上下自由调动的，但职位在这套遴选体系中是不可逆的。就是说可以见到高等司司吏案头可为下等司之都案，但不见反其道而可以行之者；同样，相同职位可由权转正，却不见由正而转权。当然这指的是吏员遴选的情况，如果是因犯罪而受到降职处分的则另当别论。

《天盛律令》还对诸司"案头"的选拔做出了规定："一中书、枢密诸司等应遣案头者，属司司吏中旧任职、晓文字、堪使人、晓事业、人有名者，依平级法量其业，奏报而遣为案头。"①

显然，诚如前文所述，案头则是从"司吏"的队伍中选拔，而不会是低等机构的都案任高等机构的案头。不过，案头的选拔要简单得多，仅是从本司司吏队伍中挑选。

诚如《天盛律令》所规定，都案的选拔原则是"干练、晓文字、知律法、善解"，而案头是"晓文字、堪使人、晓事业"。可见西夏吏员的选拔是看重业务能力的，这成为西夏吏员选拔的主要依据。

不仅是文吏，西夏低级的武职也常是采用遴选的方式。如对于诸监军司"边检校"的选任，即规定：沿边检校者应派监军习判中堪任之人。若在任司职上，及各处使用处已多派，仍未满足，则当于行监、溜首领中有谋、力大、能习军马、识禁令、勇健刚强、胜任职务之人中派遣。② 这依然是从较低

① 《天盛改旧新定律令》卷一〇《司序行文门》。
② 《天盛改旧新定律令》卷四《边地巡检门》。

级的官吏中选拔较高级的官吏，其选拔的标准则是被选者的武力情况。

西夏在军溜中，也普遍推行遴选制度，《天盛律令》中所反映的行监、溜首领、盈能，大致属于中下层军事首领；统领数十帐的为小首领、舍监，属基层首领。《律令》对他们的派遣和任命有着明确的规定，如遴选行监时"一有各步马行监缺额应遣代替时，当于本□□□院队溜上有溜首领处遴选，应派战斗有名、勇健强悍、有殊功、众皆折服、无非议者为行监。谁为当使明确，则其所令明拟派行监胜不胜任，于一司地方其他同部行监、不同院溜首领有非议者，则再一次遴选之"。遴选行监之下的溜首领和盈能时"监军司大人应亲自按所属同院溜顺序，于各首领处遴选。当派遣先后战斗有名、勇健有殊功、能行军规命令、人□□□折服、无非议者"。而小首领与舍监的任命，则必须经"所属首领、族父等同意，自有二十抄者可设小首领一人，十抄可设舍监一人"。

并且"入选者为谁确定后，当经刺史、司，一齐上告改，正副将、经略等依次当告奏枢密，方可派遣"。如果有隐瞒不报或者胡乱告改者，还需要受到刑罚。

前述西夏的官、军、抄可袭，但各种因素，尤其是频繁的战争仍然会造成诸多低级武职缺额，西夏也是通过遴选来选拔武官以弥补武职的缺额，其选拔的标准自然是其军事方面的素质，如"战斗有名、勇健有殊功、能行军规命令"，"战斗有名、勇健强悍、有殊功、众皆折服"等。

选拔的程序有一定的繁杂性且较为严谨，如行监按条件选拔，而"一司地方其他同部行监、不同院溜首领有非议者，则再一次遴选之"；盈能、副溜选拔后，又"入选者为谁确定后，当经刺史、司，一齐上告改，正副将、经略等依次当告奏枢密，方可派遣"①。

应该说，遴选制度是西夏运用相当普遍的一种选官制度，但是，它并不

---

① 《天盛改旧新定律令》卷六《行监溜首领舍监等派遣门》。

是西夏选举制的主流，它只是运用于填补西夏袭官制空缺，其系在袭官制缝隙中而得以长期存在。但不论如何，其还是在一定程度上能够缓解袭官所造成的阶级固化、官吏素质日趋低下的问题。

4. 科举

科举制度，是中国古代一项重要的官吏选拔制度，主要通过考试方式来考量参试人员的素质，进而决定成为官员的人选。科举制是中国选官制度史上的一次大变革，其极大程度地打破了旧有选官制度中的等级性、垄断性和世袭性，面向全社会群体，使社会各个阶层的人都有参与统治集团官僚队伍的机会，扩大了政权的统治基础。西夏的科举之制也是从无到有，一步步建立。

西夏在立国之初尚未实行科举取士制度，景宗李元昊始建"蕃学"，作为培养人才，选拔官吏的途径。史载："夏州自五代后不列职方。其官属非世族相传即幕府迁擢，尚无科目取士之法，元昊思以胡礼蕃书抗衡中国，特建蕃学，以野利仁荣主之。""蕃学"的学员是从"蕃汉官僚子弟内选俊秀者入学教之，俟习学成效，出题试问，观其所对精通，所书端正，量授官职"[①]。虽然说是"蕃学"，但其所学内容应当是以西夏文翻译的《孝经》《尔雅》《杂字》等。"蕃学"结业时，由学校考核，出题试问，根据学习成绩优劣，分别授予官职。西夏立国初"国中由蕃学进者，诸州多至数百人"[②]。西夏所设"蕃学"类同于中原王朝的"国学"之类，虽打上了深厚的氏族世袭制烙印，但已具初步科举取士的雏形。

西夏正式的科举应当是在崇宗时期实行的。仁宗时期的名相斡道冲，经科举进入仕途，任国相十余年。史载其八岁中童子举，根据人物生平，也就是大约当在崇宗正德至大德年间（1127—1135）。只不过，由于史料的缺乏，

---

① 《西夏书事》卷一三。
② 《西夏书事》卷三一。

我们无法得知崇宗时代的科举是怎样的盛况。从仁宗时代"复设童子科"的记载来看，可能崇宗时仅设过几次童子科，算是科举制的初步试行。

不过，崇宗时科举虽没有成为定制，但其却大兴国学。贞观元年（1101）八月，崇宗始建国学，学员由皇族、贵族及汉族官僚子弟内选送，定员三百人。置教授，学习儒家经典。设"养贤务（𦀾𘓐𗼨）"由学校供给学生廪食。[①]应该说，这一举动为仁宗时大兴以儒学为基础的科举奠定了人才以及学术基础。

仁宗时期的大兴科举，应该是史书最早正式记载的西夏科举。人庆四年"秋八月策举人。立唱名法，复设童子科，于是，取士日甚"。并于人庆三年（1146）下令"尊孔子为文宣帝"[②]，令各州、郡建庙祭祀。

不过，仁宗时期的科举可能并不能给予过高的估计，因为在其后颁布的《天盛律令》中，我们根本看不到关于科举制度的任何规定，相反，却有大段的条文关于如何袭官、职、军，如何遴选吏员、首领、盈能等。另外，《天盛律令·颁律表》中所载的诸多高级官员，几乎全部都是嵬名氏，也足以证明其对西夏旧有的宗族体制的冲击是有限的。

不过，无论如何，仁宗时代大兴科举为后来的官吏选举奠定了一个良好的开端。根据史书中留下的零星记载，其为西夏选拔了大量的人才，如仁宗时的名臣斡道冲、高逸，神宗时的名臣权鼎雄，献宗时名臣高智耀、李国安、王佥、焦景颜等都以进士升入官途。夏神宗李遵顼为宗室齐王李彦宗之子，他"端重明粹，少力学，长博通群书，工隶篆"，桓宗天庆十年（1203）三月，"廷试进士，唱名第一"[③]，后被嗣齐王爵，不久，又擢大都督府主。

西夏于天盛十三年（1161）正月，仿唐宋制度设翰林学士院，所选之人亦是通过科举选拔的，为皇帝草制诏、备顾问的文学优长之士。神宗时的权

---

① 《宋史》卷四八六《夏国传下》。
② 《西夏书事》卷三六。
③ 《西夏书事》卷三九。

鼎雄即"以文学名授翰林学士"。已见于史书记载的西夏翰林学士有仁宗时的王金、焦景颜、杨彦敏、刘昭、王师信、梁宇、王禹玉、余良等；桓宗时的李国安、张公辅；襄宗时的梁德懿；神宗时的权鼎雄等。此外，襄宗时观文殿大学士罗世昌，献宗时徽猷阁学士李弁等，他们也都是通过科举进身授职。除了传世文献所载，黑水城出土编号为 Инв. No. 2376 文书①《乾定申年黑水守将告牒》中也明确提及，文书的书写者"仁勇"即系"历经科举学途"而走入仕途，其当时任职为"黑水守城勾管执银牌度尚内宫走马"②。

西夏的科举取士延续到国亡，史载夏献宗乾定三年（1225）"三月，策士，赐高智耀等进士及第"③。但高智耀见蒙古军已兵临城下，国将亡，不受官职，后隐居贺兰山中。献宗"策士"的前一年，宗室李桢随父避乱到金国时，还"应经童试中选"，足见科举制度对西夏人的深刻影响。

前述西夏的科举有"童子科""进士科"等名目，此外，出土官刻本《六韬》《孙子兵法三注》，④《黄石公三略》⑤又印证了西夏武举的存在。⑥因此大体可以推断，西夏科举制的形式应当基本取自于宋朝。

通过诸多的出土文书来看，西夏科举考试的内容别具特点，与宋代绝不相同。虽然其科举考试同样以儒学内容为主，但其采用的科举考试范本并没有采用中原传统的何晏注《论语》、唐玄宗注《孝经》、赵岐注《孟子》，而是大胆地采用了北宋新经学派人物陈祥道、吕惠卿等人的注本，比如《论语全解》《孝经传》《孟子传》⑦等。

西夏以新经学派的著作为科举范本，可以说是在中国古代科举制度中独树一帜。其与同时代的南宋形成了鲜明的反差，南宋其时在"检讨"北宋灭

---

① 《俄藏黑水城文献》第 13 册，上海古籍出版社 2007 年版，第 103 页。
② 译文参见聂鸿音《关于黑水城的两件西夏文书》，《中华文史论丛》2001 年第 63 辑。
③ 《西夏书事》卷四二。
④ 图版见《俄藏黑水城文献》第 11 册，上海古籍出版社 1999 年版，第 156—189 页。
⑤ 俄藏编号 HHB. No. 578、715、716，原件尚未刊布。
⑥ 参见聂鸿音《西夏刻字司和西夏官刻本》，《民族研究》1997 年第 5 期，第 82 页。
⑦ 聂鸿音：《西夏刻字司和西夏官刻本》，《民族研究》1997 年第 5 期，第 82 页。

亡的教训，将倡导新法的变法派当作了替罪羊，将他们"变"成了"祸国殃民"的反面人物，除了王安石本人，其他新党人物的著作多遭禁毁，而作为新党变法的理论依据——新经学，同样没有免除相同的命运。而西夏旗帜鲜明将宋朝变法派人物的理论著述——新经学奉为范本，确实在中国古代史上独树一帜。

不过，北宋时，新党人物当政时，大多对西夏采取了强硬的政策，接连不断的军事攻势几度将西夏置于灭亡的边缘。可以想见，变法派对西夏留下难以磨灭的印象，其理论著作自然也就备受推崇，更何况，诸多的新党人物曾为西北边臣，常跟西夏"打交道"，比如吕惠卿就曾两次被任命为鄜延路经略安抚使。

5. 推举、求官、赐官

西夏除了上文所述几种主流的选举途径外，还有推举、求官等。

西夏的推举并不可以理解为近代以来的民主选举，而是部落体制之旧俗，是部落作为社会阶序化、权力集中化程度较低的政治组织的产物。

虽然说党项部族有诸多的世袭首领，但是推举制度仍然在一些情况下适用，即使有投宋的番部依然保留着"各推首领以主之"[①]的旧俗。

西夏境内有诸多的游牧部落，西夏政府或将他们纳入到迁溜之中，成为西夏的战士；或纳入到官牧场中，为官府提供马、驼等。而西夏在一些基层与部落组织有一定关系的职位，也使用了这种推举制，如《天盛律令》中即有规定，在官牧场中"牧首领、末驱，各自当于头监[②]，于邻近二百户至二百五十户牧首领中遣胜任一名为盈能"[③]。

---

① 《续资治通鉴长编》卷一九五，仁宗嘉祐六年十一月戊午条。
② 《天盛改旧新定律令》卷一九《牧盈能职事管门》，译为"牧首领、末驱，各自当头监……"，现据原文补一介词"于"，译为"牧首领、末驱，各自当于头监……"
③ 《天盛改旧新定律令》卷一九《牧盈能职事管门》。

　　西夏显然是参考了部落联盟公推首领的方式，通过推举"盈能"，这样一个位在"首领"之上的职位来达到对部落的管辖，但是其推选的原则却是以政府所派的"头监"为中心，以实现部落对政府的权力衔接。

　　除了推举，《天盛律令》中有条文还提及"求官"，为"诸人袭官、求官、由官家赐官等，文官经报中书，武官经报枢密，分别奏而得之"①。料想也应当是自荐方式的求官。

　　赐官则是将"官"作为奖品奖励给对政府有功的人员，一是对有"职"无"官"者给予"官"，二对已有"官"进行升"官"，即对官阶进行升迁，详见后文西夏的赏赐制度。

　　通过前文所述，西夏的选举制度是具有多样性的，这体现出西夏社会结构的多样性以及西夏文化的多样性。但西夏仍然以袭官为主要任职方式，尤其是皇族直接垄断着政权的高级职位，决定了西夏始终是一个宗族社会。虽然说，科举、遴选等制度在一定程度上打破了阶级的固化，增加了社会的流动性，但无法根本扭转西夏的社会性质。

（二）考核与奖励

1.迁转

　　与诸多中央王朝相仿，西夏有着较为严格的官吏迁转制度，《天盛律令》卷一一《续转赏门》即规定了西夏官吏的任职时间、续转条件。比如诸司大小任职官员三年任期结束后，可以续转者主要有：中书、枢密承旨、诸司大人承旨、边中刺史、军主、同判、习判、边中诸城主、通判、城守、边中诸司都案、夜禁铸铁等提点、渠水、捕盗、检□□□前检等，涵盖了西夏官吏的绝大部分。但上等司的决策层"中书、枢密大人"以及诸司中的文吏不在

---

　　① 《天盛改旧新定律令》卷一○《官军敕门》。

三年续转的范围之内。此外"一等中书、枢密都案及京师诸司都案等，三年完毕应不应续转，依时节奏报实行"。

西夏应当是严格地执行了这一规章，黑水城出土编号为 Инв. No. 2753 文书①《乾定申年黑水守将告牒》即是一个极好的证据。从文书内容我们可以得知，文书的书写者没年仁勇历宦"尚那皆、监军司、肃州、黑水"四司，多年以来与父母家人分离两地。所以呈上这封禀帖，希望丞相可以允许他调离黑水城，去家乡鸣沙军任职，这就是上文所提到的"续职"。西夏制度以三年为一任期，当年仁勇共历四职，是在任第四职时写的这件文书。如果按每任三年算，那么如果他刚刚任第四职，正好是 9 年。可见西夏官员的迁转是严格执行的。

中国古代的胥吏常常是"流外官"，不发生迁转，常在一司任职，西夏诸司案头、司吏不发生迁转，这与古代诸王朝是一致的。

西夏的上等司正也不用迁转，这是由西夏的政治特点所决定的。前文提及西夏在崇宗以后，以嵬名氏为主体的皇亲国戚构成了西夏政权的核心统治团体，他们因其身份享有着特殊权力，同时，西夏一方面为其设置了高于五等司以上的诸多职位，另一方面皇亲国戚几乎全部占据了上等司（中书、枢密）中的正职。而《天盛律令》中所规定上等司正不发生迁转，正是其特权的体现。

西夏的迁转与升"官"、赏赐、惩罚是相挂钩的，正如《天盛律令》中所规定："诸司任职位人三年完毕，无住滞，不误入轻杂，则中书、枢密、经略等别计官赏，其余依次赐次中下末四等人得官赏：次等升一级，大锦一匹，银十五两，茶绢十。中等升一级，大锦一匹，银十两，绢三段，茶四坨。下等升一级，杂花锦一匹，银七两，茶三坨，绢二段。末等升一级，紧丝一匹，银五两，茶绢二。中书、枢密都案依下等司正法则得官赏。"但是为官"降一

---

① 《俄藏黑水城文献》第 13 册，上海古籍出版社 2007 年版，第 103 页。

官者，官赏皆不得。遭罚马则罚一次者可得官，不得赏，罚二次者得半赏，不得官。罚三次，官赏皆不得"①。

不过，西夏的迁转之法虽然严格执行，但亦有可以通融的一面，《天盛律令》规定"一诸大小臣僚任职中，年高、有疾病及未能任职求续转等，有告者，视其年纪、疾病重轻，是否实为未能任职等衡量，奏报实行"②。而上文所引《乾定申年黑水守将告牒》中仁勇之所以能够上书朝廷而请求迁转，这也在制度所允许的范围之内的。

黑水城出土 Инв. No. 2376《乾定申年黑水守将告牒》

黑水守城勾管执银牌都尚内宫走马没年仁勇禀：

　　兹仁勇曩者历经科举学途，远方鸣沙家主人也。先后任大小

---

① 《天盛改旧新定律令》卷一○《续转赏门》。
② 《天盛改旧新定律令》卷一○《续转赏门》。

官职，历宦尚那皆、监军司、肃州、黑水四司，自子年始，至今九载。与七十七岁老母同局共财。今母实年老病重，与妻眷儿女一并留居家舍，其后不相见面，各自分离，故反复申请续转，乞遣至老母住处附近。昔时在学院与先至者都使人彼此心存芥蒂，故未得升迁，而出任不同司院多年。其时以来，无从申诉。当今明君即宝位，天下实未安定，情急无所遣用。故仁勇执银牌为黑水守城勾管。今国本既正，上圣威德及诸大人父母之功所致也。微臣等皆脱死难，自当铭记恩德。仁勇自来黑水行守城职事时始，夙夜匪解，奉职衙门。守城军粮、兵器及炮大小五十六座、司更大鼓四面、铠甲等应用诸色原未足，所不全者，多多准备，已特为之配全。又自黑水至肃州边界瞭望传告烽堠十九座，亦监造完毕。仁勇转运远方不同司院之鸣沙家主蓄粮，脚力贫瘠，惟恃禄食一缗，而黑水之官钱谷物来源匮乏，均分之执法人，则一月尚不得二斛。如此境况，若无变更，则恐食粮断绝，羸瘦而死。敝人仁勇蒙恩以归宁母子，守城职事空额乞遣行将（哆）讹张力铁补之，依先后律条，于本地副将及监军司大人中遣一胜任者与共职，将仁勇遣至老母住处附近司中勾管大小职事。可否，一并乞宰相大人父母慈鉴。

乾定申年七月，仁勇。[1]

2. 磨勘[2]

"磨勘"也就是考课，主要是对官员在其任期内对其政绩的考核，并以此为基础决定官员的升迁与奖惩。这一制度由唐代始创，宋代沿袭。从诸多的资料来看，西夏也同样承袭了这一制度。

---

[1]　译文参见聂鸿音《关于黑水城的两件西夏文书》，《中华文史论丛》第63辑。

[2]　本小节的撰写主要参考魏淑霞《西夏职官制度若干问题研究》，宁夏大学2016年博士学位论文，第38—42页。

西夏的磨勘与前述官员的迁转是相结合的，磨勘的结果直接决定官员续转、不续转、奏报待转等情况。从诸多的材料来看，西夏的磨勘有着较为精细、复杂的程序，其会针对不同工作性质、不同级别的官吏采取不同的磨勘方式。

通常来说，政府对于地方官吏的考核，主要内容有人口的增减、赋税上缴、劝课农桑、地方治安、屯田等。但目前所见到的有关西夏对地方官吏考课的材料主要涉及地方租庸草的上缴，《天盛改旧新定律令》有两则材料反映出西夏对地方郡县官员的磨勘情况。第一条为"一……都磨勘司当引送，所属郡县管事□、司吏等当往磨勘。自腊月一日始至月末，一个月期间当磨勘完毕，所遗尾数当明之。正月一日转运司当引送，令催促所属郡县人，令至正月末毕其尾数。若其中有遗尾数者，二月一日当告中书，遣中书内能胜任之人，视地程远近，所催促多少，以为期限。因缓交逾期，当令一倍上多纳半倍。若库门开迟时，当告于局分推求之，是真实言，则当视库门迟开几日，再求为期限时当予之，勿算逾期。所属郡县人于期事未毕，转运司、磨勘司引送磨勘迟而住滞等时，无受贿，罪依所定判断。受贿则量其钱，以枉法贪赃罪法与无受贿罪比较，从重者判断"①。

第二条是"一诸郡县转交租，所属租佣草种种当紧紧催促，收据当总汇，一个月一番，收据由司吏执之而来转运司。催租不果，后当在任上催租，每月分析中勿来，春秋磨勘租时，依前法一并当唤来磨勘。若催租者大人每月另交收据有侵扰时，转运司大人、承旨、都案、案头、司吏等谁知者，有官罚马一，庶人十三杖"②。

以上两条资料反映，西夏各郡县官吏在日常的事务中要将地方租佣草的交纳情况汇总登记入账，一个月一次，由司吏持收据凭证前往所属转运司汇报。磨勘分春秋两次。磨勘有详细的时间规定，对无故延期磨勘要进行处

① 《天盛改旧新定律令》卷一五《催缴租门》。
② 《天盛改旧新定律令》卷一五《地水杂罪门》。

罚。① 西夏政府规定各郡县局分官吏于每年十一月一日于转运司交簿册、凭据。武威亥母洞出土了两份西夏文文献，都是关于西夏乾定酉年农户增纳草捆的文书。② 这些文书也反映了西夏基层官吏向农户收取租赋的具体执行过程、相关监督措施。西夏基层郡县官吏向农户收取租赋时要出凭据，共出两份，官方保留一份备档，农户保存一份备查。这些文书正好印证了上述《天盛改旧新定律令》中所规定的官方保留的这份收取租赋的凭据与官吏磨勘迁转息息相关，既是官方收取租赋的凭据，也是官吏执政时期业绩的凭据。

西夏对地方官吏的磨勘程序是各郡县内部先进行磨勘，时间期限是12月一个月内完成，若没有完成则要书面说明所遗留情况。从正月一日开始，引送到当地转运司进行磨勘，转运司负责督促所属郡县官吏将前期未完成的工作在正月末之前完成，若此时还有遗留问题，则于二月一日上报中书，中书遣能胜任此工作之人协助解决，有磨勘时间的限制，磨勘期间，若因正当原因如：库门开迟等引起逾期，则可申请延期，若因缓交、住滞等引起逾期，则相关人员受罚治罪。可见，磨勘在组织程序上经历了一个由郡县局分自磨勘——当地转运司磨勘——磨勘司磨勘的过程，由下而上逐级进行。

从西夏对地方郡县官吏的磨勘中可以看出，在对官吏的磨勘中除了年资外，更重视其实际的工作业绩，尤其重视租税的收缴，这说明了考课政策在执行过程中会发生倾斜，而这种倾斜源于地方官吏的实际政务内容。另外，对于地方转运司交簿册、凭据迟缓时，要进行处罚："自一日至五日十三杖，五日以上至十日徒三个月，十日以上至二十日徒六个月，二十日以上一律徒一年。"③

---

① 《天盛改旧新定律令》卷一五《催缴租门》。

② 梁继红：《武威藏西夏文乾定酉年增纳草捆文书初探》，《西夏学》第十辑，上海古籍出版社，2013 年第 2 期。

③ 《天盛改旧新定律令》卷一五《催缴租门》。

西夏要求库局分人日常工作都要有详细的记录，每月的官物收入、支出要录册，不能随意隐匿，官物出入的典册、凭据要及时认真校对。所谓"官物管辖处司每日所行用何有、准备所行用数、领用本人来未来及名为谁、如何用度、领用数几何、交还限期当登录。有遣买卖隐交易，亦已交未交，又依次转卖利何所得，库内已入未入，另曰彼处置之，亦是实情，何所置处当检视，总数物色实数当明之。借领已有裂伤亡失，与有转劣，亦当明之。官物头项有何所行用，全派过，不许缺遗虚杂"①。从史料看，这种磨勘应分为日常磨勘和官吏三年任期满后的总体磨勘两种情况。磨勘内容包括日常业务账册、官物的去向开支、受贿、损耗、交接工作等。

西夏将全国境内的库局按地域分为三类，对其相应的日常工作中的账册进行定期磨勘。一是京师界内持局分人三个月、诸转卖库六个月、种种匠一年期间一番当告纳本处帐册。二是地中持局分人各自六个月一番当告纳帐册。三是地边持局分人各自一年一番当告纳注册。

关于对库局部门官吏所管账册的磨勘，规定每到磨勘日期，库局分管部门要派人主持引导聚集账册增册、注册、注销，于限期上当告磨勘司，不许留缺。延期上报要受到处罚，自往至报到日起，迟三日者不坐罪，四日以上小监、出纳、司吏等一律依所定判断，而"延误四日至十日者，有官罚钱三缗，庶人七杖。延误十日以上至十五日，有官罚钱五缗，庶人十杖。十五日以上至二十日，有官罚马一，庶人十三杖。二十日以上一律有官罚马二，庶人十五杖"②。

各种库局中官物派于何地、何家、何城、何部，总数要计明，地方所属监军司、府、军、郡、县管事处也要各自行文记录，以备库局官员三年任期满后迁转时查用，此项内容会作为其在任时的业绩考查对象。"三年库局分迁转，日毕时，十五日以内当分析完毕，由本人交转文典、录册、种种文书，

---

① 《天盛改旧新定律令》卷一七《库局分转派门》。
② 《天盛改旧新定律令》卷一七《库局分转派门》。

监军司、府、军、郡、县、本人不属之京师诸司上管事者，其处不须磨勘，直接留用而当派之。若本人管事者，其处本司人当为一番磨勘，有何官物，□□道当明之，应转则转，与前述京师诸司所辖库局分起行者一并当派，当来管事处磨勘。"①

若基层的库局分处人对上述执行的磨勘规定不执行，不派遣，导致期限延误，则局分大小之罪状依延误罪法判。"及彼逾期，则一律自一局分至三局分徒一年，自四局分至六局分徒二年，自七局分至九局分徒三年，自十局分至十二局分徒四年，自十三局分至十六局分徒五年，自十七局分至二十局分徒六年，自二十一局分以上一律获徒八年长期。"②

若基层库局分处将库局分之种种文书、录册等于边中诸司管事者处虽已依法派之，然京师所辖处司局分应迁转而不转，应派不派等时，局分大小之罪依前述边中诸司法判断，实行层层责任制。

西夏的律令中规定，种种库局所属司人，各自当行文书、升册，依法当引送告奏磨勘司，不许缺留。倘若违律，持局分人文册缺，不引送磨勘司等时，边中诸司所住滞人处局分大小等，一律有官罚马一，庶人13杖。在此过程中有官吏受贿，则以偷盗法判断。

西夏对各类官物的耗减标准有详细的规定，在正常耗减范围内的不追究责任，超过规定的则要追究责任进行处罚。种种库局的分掌者，在其任期间，库局所存之物有耗损失误或直接亡失，官吏迁转后由磨勘司磨勘，一律将亡失种种官物数催促其偿还。实在无力交还者，当令其寻找担保者，将先前所亡失之物以钱计算，百缗中不足之罪依所定判断。

西夏边中、京师库局分官吏3年任期满，迁转日已近，所遣新局分已明时，要从前宫侍、阁门臣僚等中派能胜任的人，分别前往各地库局监督库局官吏的交接事宜，"种种钱谷物何置，令交接者及新旧库等共于眼前交接，

---

① 《天盛改旧新定律令》卷一七《库局分转派门》。
② 《天盛改旧新定律令》卷一七《库局分转派门》。

典、升册分明当行，新库局分人已敛几何当明之，与当取敛状相接，于所辖本司分明，一文典当告，往都磨勘司核校。"①有责任要追究。说明西夏将官吏3年磨勘迁转时的工作交接等都记录在册，在都磨勘司备案，以备日后再磨勘迁转时查用。

库局分人磨勘时间规定因地域不同而异，西夏对境内不同地区库局分人三年任期满后磨勘的时间期限有详细规定。京师及边中库局分派遣、磨勘次第、期限长短可分以下几种情况。②

第一种：不隶属于经略司之种种官畜、谷、钱、物，库局分人所在边中之府、军、郡、县、监军司等不磨勘，直接派往京师所辖处的，则自迁转日起15日以内，当令分析完毕而派遣。依地程远近次第，沿途几日，以及京师所辖处磨勘几日都有明确规定。

库局归属地	本处磨勘	往京师所辖处	所辖处磨勘	都磨勘司磨勘
沙州、瓜州	15 天	40 天	60 天	50 天
肃州、黑水	15 天	30 天	60 天	60 天
西院、啰庞岭、官黑山、北院、卓啰、南院、年斜、石州	15 天	20 天	70 天	60 天
北地中、东院、西寿、韦州、南地中、鸣沙、五原郡	15 天	15 天	80 天	50 天
大都督府、灵武郡、保静县、临河县、怀远县、定远县	15 天	10 天	80 天	60 天

第二种：经略使所辖之种种官畜、谷、物，边中监军司、府、军、郡、

① 《天盛改旧新定律令》卷一七《库局分转派门》。
② 《天盛改旧新定律令》卷一七《物离库门》。

县等各库局分人自迁转起 15 日以内令分析完毕，监军司、府、军、郡、县等本处已磨勘，则派送经略处。经略处对本处库局及各地方监军司、府、军、郡、县库局的磨勘结果再进行一番磨勘，其如何派遣，遣于京师管事处几日，依次几日限期磨勘，期限长短等如下所示。

库局 归属地	本处 磨勘	监军司、 府、郡、县	往经 略处	经略 处磨勘	往京 师	京师 所辖处	都磨 勘司
沙州、瓜州	15 天	30 天	20 天	20 天	20 天	35 天	25 天
肃州、黑水	15 天	30 天	15 天	20 天	15 天	40 天	30 天
西院、官黑山、 北院	15 天	40 天	10 天	30 天	10 天	30 天	30 天
卓啰、南院、 年斜、石州	15 天	40 天	10 天	30 天	10 天	40 天	20 天
北地中、东院、 西畴	15 天	40 天	10 天	25 天	10 天	40 天	25 天
韦州、南地中	15 天	30 天	10 天	30 天	10 天	35 天	35 天
鸣沙、大都督府	15 天	35 天	10 天	30 天	10 天	35 天	30 天

另外，灵武郡、保静县、临河县、怀远县、定远县五地一律京师郡县人 40 天，派出至来到所辖处 10 天，所辖司磨勘 60 天，都磨勘司 40 天。

第三种：京师畿内置官物各司，本处磨勘 80 天，都磨勘司磨勘 70 天。

第四种：啰庞岭监军司，因不在经略，本处管辖种种赏物、军粮、武器、军杂物等于库局分迁转时，本处当磨勘 50 天，则派往京师所管事处，沿途 15 天，来至京师，所辖司磨勘 50 天，都磨勘司磨勘 35 天。

至此，我们大体概括西夏对全境内的库局官吏迁转时的磨勘程序是

属经略司管辖的：本处磨勘——本地监军司、府、军、郡、县磨勘——

报送所在地经略司磨勘——报京师所辖处磨勘——报都磨勘司磨勘——上报中书、枢密。

不属经略司管辖的：本处磨勘——报京师所辖处磨勘——报都磨勘司磨勘——上报中书、枢密。

属京师畿内管辖的：本处磨勘——报都磨勘司磨勘

通过对这一问题的梳理，可知西夏在总体磨勘迁转政策下，又根据官吏任职部门的不同，身份地位的不同分类制定磨勘迁转政策，体现了统治者既想从整体上把握对官吏的考课，又想对官吏的考课有所区分。

3. 赏罚 ①

西夏赏罚制度应用较为广泛，不仅是磨勘之后按其政绩展开，亦在官吏立功，犯罪时展开赏、罚。

（1）财物、官职的赏罚

西夏赏罚的内容通常一是财、物，二是官、职。

关于财物的赏罚，皆按其功绩给予奖赏或处罚。一般职位越高，奖赏越为丰厚。如中书、枢密、经略这一类高级官员，任职三年期间如果没有住滞、虚杂等情况，都会受到特别的奖励。而次等官吏的奖赏则是"升一官，锦上服一，银十五两，茶绢（各）十"；中等"升一官，锦上服一，银十两，绢三匹，茶四坨"；下等"升一官，杂花锦上服一，银七两，茶三坨，绢二匹"；末等"升一官，当得锦丝上服一，银五两，茶绢（各）二"。至于中书及枢密都案以下的吏员，只能按照惯例得到较少的官赏了。

西夏对于任职三年期间有过住滞、降官、被罚马、误入轻杂等情况的官员，在奖赏时还会给予一定的限制。如"降一官者，官赏皆□□，遭罚马则罚一次者可得官，不得赏，罚二次者得半赏，不得官，罚三次官赏皆不

---

① 本节内容主要参考魏淑霞《西夏职官制度若干问题研究》，宁夏大学 2016 年博士学位论文；张笑峰《西夏"上服"考》，《西夏学》第十四辑，甘肃文化出版社，2017 年第 1 期。

得。……"①

关于职位、品阶的升降。既有按其功劳和资历逐级提升，或因特殊功绩或奇才异能而破格提拔即"超迁"，也有因过失而降职的。

如《天盛改旧新定律令》卷一九《校畜磨勘门》：②一诸大小牧监检校官畜已妥，则官方当依所纳高低予之官。具体规定是"一等大小牧监胜任一年，当予赏赐钱绢二、常茶三坨、绫一匹。二年连续胜任者，依前述法当予赏赐，当得一官。此后又胜任，则每年当加一官，赏赐当依前述所定予之。牧首领、末驱本人胜任一年，当予赏赐银三两、杂锦一匹、钱绢五、茶五坨。二年连续胜任者，赏施当依前述所定数予之，其上当得一官。倘若彼又胜任，则每年当加一官，赏赐当依前述所定予之。"

又《天盛改旧新定律令》卷一〇《官军敕门》规定③"一诸人袭官中及降、未及降法依以下所示：未降而违律时，奏者，局分人、寻安乐者等，视有无贪污徇情，行袭官次第所至，前往已任未任等，依前罪情，任司位三年期间曾住滞，不应得官赏而使得官赏，依罪情高低法判断，应降依官法降。应不应降，依以下所定实行：下十一、十二品及杂官等勿降，当革之；十品、九品、八品等三品中当降一品；七品、六品、末品、下品等四品中当降二品；上次中三等当奏别论；一上次中三等大人、承旨、习判、下等司正等当赐敕，依文武次第，由中书、枢密所管事处分别办理。下等司承旨、末等司大人等当赐头字"。

除前述赏罚措施以外，西夏还对一些特殊情况做出了规定。"一诸大小臣僚任职中，年高、有疾病及未能任职求续转等，有告者，视其年纪、疾病重轻，是否实为未能任职等衡量，奏报实行。"④即，有大小臣僚中，有年高、有疾病及不能任职的，在续转时，有提出请求（申告）的，则视其年纪、病情，

---

① 《天盛改旧新定律令》卷一〇《续转赏门》。
② 《天盛改旧新定律令》卷一九《校畜磨勘门》。
③ 《天盛改旧新定律令》卷一〇《官军敕门》。
④ 《天盛改旧新定律令》卷一〇《续转赏门》。

是否实为不能任职等衡量，并奏报上级部门。

（2）上服[①]

在西夏的实物赏赐中，西夏的"上服"非常值得一提。"上服"为"𗗚𗆧"二字，在现《天盛律令》的汉译本中译为"大块"，亦有学者译为"大氅"，[②]不过，据张笑峰解释，汉字"氅"字指唐宋之际所指均为旗物之类，如《宋史》卷一四八载："氅，本缉鸟毛为之。唐有六色、孔雀、大小鹅毛、鸡毛之制。后志云：'今制有青、绯、皂、白、黄五色，上有朱盖，下垂带，带绣禽羽，末缀金铃。青则绣以孔雀，五角盖；绯则绣以凤，六角盖；皂则绣以鹅，六角盖；白亦以鹅，四角盖；黄则以鸡，四角盖。每角缀垂佩，揭以朱竿，上如戟，加横木龙首以系之'。"[③] 因而有歧义，取"上服"较佳[④]。

西夏赐上服非常地普遍，在大大小小官吏升官受赏时，都会随之受到"上服"的赏赐。通过《天盛律令》对"上服"诸多记载梳理，可知"𗗚𗆧"（上服）共有九种三等。其中上等仅有"𗆧𗱲𗗚𗆧"（大锦上服）一种，中等由上到下分别是"𗤻𗤻𗆧𗗚𗆧"（杂花锦上服）、"𗤻𗆧𗗚𗆧"（杂锦上服）、"𘄒𗤴𗗚𗆧"（唐呢上服），下等则依次是"𗆧𘃢𗗚𗆧"（紧丝上服）、"𗦻𗢳𘄄𗗚𗆧"（家煮丝上服）、"𗰖𗗚𗆧"（绢上服）、"𗆧𗗚𗆧"（绫上服）、"𗾑𗗚𗆧"（缠上服）。通常来说，官、职高者，受赏时"上服"的等次也较高。

4. 赐衣

赐衣制度是专门对于僧人而实施的奖励制度。在中国佛教史上早有赐紫、赐绯制度，即对那些有学问、有德行的高僧，由政府赐给红袈裟、紫袈裟以

---

①　本节内容主要参考张笑峰《西夏"上服"考》，《西夏学》第十四辑，甘肃文化出版社，2017 年第 1 期。

②　[苏]克恰诺夫著，李仲三汉译，罗矛昆校订：《西夏法典——天盛年改旧定新律令（第 1—7 章）》，宁夏人民出版社 1988 年版；翟丽萍：《西夏职官制度研究——以〈天盛革故鼎新律令〉卷十为中心》，陕西师范大学 2013 年博士学位论文，第 26 页。

③　《宋史》卷一四八《仪卫志六》。

④　张笑峰：《西夏"上服"考》，《西夏学》第十四辑，甘肃文化出版社，2017 年第 1 期。

示荣崇。这些高僧有很高地位。西夏赐衣范围很宽，前述《天盛律令》中规定僧人、道士中赐黄、黑、绯、紫者可以减罪。其中提及"若革职位等后，赐黄、黑徒五年，赐绯、紫及与赐绯、紫职位相等徒六年者，当除僧人、道士"①。赐黄、黑者判五年徒刑就除去僧道籍，而赐绯、紫者要判六年徒刑才除却僧道籍，可见赐绯、紫者地位高。然而我们在西夏碑文和佛经题款中赐紫者仅见一例，榆林窟第 15、16 两窟有长篇汉文题记，为"阿育王寺释门赐紫僧惠聪俗姓张主持窟记"。题款末有"……国庆五年岁次癸丑十二月十七日题记"②。撰写时间应为西夏惠宗天赐礼盛国庆五年（1073）。可见西夏早期已有赐衣制度。

在题款中赐绯僧比较多见，前引凉州重修护国寺感通塔碑所记赐绯僧有庆寺都大勾当卧屈皆、庆寺监修都大勾当药乜永诠、修塔寺小监令介成庞、护国寺感通塔番汉四众提举王那征遇、修寺诸匠人监酒智清、修寺诸匠人监石碑白智宣。

俄黑水域文献中也有赐绯僧的记载。如西夏文刻本《维摩话所说经》经末题款中有"赐绯移合讹平瑞吉"，又如《十三经》和《阎魔成佛受记经》题款中记翻译者赐绯沙门法海等。还有写《大乘圣无量寿经》的赐绯僧人柔智净，书写刻本《慈悲道场忏法》印面的赐绯僧人裴慧净，为《佛说佛母出生三法般若波罗蜜多经》书写印面的赐绯和尚刘德智。③

从所见赐绯僧的职务和他们在修建塔寺、传译佛经的作用看，赐绯僧有的有较高的地位，有的是译写佛经的高手，属于西夏僧人的上层。他们对这种特殊待遇是重视的，愿意刻在碑上，写在纸上。在题款中至今尚未见到赐黄、赐黑者。可能赐黄、赐黑者是普通僧人，不值得在题款中炫耀。

---

① 《天盛改旧新定律令》卷二《罪情与官品当门》。
② 史金波：《西夏佛教史略》，宁夏人民出版社 1988 年版，第 304—305 页。
③ 俄罗斯圣彼得堡东方学研究所手稿部藏黑水城文献 HHRN. 2311、119、4976、819、953、7714、238。

（三）俸禄

西夏在立国之初，由于其旧有的游牧体制，官员是没有俸禄的，如范仲淹所云："建官置兵不用禄食，每举众犯边，一毫之物皆出其下，风集云散，未尝聚养。"[①] 但是，随着时代的发展，西夏显然就不能够如此了。至迟到了《天盛律令》所编撰的仁宗天盛年间，官员的俸禄就已经普遍了。在条文中我们可见官员因失职而受到罚俸的条款。如"诸人因罪受罚马者……则依司品，有俸禄者当于俸禄中减除，未有俸禄，则罚一马折算降官一级"[②]。

不过，上述条文同样也透露，西夏俸禄并不是遍及所有官吏的，有的人有"俸"，有的人无"俸"，由于现在留下的资料极少，现在已经无从考证西夏的"俸禄"究竟怎么分配。推测西夏的基层单位"溜"中的职位应当就是无俸的，因为西夏的军溜主要系以部落为基础，而部落本身就是一个生产与军事性合一的政治组织。

西夏的地方官员应当是有俸的，《亥年新法》所存的残页中就保存有一段边地官员发放俸禄的标准："正经略三缗钱，副经略二缗五百各钱，正统、正、权检校等二缗，经略、刺史五缗钱，中书、枢密承旨有则八缗各，经义五缗钱，经衄三百五十钱，间枯三百钱，经略司边投二百五十各。"[③]

不过，地方官员的俸禄似乎并不是中央政府划拨，而是由各监军司自行负责。就如《乾定申年黑水守将告牒》中所说的："仁勇转运远方不同司院之鸣沙家主蓄粮，脚力贫瘠，惟恃禄食一缗，而黑水之官钱谷物来源匮乏，均分之执法人，则一月尚不得二斛。"[④]事实上，在前文已述，监军司是一个具有军政合一性质的地方行政及军机机构，其在辖区内有独立的财政权，因而中央也就不再另外为其划拨预算了。

---

① 《续资治通鉴长编》卷一三四，仁宗庆历元年十一月乙亥条。
② 《天盛改旧新定律令》卷二〇《罪则不同门》。
③ 译自《亥年新法》卷一〇（丁种本），原始图版见《俄藏黑水城文献》第 9 册，第 289 页。
④ 聂鸿音：《关于黑水城的两件西夏文书》，《中华文史论丛》第 63 辑，2001 年版。

不过《乾定申年黑水守将告牒》反映，西夏乾定年间，西夏已遭受蒙古的四次进攻，而作为蒙古入侵的前沿地区，黑水城所在阿拉善高原地区的经济已凋敝不堪，而此时，黑水城担负着抵抗蒙古的重责，境地十分窘迫。即使这样，中央官府都没有承担官员俸禄的开支，不能不说，这是西夏俸禄制度的一大弊端。

附　　录

（一）党项与西夏职官异名对照表

出处 官名	《长编》标	《长编》影	四库 底本 《长编》	《宋史》	《宋会要》	其他
丁庐	丁庐	鼎罗				
丁努	丁努 丁弩	丁努 鼎努	丁努 丁弩	丁挐	丁弩	
兀卒	兀卒 乌珠 吾祖	吾祖 乌珠 兀卒		兀卒 吾祖		
兀泥	兀泥	乌尼				
叶令 吴箇	叶令 吴箇	叶令 吴箇	叶令 吴箇		业令 吴箇	
宁令	宁令	宁凌		宁令		
春约	春约	春约	创祐		创祐	
吕则	吕则 吕则依	吕则 吕则依		吕则	吕则	
吕你	吕你	吕尼				

官名＼出处	《长编》标	《长编》影	四库底本《长编》	《宋史》	《宋会要》	其他
庆唐	庆唐 庆瑭	庆唐 庆瑭	庆唐	庆唐		
扬乌	扬乌	扬乌	映乌	映吴		
别吉						别吉《蒙兀儿史记》；必吉《正德大名府志》
芭良	芭良	芭良	芭良	芭良	芭良	
令能	令能	哩宁		令能	令能	
阿克尼	阿克尼 昂聂	阿克尼 昂聂		昇聂	昂聂	阿泥《西夏书事》
昂星	昂星	茂星	星昂	昂星		昂星《西夏书事》
旺令	旺令 旺精	旺凌 旺精	旺精	旺令		
祖儒	祖儒	族汝	祖儒	祖儒		
凌罗	凌罗	凌罗	领卢	领卢		
素赍	素赍	素齐	素赍			
谟宁	谟宁 默宁凌	默宁 默宁凌	谟宁	谟宁令		没宁令《梦溪笔谈》
谟固	谟固	摩格	谟箇	谟箇		
谟程	谟程	程谟	谟程			
鼎利	鼎利 鼎里	鼎理 鼎里	鼎利	鼎利		
寮黎	寮黎	僚礼	僚黎			

（二）西夏蕃名官号一览表

蕃名官号	异译	任职人员	时间	事件	备注
丁努	丁努	嵬名谟铎	宋元丰八年七月	进慰表于皇仪门外	
	丁拏	嵬名谟铎	宋元丰八年七月	奠慰宋神宗崩	
	丁庐	嵬名聿菅	宋庆历五年闰五月	囊霄遣使谢册命	
	鼎罗	威明叶云			
	丁弩	罔聿则	宋庆历五年二月	使宋进贡马驼	
	鼎努	关聿则	宋庆历五年二月	使宋贺正旦	
兀卒	兀卒	李元昊	宋天圣九年始	元昊承袭王位后自称	意为青天子
	乌珠				
	吾祖				
兀泥	兀泥	讹藏屈懷氏	宋景祐元年十月	元昊立为太后	西夏语意太后
	乌尼	额藏渠怀氏			
广乐	广乐	毛示聿	宋元祐二年三月	谢宋太皇太后奠慰	
	恭罗	们色勒裕勒	宋元祐二年三月	称谢太皇太后副使	
令逊		嵬名济	宋元符二年二月	诣阙讣告夏国母薨	
		威明济寨			

蕃名官号	异译	任职人员	时间	事件	备注
令能	令能	嵬名济	宋元符二年十二月	上誓表并进奉御马	
	哩宁	嵬名济寨			
仪增		咩元礼	金正大三年正月	使宋贺正旦	
叶令吴箇	叶令吴箇	叶石悖七	宋元符二年六月	附宋后补东头供奉官	位在旺精之下，正钤辖之上
		伊实巴特玛			
	业令吴箇	叶石悖七	宋元符二年六月		官与伪天使一般
叶结	叶结	威明嘉勒	宋元丰八年四月甲申	夏国驸马宥州正监军	
	拽厥	嵬名嘉勒			
	棋厥				
宁令	宁令	野利旺荣	宋庆历二年十二月	野利旺荣上宋书自称	元昊大臣官号
	宁凌				
	宁凌谟				
必吉	必吉	昔李氏野速普花高祖	夏元时期	河西必吉	华言宰相
	别吉	昔里氏荅加沙		夏亡后徙居酒泉郡沙州	
吴箇		吴没兆	夏天祐民安五年正月	监修护国寺	

蕃名官号	异译	任职人员	时间	事件	备注
创祐	创祐	讹罗聿寨	宋元祐元年六月	使宋进贡	
	春约	勒阿拉雅赛	宋元祐元年七月	因疆事见于宋延和殿	
		讹罗聿	宋元祐元年六月	使宋进贡	
		讹啰聿	宋元祐元年七月	因疆事见于宋延和殿	
昂星	昂星	嵬名济	宋庆历五年十一月	以书射宋镇戎军境内	
	星茂	威明吉繡	宋庆历五年十一月		
	昂星	嵬名济	宋元丰五年十一月	夏西南都统,致书泾原经略司	
	昂星	嵬名济逦	宋元丰五年正月	夏西南都统,移书刘昌祚	
吕宁		勒喀玛	宋元祐二年三月	进贡马驼副使	
		哲伊氏	宋嘉祐六年六月	与苏安静合议屈野河界	
		辄移氏			
吕宁		焦文贵	宋熙宁四年八月	秉常进奉使	
			宋熙宁四年九月	由延州入贡表乞绥州	

续表

蕃名官号	异译	任职人员	时间	事件	备注
吕则	吕则	嵬名怀普	宋元丰八年十月	讣告国母梁氏卒	
		陈聿精	宋元丰八年七月	进慰表于皇仪门外	
		田怀荣	宋元祐元年七月	以疆事见于宋延和殿	
		陈聿精	宋元丰八年七月	进慰表于皇仪门外	
		罔聿谟	宋元祐元年十月	讣告秉常卒	
	吕则依	张延寿	宋庆历五年闰五月	囊霄谢册命使	
		纲裕玛	宋元祐元年十月	讣告秉常卒	
庆唐	庆唐	徐舜卿	宋嘉祐元年十二月	讣告国母没藏氏卒	
	庆瑭	威科卜	宋元符二年四月	使宋副使	
		徐舜卿	宋嘉祐元年十二月	讣告国母没藏氏卒	
		嵬名科逋	宋元符二年四月	使宋副使	

蕃名官号	异译	任职人员	时间	事件	备注
扬乌	扬乌	威明裕默	宋元祐二年三月	入谢宋太皇太后	
	映吴	嵬名谕密	宋元祐二年三月	进太皇太后驼马以谢奠慰	
芑良	芑良	嵬名济	宋元丰八年十月	进助山陵马一百匹	
	芑良	巍名济赖	宋元丰八年十月	进助山陵马	
		嵬名济赖	宋元丰八年十月		
阿克尼	阿克尼	威明科荣	宋熙宁四年八月	表乞绥州城	
	昂聂	嵬名口瓘荣			
		张聿正	宋元丰八年十月	进助山陵马一百匹	
	阿泥	嵬名科荣	宋熙宁四年九月	表乞绥州城大使	
	昇聂	张聿正	宋元丰八年十月	进助山陵礼物	"昇"疑为笔误
枢铭		靳允中	宋嘉祐七年	贺宋正旦	乃西夏之官称大者
律晶		卧屈皆药乜永诠	夏天祐民安五年正月	监修护国寺	

续表

蕃名官号	异译	任职人员	时间	事件	备注
旺令	旺令	嵬名环	宋庆历二年	与宋议和	
		嵬名嚷	宋庆历二年十二月		
	旺凌	威明怀			
	旺精		宋元符二年六月		
祖儒	祖儒	嵬名聿则	宋嘉祐元年十二月	讣告国母没藏氏卒	
		嵬名聿正	宋嘉祐七年	贺宋正旦	乃西夏之官称大者
		嵬名聿则	宋嘉祐元年	讣告国母密藏氏卒	
	族汝	威明舆则	宋嘉祐元年十二月	讣告国母密藏氏卒	
移则		张文显	宋庆历五年四月	贺宋乾元节	
铭赛		梁行者乜	夏天祐民安五年正月	监修护国寺	西夏语中书
谟固	谟箇	咩迷乞遇	宋元丰六年闰六月	使宋上表进贡	
	谟固	咩迷乞遇	宋元丰七年十一月	使宋上表进贡	
	摩格	蔑密裕			

续表

蕃名官号	异译	任职人员	时间	事件	备注
鼎利	鼎利	闾豫章	宋元祐元年四月	贺皇帝登宝位	
		闾豫章	宋元祐元年五月	贺哲宗即位	
	鼎理	旺裕勒宁	宋元祐元年四月	贺皇帝登宝位	
	鼎里	旺裕勒宁	宋元祐元年五月	贺登极进贡使见于宋延和殿	
祝能	祝能	野乌裕实克	宋元祐二年三月	为进奉使见于宋延和殿	
凌罗	凌罗		宋熙宁十年七月	为枢密院指挥	枢密院西夏语称
	领卢		宋治平初	移宋公文称夏国枢密为领卢	
			宋熙宁五年十一月	乞宋还王韶招诱的蕃部	
程讹	程讹讹程	田快庸	宋元符二年二月	诣阙讦告国母薨并附谢罪状	
讹宁	讹宁默宁	野利旺荣		野利旺荣官名	意为大王
	讹宁令				
	没宁令	梁移逋		梁乞埋子梁移逋自称	华言天大王也

续表

蕃名官号	异译	任职人员	时间	事件	备注
栗铭		刘屈栗崖	夏天祐民安五年正月	监修护国寺	
素齐	素齐	哶布	宋庆历五年四月	贺宋乾元节	
	素赍	哶布			
凑铭		吴没兆	夏天祐民安五年正月	监修护国寺	
僚礼	寮黎	罔聿嚷	宋庆历三年七月	元昊请十一事欲称男不称臣	
	僚礼	旺约特和尔			
		叶朗氏	宋嘉祐六年六月	与苏安静合议屈野河界	
	獠黎	拽浪氏	宋嘉祐二年	与宋人苏安静合议地界	
	撩黎				
精方		王立之	金正大四年	出使金国	
精鼎		武绍德	金正大三年正月	使金贺正旦	
磋迈		花结香	宋元符二年四月	告宋早为收接公牒事	

（三）夏汉官职译名对照表

貢愧	国王
蘱祓	皇子
敪矲	太子

𗿕𗤶	诸王
𗣼𗆢𗤶	南院王
𗫻𗆢𗤶	北院王
𗢸𗆢𗤶	西院王
𗢸𗆢𗤶	东院王
𗫻𗊛	上师
𗫺𗊛	国师
𗤁𗊛	帝师
𗫷𗊛	德师
𗳉𗊛	仁师
𗥦𗊛	忠师
𗠁𗊛	法师
𗯿𗊛	禅师
𗤿𗊡	宰相
𗺌𗤶𗤰	节亲主
𗥑𗣼𗰖	中书令
𗣼𗆢	驸马
𗰖𗥑𗽗𗥑	御史大夫
𗰖𗥑𗣼𗤵	御史中丞
𗢳	大人
𗾈𗫸	智足
𗫜𗸯	业全
𗷓𗺌	义观

𗒹𗦻	习能
𗦻	副
𗄭	同
𗥃𗿷	南柱
𗼨𗿷	北座
𗥃𗿷	西摄
𗥃𗿷	东拒
𗦻	副
𗥃𗿷	名入
𗥃𗿷𗿷𗿷𗿷𗿷	殿上坐御史大夫
𗥃𗿷𗿷𗿷𗿷	观文殿大学士
𗿷𗿷𗿷𗿷	御史台官
𗥃𗿷𗦻	正副将
𗥃𗿷	臣僚
𗥃𗿷	番人
𗥃𗿷	巡检
𗥃𗿷	谏臣
𗥃𗿷𗿷	提点
𗥃𗿷𗿷𗿷	巫提点
𗥃𗿷𗿷𗿷𗿷𗿷	执飞禽提点
𗥃𗿷	谍案
𗥃𗿷𗿷	秘书监
𗥃𗿷	京蚓

夠耙	京拘
挑薮	间枯
瓶瓻	刺史
死解瓶瓻	边中刺史
蔽夠	监军
夠茴瓻	经略使
夠茴馓瓻	经略副使
夠瓻	经义
蔽嬓	统军
瓻瓻夋	溜首领
帆瓶	差遣
扬瑞	都案
瓢苅	案头
帆瓻	司吏
蕱骸	役使
朓鞾	主簿
陷媛	通判（同判）
藮瓶	习判（司判）
版媛	经判
菔瓻	都监
耖夋	州主、城主
森夋	辅主
瀡夋	渠主

𘟣𗱂	农主
𗥃𗱂	寨主
𗥃𗯟	寨副
𗰖𗹟	独诱
𗁬𘊪	盈能
𗨁𗁬𘊪	牧盈能
𗴁𗵒𗁬𘊪	军溜盈能
𗰞𗺉	检人
𗰞𗯟𗥰	检头监
𗉛𗏁𘕿	边检校
𗋒𘜶	正统
𗯟𘜶	副统
𗯟𗤁𘜶	副行统
𗂰𗰖	城守
𘜶𗱂	众主
𗱕𗊱𗀝𗯟	帐门末宿
𗀝𗱕	内宿
𗺉𘕿	神策
𗠺𗏞𘔿	官守护
𗏞𗀝𗟲	外内侍
𘈖𗺉	阁门
𗸕𗥰	文书
𗲜𗀝𗟲	前内侍

𗣼𗫦	承旨
𗰣𗣼𗣼𗫦	内宿承旨
𗰣𗦜𗣼𗫦	内侍承旨
𗦜𗪃	正军
𗁀𗤎	辅役
𗤁𗤩	负担
𗫲𗪃𗬩	正副溜
𗣚𗆖𗫦𗤎	大小首领
𗦜𗟲𗫲	马步溜
𗰃𗫲	迁溜
𗤎𗰃𗫲	农迁溜
𗣼𗰜	待命
𗱟𗗙𗣚	牧小监
𗱟𗫦𗤎	牧首领
𗱟𗤎𗣼𗰜	牧农待命
𗰣𗗙	末驱
𗧍𗝤𗫦𗤻	医人都监
𗧍𗝤	医人
𗧍𗝤𗣚	小医人
𗬩𗙟	副判
𗱝𗤻	僧监
𗫦𗤎𗦫	权首领
𗤻𗦜	使军

𗗌𗜰	教习
𗖩𗹦	学士
𗾭𗴧𗗊	三司使
𗤈𗠷	都监
𗲅𗜈	安抚
𗡜𗘂	行监
𗤈𗠷	头监
𗘂𗣼	小监
𗗊𗤻	使役
𗸮、𗲍𗤈𗤇	权、正首领
𗤈𗤇𗣼	小首领
𗾜𗘂	舍监
𗰖𗗙	军卒
𗢭𗜈	天观
𗗙𗜰	能算
𗄭𗗙	春显
𗧅𗣽𗗊	前卜侍
𗤈𗄎𗧄𗾭	帐门末宿
𗧄𗜈	内宿
𗗣𗣽𗤅	官守护
𗧄𗤽𗲘𗜅	官内走马
𗗊𗰖	使军
𗣽𗗌	坊老

𘟢𘟣𘟤	都巡检
𘟥𘟣𘟦	守门人
𘟧𘟨	行游
𘟩𘟪	市巡
𘟫𘟬𘟭𘟮	迁溜检校
𘟯𘟰	合管
𘟱𘟲	府司
𘟳𘟴	主事
𘟵𘟶	司政
𘟷𘟸	局分
𘟹𘟺	府事
𘟻𘟼	大头
𘟽	负赡

（四）　机构译名对照表

𘠀𘠁	中书
𘠂𘠃	枢密
𘠄𘠅	御史
𘠆𘠇𘠈	殿前司
𘠉𘠊𘠋	经略司
𘠌𘠍𘠎	监军司
𘠏𘠐𘠑	正统司
𘠒𘠓𘠔𘠕𘠖	僧人功德司

𘁈𘘤𘜁𘋨𗴺	出家功德司
𘕈𗄽𘜁𘋨𗴺	道士功德司
𘀁𗀦𗴺	皇城司
𗷖𗍫𗴺	巡检司
𗤁𗠣𗴺	内宿司
𘈈𗀔𗴺	阁门司
𘄄𘘤𗰀𗴺	御厨庖司
𘕜𗧓𗴺	瓯匦司
𘞂𗫬𗴺	刻字司
𗧖𗊱𗴺	作房司
𗣼𗣫𗊱𗴺	金工司
𗣼𘑋𗴺	择人司
𗳇𗁅𘕣𗔁𗀦𘕢	南院行宫三司
𗌰𗁅𗴺	马院司
𗫶𗁅𗔋𗋽𗋽	西院经治司
𗂧𗋽𗔋𗋽𗋽	沙州经治司
𘛷𗋽𗃽𗴺	甘州城司
𘐆𗭾𗴺	转运司
𗡪𗵒𗴺	陈告司
𘘥𗮔𗴺	磨勘司
𘚮𘌽𗴺	审刑司
𘃡𗴺	群牧司
𘒋𗴺	农田司
𘊐𘊐𗴺	受纳司

𘜔𘈀𘗲𘎑𘟣	边中监军司
𘞶𘗒𘎑𘟣	前内侍司
𘈷𘘘𘟣	都护司
𘉛𘊜𘟣	大恒历司
𘜀𘝗𘟣	行宫司
𘜔𘈀𘝾𘏚𘟣	边中转运司
𘘦𘜔𘊢𘟣	地边城司
𘉛𘊜𘟣	大恒历司
𘏷𘈽𘟣	审刑司
𘞶𘗒𘎑𘟣	前宫侍司
𘓞𘈉	宣徽院
𘝥𘉱𘈉	织绢院
𘚈𘊄𘈉	乐人院
𘛜𘉵𘈉	首饰院
𘏌𘉰𘈉	铁工院
𘛘𘉰𘈉	木工院
𘎃𘉰𘈉	纸工院
𘟈𘙮𘈉	砖瓦院
𘊞𘛉𘈉	出车院
𘝾𘘃𘈉	医人院
𘛝𘌩𘈉	卜算院
𘟒𘏏𘈉	造房院
𘞶𘗮𘏏𘟣	制药司

𗧘𗥤𗢸	工饰院
𗴂𗫻𗫂	养贤务
𗾬𗭪𗫂	资善务
𗖾𗫻𗫂	回夷务
𗥦𗫸𗥍	药钱库
𗫸𗥤𗾓	纳上杂
𗫋𗥨𗥍	衣服库
𗥍𗫸𗥍	赃物库
𗣈𗫈𗥍	皮毛库
𗰖𗫈𗥍	铁柄库
𗦳𗦳𗥍	绫罗库
𗥨𗫦𗥍	杂食库
𗥑𗥦𗥍	柴薪库
𗫨𗥍	帐库
𗫹𗫨𗥍	装备库
𗥡𗥦𗥍	赏物库
𗥨𗫮𗥍	山草库
𗥨𗥦𗥍	军粮库
𗥨𗫼𗥍	武器库
𗫻𗫈𗥍	木植库
𗦳𗥨𗥍	散黍库
𗥦𗫱𗥍	遣豆库
𗥍𗥨𗫱𗥍	楼阁帐库

参考文献

（一）古籍文献

（汉）班固：《汉书》，中华书局 1962 年版。

（南朝）范晔：《后汉书》，中华书局 1965 年版。

（北齐）魏收：《魏书》，中华书局 1997 年版。

（唐）魏徵等：《隋书》，中华书局 1973 年版。

（后晋）刘昫：《旧唐书》，中华书局 1975 年版。

（宋）欧阳修：《新唐书》，中华书局 1975 年版。

（宋）薛居正编：《旧五代史》，中华书局 1976 年版。

（宋）欧阳修等：《新五代史》，中华书局 1974 年版。

（元）脱脱等：《宋史》，中华书局 1977 年版。

（元）脱脱等：《辽史》，中华书局 1974 年版。

（元）脱脱等：《金史》，中华书局 1975 年版。

（明）宋濂：《元史》，中华书局 1976 年版。

（唐）长孙无忌等：《唐律疏议笺解》，中华书局 1996 年版。

（唐）李林甫等：《唐六典》，中华书局 1992 年版。

（宋）王溥：《唐会要》，中华书局 1960 年版。

（唐）杜佑：《通典》，中华书局 1988 年版。

（宋）司马光：《资治通鉴》，中华书局 1956 年版。

（宋）王钦若等编：《册府元龟》，凤凰出版社 2006 年版。

（清）董浩等编：《全唐文》，中华书局 1983 年版。

（宋）王溥：《五代会要》，上海古籍出版社 1978 年版。

（宋）李焘：《续资治通鉴长编》，中华书局 2004 年版。

（清）徐松辑：《宋会要辑稿》，上海古籍出版社 2014 年版。

（宋）曾巩著，王瑞来校证：《隆平集校证》，中华书局 2012 年版。

（宋）王稱：《东都事略》，齐鲁书社 2000 年版。

（宋）司马光著，李裕民校：《司马光日记校注》，中国社会科学出版社 1994 年版。

（宋）沈括：《梦溪笔谈》，中华书局 2015 年版。

（宋）徐梦莘：《三朝北盟会编》，上海古籍出版社 1987 年版。

（宋）李心传：《建炎以来系年要录》，中华书局 2013 年版

（宋）王得臣：《麈史》，上海古籍出版社 1986 年版。

（宋）田况：《儒林公议》，中华书局 1985 年版。

（宋）司马光著，邓广铭等点校：《涑水记闻》，中华书局 1989 年版。

（宋）李心传：《建炎以来朝野杂记》，中华书局 2000 年版。

（宋）魏泰：《东轩笔录》，中华书局 1983 年版。

（宋）陈均著，许沛藻点校：《皇朝编年纲目备要》，中华书局 2006 年版。

（宋）苏轼注，李之亮笺注：《苏轼文集编年笺注》，巴蜀书社 2011 年版。

（宋）陆游：《老学庵笔记》，青岛出版社 2002 年版。

（宋）章如愚：《山堂群书考索续集》，文渊阁四库全书影印本。

（宋）李复：《潏水集》，文渊阁四库全书影印本。

（西夏）骨勒茂才著，黄振华等整理：《番汉合时掌中珠》，宁夏人民出版社 1989 年版。

（元）蔡巴·贡嘎多吉著、东嘎·洛桑赤列校注，陈庆英、周润年译：《红史》，西藏人民出版社 1988 年版。

（元）王恽：《王恽全集汇校》，中华书局 2013 年版。

（元）马端临：《文献通考》，中华书局 2011 年版。

（明）胡汝砺：《（嘉靖）宁夏新志》，宁夏人民出版社 1982 年版。

（清）吴广成：《西夏书事》，龚世俊等《西夏书事校证》本，甘肃文化出版社 1995 年版。（清）钱大昕：《廿二史考异》，凤凰出版社 2016 年版。

（二）出土文献

史金波、魏同贤、［俄］E. N. 克恰诺夫主编，俄罗斯科学院东方文献研究所，中国社会科学院民族研究所，上海古籍出版社编：《俄藏黑水城文献》，上海古籍出版社 1996—2020 年版。

史金波、陈育宁总主编，宁夏大学西夏学研究中心、国家图书馆、甘肃省古籍文献整理编译中心编：《中国藏西夏文献》，甘肃人民出版社、敦煌文艺出版社 2006 年版。

西北第二民族学院、上海古籍出版社、英国国家图书馆编：《英藏黑水城文献》，上海古籍出版社 2005—2010 年版。

（三）研究著作

史金波、聂鸿音、白滨译注：《天盛改旧新定律令》，法律出版社 2000 年版。

史金波、白滨、吴峰云：《西夏文物》，文物出版社 1988 年版。

史金波：《西夏佛教史略》，宁夏人民出版社 1988 年版。

史金波：《文海研究》，中国社会科学出版社 1983 年版。

史金波：《西夏军抄文书初释》，《中国多文字时代的历史文献研究》，社会科学文献出版社 2010 年版。

史金波:《西夏经济文书研究》,社会科学文献出版社 2017 年版。

史金波:《西夏社会》,上海人民出版社 2007 年版。

史金波:《西夏文化》,吉林教育出版社 1986 年版。

史金波、黄振华、聂鸿音:《类林研究》,宁夏人民出版社 1993 年版。

杜建录:《西夏经济史》,中国社会科学出版社 2002 年版。

杜建录:《党项西夏碑石整理研究》,上海古籍出版社 2015 年版。

余大钧译:《蒙古秘史》,河北人民出版社 2001 年版。

王明珂:《游牧者的抉择:面对汉帝国的北亚游牧部族》,广西师范大学出版社 2008 年版。

宁夏文化厅文物处编:《西夏文史论丛》,宁夏人民出版社 1992 年版。

陈炳应:《贞观玉镜将研究》,宁夏人民出版社 1995 年版。

周绍良:《唐代墓志汇编》,上海古籍出版社 1992 年版。

康兰英:《榆林碑石》,三秦出版社 2003 年版。

严耕望:《唐史研究丛稿》,新亚研究所 1969 年版。

杨百揆等:《西方文官系统》,四川人民出版社 1985 年版。

阎步克:《中国古代官阶制度引论》,北京大学出版社 2010 年版。

李范文:《同音研究》,宁夏人民出版社 1986 年版。

李范文:《宋代西北方音——〈番汉合时掌中珠〉对音研究》,中国社会科学出版社 1994 年版。

孙继民:《俄藏黑水城汉文非佛教文献整理与研究》,北京师范大学出版社 2012 年版。

葛兆光、徐文堪、汪荣祖、姚大力等:《殊方未远:古代中国的疆域、民族与认同》,中华书局 2016 年版。

乜小红:《唐五代畜牧经济研究》,中华书局 2006 年版。

张显运:《宋代畜牧业研究》,中国文史出版社 2009 年版。

虞云国:《宋代台谏制度研究》,上海人民出版社 2004 年版。

邓小南:《宋代文官选任制度诸层面》,河北教育出版社 1993 年版。

汤开建:《党项西夏史探微》,商务印书馆 2013 年版。

杨蕤:《西夏地理研究》,人民出版社 2008 年版。

陈仲安、王素:《汉唐职官制度研究》,中华书局 1993 年版。

陈庆英主编,青海省社会科学院藏学研究所:《中国藏族部落》,中国藏学出版社 2004 年版。

周振鹤:《中国行政区划通史·总论》,复旦大学出版社 2009 年版。

杜建录、波波娃主编:《〈天盛律令〉研究》,上海古籍出版社 2014 年版。

吴天墀:《西夏史稿》,广西师范大学出版社 2006 年版。

聂鸿音:《西夏佛经序跋译注》,上海古籍出版社 2016 年版。

陈育宁、汤晓芳:《西夏艺术史》,上海三联书店 2014 年版。

李范文:《西夏陵墓出土残碑粹编》,文物出版社 1984 年版。

杜建录主编:《西夏学论集》,上海古籍出版社 2012 年版。

[日]高楠顺次郎、渡边海旭:《大正新修大藏经》,白马书局 1912 年版。

[苏]克恰诺夫著,李仲三汉译,罗矛昆校订:《西夏法典——天盛年改旧定新律令》(第 1—7 章),宁夏人民出版社 1988 年版。

(四)研究论文

贾敬颜:《记游牧民族的文化传承》,《中央民族学院学报》1990 年第 1 期。

方建春:《唐代使府幕职概说》,《固原师专学报》2006 年第 5 期。

史金波:《西夏"秦晋国王"考论》,《宁夏社会科学》1987 年第 3 期。

史金波、白滨:《西安市文管处藏西夏文物》,《文物》1982 年第 4 期。

史金波:《西夏的职官制度》,《历史研究》1994 年第 2 期。

史金波:《西夏译经图解》,《文献》1979 年第 1 期。

史金波:《西夏陵园出土残碑译释补拾》,《西北民族研究》1986 年。

史金波:《西夏"秦晋国王"考论》,《宁夏社会科学》1987 年第 3 期。

史金波：《西夏文〈官阶封号表〉考释》，《中国民族古文字研究》第三辑，天津古籍出版社 1991 年版。

史金波、黄振华：《西夏文音同序跋考辩》，《西夏文史论丛》，宁夏人民出版社 1992 年版。

李范文：《西夏官阶封号表考释》，《社会科学战线》1991 年第 3 期。

梁松涛：《再论西夏的官与职——以西夏官当制度为中心》，《宁夏社会科学》2014 年第 3 期。

梁松涛：《西夏"权官"问题初探》，《敦煌学辑刊》2016 年第 4 期。

罗炤：《藏汉合璧〈圣胜慧到彼案功德宝集偈〉考略》，《世界宗教研究》1983 年第 4 期。

汤开建：《关于西夏军事制度研究中的几个问题》，《党项西夏史探微》，商务印书馆 2013 年版。

孙昊：《制造"夷狄"：古代东亚世界渤海"首领"的历史话语及其实践》，《史学月刊》2017 年第 5 期。

邓文韬：《唐末至宋初定难军节度使及其僚属的兼官与带职》，《西夏研究》2016 年第 4 期。

苗书梅：《论宋代的权摄官》，《河南大学学报》1995 年第 3 期。

苗书梅：《宋代州级属官体制初探》，载《宋史研究论文集》，河北大学出版社 2002 年。

宁可、蒋福亚：《中国历史上的皇权和忠君观念》，《历史研究》1994 年第 2 期。

高仁：《元代詹事院新考》，《宋史研究论丛》2016 年第 1 期。

张显运：《宋代御厨：以食品安全管理为中心的考察》，《中华文化论坛》2013 年第 1 期。

陈庆英：《西夏大乘玄密帝师的生平》，《西藏大学学报》2000 年第 3 期。

陈庆英：《西夏及元代藏传佛教经典的汉译本——简论〈大乘要道密集〉

(〈萨迦道果新编〉)》,《西藏大学学报》2000 年第 2 期。

蔡凤林:《游牧民族军事性形成原因初探——以游牧经济生活为主线》,《中国边疆史地研究》1996 年第 4 期。

雷天寿:《西夏行政管理探微》,《宁夏大学学报》(社会科学版)1995 年第 2 期。

彭向前:《释"负赡"》,《东北史地》2011 年第 2 期。

赖瑞和:《再论唐代的使职和职事官——李建墓碑墓志的启示》,《中华文史论丛》2011 年第 4 期。

章巽:《夏国诸州考》,《开封师范学院学报》1963 年第 1 期。

魏淑霞、陈燕:《西夏官吏酬劳——封爵、俸禄及致仕》,《西夏研究》2012 年第 3 期。

李昌宪:《西夏的疆域和政区》,《历史地理》第十九辑,上海人民出版社,2003 年。

朱建路:《元代〈宣差大名路达鲁花赤小李钤部公墓志〉考释》,《民族研究》2014 年第 6 期。

张多勇:《西夏监军司的研究现状和尚待解决的问题》,《西夏研究》2015 年第 3 期。

刘双怡:《西夏地方行政区划若干问题初探》,《宋史研究论丛》第十六辑,河北大学出版社,2015 年。

聂鸿音:《"蕃汉二字院"辩证》,《宁夏社会科学》1998 年第 6 期。

聂鸿音:《西夏刻字司和西夏官刻本》,《民族研究》1997 年第 5 期。

张笑峰:《西夏"上服"考》,《西夏学》第十四辑,甘肃文化出版社,2017 年第 1 期。

周永杰:《族群身份与王朝秩序:五代宋初定难军权力结构的演变》,《"边疆·民族·历史青年学者论坛之二北族王朝早期历史研究"学术研讨会论文集》,2019 年。

文志勇:《〈官阶封号表〉残卷新译及考释》,《宁夏社会科学》2009 年第 1 期。

翟丽萍:《西夏职官制度研究——以〈天盛革故鼎新律令〉卷十为中心》,陕西师范大学博士学位论文,2013 年。

赵焕震:《西夏文〈亥年新法〉卷十五〈租地夫役〉条文释读与研究》,宁夏大学 2014 年硕士学位论文。

翟丽萍:《西夏官僚机构及其职掌与属官考论》,宁夏大学 2010 年硕士学位论文。

魏淑霞:《西夏职官制度若干问题研究》,宁夏大学 2016 年博士学位论文。

安北江:《西夏文献〈亥年新法〉卷十五(下)释读与相关问题研究》,宁夏大学 2017 年硕士学位论文。

阎成红:《西夏文〈亥年新法〉卷十六十七合本释读与研究》,宁夏大学 2016 年硕士学位论文。

后　记

编纂一部多卷本西夏通志是多年的夙愿，2001 年教育部批准建设西夏学重点研究基地时，就将该任务纳入基地建设规划。只是鉴于当时资料匮乏，研究团队也比较薄弱，在上级主管部门和学界的支持下，确定先从基础资料和研究团队抓起，采取西夏文献资料整理出版、西夏文献资料专题研究和大型西夏史著作编纂的"三步走"战略，率先开展教育部基地重大项目"国内藏西夏文献整理研究"。2008 年多卷本《中国藏西夏文献》出版后，开始着手《西夏通志》的编纂，起初取名《西夏国志》，后更名《西夏通志》。经过几年的准备，2015 年获批国家社科基金重大项目，2017 年得到滚动支持，2022 年完成结项。

《西夏通志》编纂团队除史金波等前辈学者外，大多是基地培养出的学术带头人和学术骨干，他们绝大部分主持多项国家社科基金项目和部省级项目，有的承担国家社科基金重大重点项目，研究领域涉及西夏政治、经济、军事、文化、艺术、地理、文字、文献、文物等方方面面，为保质保量完成编纂任务奠定了坚实的基础。

《西夏通志》编纂过程中，得到学界的大力支持，史金波、陈育宁、聂鸿音、李华瑞、王希隆、程妮娜、孙伯君等先生或讨论提纲，或参与撰稿，或评审稿本，提出宝贵的意见。人民出版社赵圣涛编审积极组稿，并获批国家出版基金资助，使本书得以顺利出版，在此表示由衷地感谢！

杜建录

2025 年 3 月 12 日